KB269933

# Practical Korean 2
## 实用生活韩国语2

**Basic**

# Practical Korean 2　实用生活韩国语2 **Basic**


| | |
|---|---|
| 著作人 | 赵恒錄, 李志荣 |
| 翻译 | 朴文子 |
| 初版发行 | 2009年 11月 |
| 发行人 | 郑圭道 |
| 编辑 | 李淑姬, 吴周泳, 吴净旻, 蔡晶媛 |
| 设计 | 尹池银 |
| 插图 | Wishingstar |
| 配音员 | 辛昭玧, 金来焕, 于海峰 |

**DARAKWON** 多乐园独家授权出版。
地址：韩国京畿道坡州市交河邑文發里 509-1, 邮编: 413-756
电话：02-736-2031, 传真: 02-732-2037
（销售部 分机：113, 114, 编辑部 分机：410-412）




定价　21,000 元
（组成：实用生活韩国语 2 主教材＋练习册＋音频CD2张）


ISBN : 978-89-5995-855-9 18710
　　　 978-89-5995-783-5 (set)


**http://www.darakwon.co.kr**
可登录Darakwon网站查阅其它出版物及书籍介绍, 附上的CD光盘可下载MP3。

全面涵盖韩国语日常生活用语！

# Practical Korean

## 实用生活韩国语 2

赵恒錄 李志荣 著
朴文子 译

**Basic 2**

DARAKWON

# 저자 서문

최근 국제 사회에서 한국어에 대한 관심은 그 어느 때보다도 높다. 한류와 외국인고용허가제는 많은 한국어 학습자를 양산하고 있다. 또한 한국으로 유학 오는 외국인 학생이 점차 증가하는 요즘, 그 학생들에게 한국어 학습은 필수 과제이다. 모두가 국제화 시대에 한국의 국제적 지위가 높아져 생기는 일이다.

그러나 국제 사회에서 한국어는 아직도 낯선 언어로 인식되고 있다. 여기에 한국어가 갖고 있는 고도의 규칙성은 한국어를 처음 배우는 사람에게는 높은 문턱을 실감하게 한다. 그래서 자칫 한국어가 '배우기 어렵고 재미없는 외국어'로 인식되기 쉽다. 한국어를 사랑하고 이를 세계에 널리 알리고자 하는 이들은 어떻게 하면 한국어 학습사가 한국어를 '쉽고 재미있는 외국어'로 느끼도록 할 것인가가 고민거리였다.

이 책은 한국어 학습자가 한국어를 쉽고 재미있게 배우도록 고안되었다. 한국어 교육에 대한 이론적 접근과 함께 저자들의 오랜 교육 경험이 이 책의 바탕에 깔려 있다. 어려울 것으로 예상되는 학습 항목에 대하여는 학습 단계를 세분화하여 제시하고 풍부한 예문을 제시하여 쉽게 이해하도록 하였다. 여기에 적절한 그림과 사진을 곁들여 학습자의 이해를 돕고자 하였다.

이 책은 실제 한국어 사용 상황에 맞추어 본문을 구성하고 과제를 제시하였다. 그리고 현실 사회를 그대로 담아 내용을 구성하였고 충분한 문화 정보를 담고자 하였다. 이를 통해 학습자의 동기를 강화하고 한국어 학습의 실용적 가치를 높이고자 하였다.

이 책에는 오랜 기간 한국어 교육에 몸 담아온 저자들의 한국어 교육에 대한 열정과 사명감이 담겨 있다. 이 책이 이제 막 한국어 학습의 문턱을 넘어서는 많은 분들에게 도움이 되는 책이 되기를 바란다. 특히 어휘 학습과 문법 학습에 있어서는 중국어권 학습자들이 쉽게 이해할 수 있도록 대조언어학적 접근을 가미한 만큼 중국어권 학습자에게 호평을 받는 책이 되기를 기대해 본다.

이 책의 집필에는 많은 분들의 도움이 있었다. 상명대 부총장과 국제한국어교육학회장을 역임하신 신현숙 교수님의 격려가 큰 힘이 되었다. 그리고 중국어권 학습자를 위한 좋은 의견과 함께 번역을 맡아 주신 중국 중앙민족대학의 박문자 교수님께 감사드린다. 아울러 수준 높은 한국어 교재를 개발하고자 하는 다락원 정규도 사장님의 의지가 이 책의 출판을 가능하게 하였음을 밝히고 싶다. 또한 이 책을 집필하는 내내 옆에서 같이 수고해 준 상명대학교 한국언어문화교육원의 김은경 선생님에게 고마움을 전하고 싶다. 마지막으로 기획과 출판 과정에서 좋은 의견을 많이 내고 궂은 일을 도맡아 주신 다락원 한국어출판부의 이숙희 차장님과 오정민 선생님에게도 감사의 마음을 전한다.

2009년 11월
조항록, 이지영

# 前言

最近国际社会对于韩国语的关注高于以往任何时期，在韩流和外国人雇佣许可制的推动下，学习韩国语的人更是大量增加。并且，最近到韩国留学的外国学生的数量也逐渐增加，学习韩国语是他们的必由之路，而这些现象都是由于韩国在国际化时代中的地位不断升高。.

但是，在国际社会中韩国语仍然被认为较生疏的语言，韩国语所特有的高度规则性让初学韩国语的人感觉到入门困难，所以韩国语很容易会被认为是"又难学又没意思的外语"。热爱韩国语，希望让它远播世界的人们，一直在思考如何让学习韩国语的人感受到"韩国语是容易又有趣的外语"。让学习者感到妙趣横生的韩国语，在本书的编著过程中采用韩国语教育理论及作者们丰富的教育经验贯穿全书。

本书根据学习的难易程度将学习阶段步骤细致化，用丰富的例句进行解析易于理解，在此基础上配以适当图片便于掌握。本书针对韩国语实际对话场景编排课文内容及课题，反映原汁原味的现实社会，试图充分地囊括文化方面的信息，以此强化学习者的学习动力，提高学习的实用价值。

本书包含了作者们长期以来从事韩国语教育的热情和使命感，希望本书能成为正要走进韩国语殿堂的学习者的好帮手。特别是从对比语言学的角度进行单词及语法说明，使中国学生从中受益，同时也希望这套教材能得到中国学生的好评。

这本书从编写到出版得到了很多人的的帮助，借此机会，深表谢意！感谢连任祥明大学企划副校长和国际韩国语教育学会会长申铉淑教授的鼓励，感谢中国中央民族大学朴文子教授从中国人学习者的角度提供宝贵意见并承担翻译工作，同时感谢致力于开发高水平韩国语教材的多乐园郑圭道社长为本书出版所给予的大力支持，忠心感谢在本书完成期间一如既往付出辛勤劳动的祥明大学韩国语言文化教育院金银卿老师，最后，感谢多乐园的韩国语出版部李淑姬次长和吴净旻老师，感谢大家的支持与帮助!

2009年 11月

赵恒錄, 李志荣

# 使用说明

　　《实用生活韩国语 2》是针对国内外初级韩国语学习者而编写的。帮助学生掌握韩语的基本结构和常用表达方式，了解语言交流中所需的韩国文化，培养学生有效地进行沟通的能力是本教材的目的所在。

　　《实用生活韩国语 2》充分运用了最新外语教学法和教材开发基本原理，包括以学生为中心教育，课题执行中心教育，材料的实用性，过程中心教育，四个语言交流技能合为一体的综合教育，语言与文化二合一的教育等主要原理。本书为正规教育机构的系统性教学而设计，在这基础上也为读者做了便于自学的编排。本教材对单词，语法，课题，主题排列及构成标准作了详尽的阶段等级化设置，每个学习阶段都设有学习者自我检查的复习小节，大量采用了图片与语音资料以便学习，并附加了练习册以此提高学习效果。

　　《实用生活韩国语 2》由15课构成。其中第5课，第10课，第15课分别是对前面四课内容的复习和总结。整体上以话题为中心构成，每课都适当地包含了必要的单词和语法、课题和语言技能、文化等内容。每个课文由"导入"，"扩展词汇"，"对话"，"语法"，"作业：口语、听力、写作、阅读技能"，"发音"，"韩国文化之窗"，"自习"等八个部分组成，与此同时在每一页底端都有"生词"注释。

　　"导入"部分采用图片，提问等方式引出单元的学习目标，激发学习兴趣。

　　"扩展词汇"部分展示了与主题相关的必需单词，这不仅会帮助学习者学习本课内容，同时有助于提高词汇量。

　　"对话"部分针对实际语言交流场景，恰当的囊括了所需词汇与语法，课题与语言技能，不仅使学习者熟练应用基本表达方式，还会让学习者自己确认学习目标。

"语法"部分提示了本课上应该学的３个重点语法项目，以意思－技能学习、例句、习题等构成，为有助于语法内容的理解，还配有图片和例句。

"作业"部分，为了培养学生在实际生活中的语言应用能力，引入了多种多样的课题，通过引导丰富的课堂活动，提高学生的学习效果，同时提供了必要的语音资料。

"发音"部分配合语音资料帮助学习者掌握正确的发音，对于容易犯错的发音进行了集中强化练习。

"韩国文化之窗"介绍了与本课主题相关的基本文化信息，以此帮助学习者提高实际语言交流能力，与文化信息－同还指出了课题，引导学习者参与，创造活跃的学习气氛。

"自习"部分由适当的练习题构成，是为了再次强化本课所学的单词、语法、课题和语言技能，在课堂学习上可以当作作业，对一般的读者可以当作是一个检查自己学习效果的机会。

《实用生活韩国语 2》还在ＣＤ中配有课文、语言技能训练、发音练习部分的必要语音资料，弥补了文字教材的缺陷，有效地运用语音资料一定会收到更好的效果。另外向学习者推荐使用本教材的配套练习册，练习册中设置了充足的练习题和课题，使学习者充分的理解与掌握本教材的教学内容，达到立竿见影的学习效果。

# 目录


前言 ............................................................................ 4

使用说明 .................................................................. 6

教材结构表 ............................................................. 10

第**1**课  잡채를 먹어 봤어요? ................................. 14
你吃过杂菜吗?

第**2**课  제 취미는 그림 그리기예요. ................. 28
我的爱好是画画。

第**3**课  여행을 가기 전에 표를 예매해야 해요. ........... 42
去旅行之前，一定要预订。

第**4**课  5분쯤 걸으면 지하철역이 있어요. ......... 56
走五分钟就有地铁站了。

第**5**课  복습 1~4 ....................................................... 70

第**6**课  한 치수 작은 것으로 바꿔 주세요. .......... 78
给我换小一号的。

第**7**课  소포를 부치려고 하는데요. ..................... 92
我想寄包裹。

第 **8** 课　어젯밤부터 기침이 심해졌어요.　106
从昨天晚上开始咳得厉害。

第 **9** 课　방에서 담배를 피우면 안 돼요.　120
不可以在房间里抽烟。

第 **10** 课　复习 6~9　134

第 **11** 课　시간이 있으면 우리 집에 놀러 올래요?　142
如果有时间的话，来我家玩吧？

第 **12** 课　초대해 주셔서 감사합니다.　156
谢谢您邀请我。

第 **13** 课　5시에 만날 수 없을 것 같아요.　170
五点可能见不了了。

第 **14** 课　한국에 온 지 5개월이 되었어요.　184
来韩国已经五个月了。

第 **15** 课　复习 11~14　198


附录

答案　208
索引　221

# 教材结构表

| 课 | 主题 | 题目 | 扩展词汇 | 语法 | 作业 | 发音 | 韩国文化之窗 |
|---|---|---|---|---|---|---|---|
| 1 | 饮食 2 | 잡채를 먹어 봤어요? | 韩国料理<br>料理材料<br>烹饪法 | −아/어/여 보다<br>−(으)ㄴ (表示过去的冠形词形)<br>−아/어/여서 (顺序)<br>ㄹ 불규칙 (ㄹ 不规则) | • 介绍饮食<br>• 讲述简单的料理法 | 辅音同化 (1) | 韩国饮食的特点 |
| 2 | 爱好 | 제 취미는 그림 그리기예요. | 爱好<br>运动<br>高频率副词 | −기<br>−(으)ㄴ데/는데<br>때문에<br>−(으)ㄹ (表示未来的冠形词形) | • 问爱好<br>• 讲述爱好 | 辅音同化 (2) | 爬山–韩国人最喜欢的爱好 |
| 3 | 旅行 1 | 여행을 가기 전에 표를 예매해야 해요. | 和旅游有关的单词<br>和交通手段有关的词汇<br>住宿设施 | −기 때문에<br>−아/어/여야 하다<br>−기 전에<br>−아/어/여야겠다 | • 谈论旅行计划<br>• 推荐旅游地 | 紧音化 (1) | 济州岛,三多岛 |
| 4 | 问路 1 | 5분쯤 걸으면 지하철역이 있어요. | 和交通有关的单词<br>和问路有关的单词 | −(으)려고 하다<br>−(으)면<br>−(으)ㄴ 후에<br>ㄷ 불규칙 (ㄷ 不规则) | • 问路<br>• 指路 | 紧音化 (2) | 公交车专用线 |
| 5 | 复习 1-4 | | | | | | |
| 6 | 购物 2 | 한 치수 작은 것으로 바꿔 주세요. | 与商品的质量、款式、价钱有关的单词<br>与换货有关的单词 | −지요?<br>−군요/는군요<br>(으)로 주다<br>−게 (副词形) | • 换货<br>• 谈论支付方式 | 紧音化 (3) | 南大门市场 |
| 7 | 邮局 | 소포를 부치려고 하는데요. | 和邮局有关的单词<br>和日期有关的单词 | −(으)ㄴ/는데요<br>부터 N까지 얼마나 걸려요?<br>(으)로 (手段; 方式)<br>한테(에게)/한테서(에게서) | • 寄包裹<br>• 回电子邮件 | 添加音 | 只属于你的邮票 |

| 课 | 主题 | 题目 | 扩展词汇 | 语法 | 作业 | 发音 | 韩国文化之窗 |
|---|---|---|---|---|---|---|---|
| 8 | 医院、和药店 | 어젯밤부터 기침이 심해졌어요. | 与疾病有关的单词<br>与受伤有关的单词<br>与药品有关的单词 | –아/어/여지다<br>ㅅ 불규칙 (ㅅ 不规则)<br>씩<br>–(으)려면 | • 讲述病症<br>• 理解药物服用方法 | 脱音 (1) | 紧急救援119 |
| 9 | 寄宿房 | 방에서 담배를 피우면 안 돼요. | 有关住宅的单词<br>有关费用的单词 | –(으)ㄹ 때<br>–(으)면 안 되다<br>–지 말다<br>–아/어/여도 되다 | • 问和谈论寄宿生活规则<br>• 理解寄宿的禁止事项 | 脱音 (2) | 月租 VS 全租 |
| 10 | | | | 复习 6-9 | | | |
| 11 | 招待 | 시간이 있으면 우리 집에 놀러 올래요? | 与招待有关的单词<br>与招待、拜访有关的表达 | –(으)ㄹ래요?<br>–았/었/였는데<br>–(으)면서<br>–(으)면 좋겠다 | • 邀请<br>• 谈论要求事项 | 'ㅢ'的发音 (1) | 韩国的招待文化 |
| 12 | 访问 | 초대해 주셔서 감사합니다. | 与拜访有关的表达<br>与称赞有关的表达<br>与餐具有关的表达 | –겠– (推测)<br>–는 동안<br>–아/어/여 있다<br>–(으)ㄴ/는 것 같다 | • 访问朋友家<br>• 称赞 | 'ㅢ'的发音 (2) | 韩国的拜访礼节 |
| 13 | 约定1 | 5시에 만날 수 없을 것 같아요. | 与约定有关的单词 | –기로 하다<br>–(으)ㄹ 것 같다<br>(이)나<br>–(으)ㄹ지 모르겠다 | • 确认约定<br>• 改变约定时间 | 'ㅢ'的发音 (3) | 高人气的见面场所 |
| 14 | 韩国生活 | 한국에 온 지 5개월이 되었어요. | 与学习韩国语有关的单词<br>与留学有关的单词 | –(으)ㄴ 지 N이/가 되다<br>–(으)ㄴ 적이 있다/없다<br>–거나<br>–(으)면 어때요? | • 提议<br>• 讲述经验 | ㅅ的发音 | 博客; 个人主页 |
| 15 | | | | 复习 11-14 | | | |

# 实用生活韩国语2
## — 初级篇

# 第1课

本课讲了传统料理的特点以及简单的料理方法。

# 잡채를 먹어 봤어요?

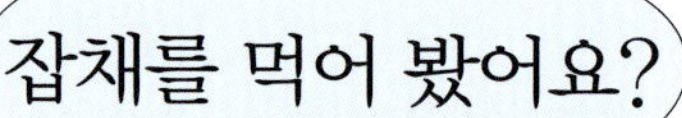

- 두 사람은 무엇에 대해 이야기하고 있습니까? 两人在聊什么?

- 여러분은 어떤 음식을 만들 수 있습니까? 你会做什么料理?

# 扩展词汇

## 한국 음식 韩国料理

**불고기** 烤肉

**잡채** 杂菜

**갈비** 排骨

**냉면** 冷面

**떡국** 年糕汤

## 음식 재료 料理材料

**채소**
蔬菜

**감자**
土豆

**당근**
胡萝卜

**호박**
南瓜

**양파**
洋葱

**고기**
肉

**쇠고기**
牛肉

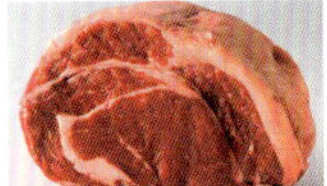

**돼지고기**
猪肉

**닭고기**
鸡肉

**생선**
鱼

**연어**
三文鱼

**고등어**
鲅鱼

**참치**
金枪鱼

**꽁치**
秋刀鱼

**멸치**
海蜒

**오징어**
鱿鱼

**새우**
虾

**조개**
贝

## 조리법 烹饪法

| | | | |
|---|---|---|---|
| **끓이다** | 煮, 烧 | **굽다** | 烤 |
| **볶다** | 炒 | **섞다** | 搅拌 |
| **튀기다** | 油炸 | | |

승희　왕핑 씨, 잡채를 먹어 봤어요?

왕핑　무엇으로 만든 음식이에요?

승희　여러 가지 채소와 고기를 넣어서 만든 음식이에요.
　　　아주 맛있어요.

왕핑　아, 친구 집에서 한 번 먹어 봤어요. 아주 맛있었어요.
　　　승희 씨는 잡채를 만들 수 있어요?

승희　네, 만들 수 있어요.

왕핑　그래요? 만드는 방법을 배우고 싶어요. 저도 집에서
　　　만들어 보고 싶어요.

---

胜熙　王平，你吃过杂菜吗？

王平　是用什么做的料理呢？

胜熙　用好几种蔬菜和肉做的料理，很好吃。

王平　啊，在朋友家吃过一次，特别好吃。胜熙你会做吗？

胜熙　嗯，是的，我会做。

王平　是吗？我想学做杂菜的方法。我也想在家自己做做。

---

生词　넣다 放　│　(요리) 방법 方法

# –아/어/여 보다

–아/어/여 보다 表示自己亲身经历或体验的行动。接在动词后面，动词词干以 아, 오 结尾时接 –아 보다; 其它的元音后接 –어 보다; 하다 动词后面接 –여 보다, 一般 하여 보다 缩写成 해 보다。

가(다) + 아 보다 → 가 보다
먹(다) + 어 보다 → 먹어 보다
하(다) + 여 보다 → (하여 보다) → 해 보다

- 중국 음식을 먹어 봤어요?
  吃过中餐吗?

- 친구와 같이 종로에 가 봤어요.
  和朋友一起去过钟路。

- 바다에서 수영을 해 보고 싶어요.
  想在海边游泳。

### 练习

〈보기〉와 같이 대화를 완성하십시오. 仿照例句, 完成下面对话。

〈보기〉 A 비빔밥을 먹어 봤어요? (먹다)

B 네, 비빔밥을 먹어 봤어요. / 아니요, 비빔밥을 못 먹어 봤어요.

(1) A 만리장성에 _______________ (가다)

B 네, _______________

(2) A 이 노래를 _______________ (듣다)

B 네, _______________

(3) A 한복을 _______________ (입다)

B 아니요, _______________

生词 　만리장성 万里长城 ｜ 한복 韩服

# –(으)ㄴ (表示过去的冠形词形)

表示动词的冠形词型，当修饰动词后的名词时动词的词干后接 –(으)ㄴ，表示该动作的过去式。
动词的词干以元音结尾时，接 –ㄴ，以辅音结尾时接 –은。

가(다) + ㄴ → 간
먹(다) + 은 → 먹은

- 집에 간 사람이 누구입니까?
  回家的是谁?

- 어제 읽은 책이 재미있었어요.
  昨天读的书很有趣。

- 점심에 먹은 냉면이 맛있었어요.
  今天中午吃的冷面很好吃。

## 练习

〈보기〉와 같이 문장을 완성하십시오. 仿照例句，完成下面句子。

> 〈보기〉 어제 __읽은__ 책이 재미있었습니다. (읽다)

(1) 저는 중국에서 ________ 왕핑입니다. (오다)

(2) 어제 ________ 음식 이름이 무엇입니까? (먹다)

(3) ________ 음식을 많이 먹지 마세요. (튀기다)

(4) 작년에 ________ 사진입니다. (찍다)

# -아/어/여서 (顺序)

表示事件或行动以一定的顺序发生。动词的词干以元音 **아**, **오** 结尾时，接 **-아서**, 以其它的元音结尾时接 **-어서**; **하다** 动词词干后接 **-여서** 以'**하여서** 形式使用，**하여서** 一般都缩写为 **해서**。

> 가(다) + 아서 → 가서
> 만들(다) + 어서 → 만들어서
> 하(다) + 여서 → (하여서) → 해서

- 밖에 나가서 점심을 먹읍시다.
  出去吃饭吧。

- 저기에 앉아서 기다리세요.
  坐在那里等吧。

- 요리를 해서 맛있게 먹었습니다.
  自己做菜吃了。

## 练习

〈보기〉와 같이 문장을 완성하십시오. 仿照例句，完成下面句子。

> 〈보기〉 아침에 ___일어나서___ 운동을 합니다. (일어나다)

(1) 집에 ___________ 쉬고 싶습니다. (가다)

(2) 아침에 일찍 ___________ 운동을 할 겁니다. (일어나다)

(3) 고향 음식을 ___________ 먹었습니다. (만들다)

(4) 저녁에 친구를 ___________ 영화를 볼 겁니다. (만나다)

# ㄹ 불규칙 (ㄹ 不规则)

以 ㄹ 结尾的用言的词干与以 ㄴ, ㅂ, ㅅ 开始的词尾相连时，动词词干的 ㄹ 脱落；以 ㄹ 结尾的用言与词尾相连时，不加 –으。

살(다) + 니까 → 사니까
멀(다) + ㅂ니다 → 멉니다

- 아파트에서 사니까 편합니다.
  因为住在公寓，很方便。

- 집이 학교에서 멉니다.
  家离学校远。

- 바람이 부니까 창문을 닫으세요.
  在刮风，把窗户关上吧。

## 练习

**다음 표를 완성하십시오.** 完成下面表格。

|  | –는 | –(으)ㅂ시다 | –(으)세요 | –(으)ㄹ 수 있어요 | –고 싶어요 |
|---|---|---|---|---|---|
| 만들다 | 만드는 | (1) | (2) | (3) | (4) |
| 살다 | (5) | (6) | (7) | 살 수 있어요 | (8) |
| 알다 | (9) | (10) | 아세요 | (11) | (12) |
| 열다 | (13) | 엽시다 | (14) | (15) | 열고 싶어요 |

## 作业 **1** 听力

**1**　잘 듣고 이어질 수 있는 말을 고르십시오. 仔细听录音, 选择适当的内容连接。

(1) ⓐ 네, 먹어 봤어요.

　　ⓑ 아니요, 못 봤어요.

　　ⓒ 아니요, 비빔밥을 싫어해요.

　　ⓓ 네, 저는 비빔밥을 만들 수 있어요.

(2) ⓐ 아니요, 친구하고 공부를 했어요.

　　ⓑ 네, 친구를 만나서 영화를 봤어요.

　　ⓒ 네, 주말에 친구를 만나고 싶어요.

　　ⓓ 다음 주에 시험이 있어서 주말에 공부해야 해요.

**2**　다음 대화를 듣고 맞으면 ○, 틀리면 ✕ 하십시오. 听对话, 在正确的内容后画 ○, 在错误的内容后画 ✕。

(1) 남자는 전에 떡국을 먹어 봤습니다. 　　　　　　　(　　　)

(2) 떡국은 한국 사람들이 매일 아침에 먹는 음식입니다. (　　　)

(3) 떡국은 맵지 않은 음식입니다. 　　　　　　　　　　(　　　)

**1** 다음 그림을 보고 이야기하십시오. 根据图片内容, 回答问题。

(1) 위 음식 중에서 여러분의 고향 음식이 있습니까?

(2) 위 음식 중에서 어떻게 만드는지 아는 음식이 있습니까?

(3) 위 음식 중에서 먹어본 음식이 있습니까? 그 맛이 어떻습니까?

**2** 다음 대화를 읽고 질문에 답하십시오. 阅读下面对话, 回答问题。

> 메이  민수 씨, 한국은 무슨 음식이 유명해요?
>
> 민수  삼계탕이 유명해요. 메이 씨, 삼계탕을 드셔 보셨어요?
>
> 메이  아니요, 못 먹어 봤어요. 그런데 삼계탕이 어떤 음식이에요?
>
> 민수  삼계탕은 닭고기에 인삼과 마늘, 대추를 넣고 끓인 음식이에요.
>
> 메이  삼계탕이 매워요?
>
> 민수  아니요, 안 매워요. 메이 씨도 한번 드셔 보세요. 아주 맛있어요.

(1) 한국은 무슨 음식이 유명합니까? ________________________

(2) 그 음식은 무엇으로 만듭니까? ________________________

(3) 그 음식은 어떻게 만듭니까? ________________________

**3** 위의 대화와 같이 친구와 여러분 나라의 유명한 음식에 대해서 이야기하십시오.
仿照上面的对话, 和你的朋友一起谈论自己国家的有名的料理。

 **유명하다** 有名, 著名

# 作业 3　读和写



**1** **다음 글을 읽고 질문에 답하십시오.** 阅读下面短文, 回答问题。

> 〈불고기〉
>
> 여러분, 불고기를 드셔 보셨습니까? 불고기는 한국의 대표 음식입니다. 그런데, 불고기 만드는 방법을 아십니까?
>
> 불고기는 쇠고기와 여러 가지 채소 그리고 간장과 여러 가지 양념을 넣어서 만듭니다. 불고기는 약간 달고 맵지 않아서 외국 사람들도 아주 좋아합니다. 여러분도 불고기를 한번 드셔 보십시오. 정말 맛있습니다.

(1) 불고기는 무엇으로 만듭니까?　_______________________________

(2) 불고기는 어떻게 만듭니까?　_______________________________

(3) 불고기는 맛이 어떻습니까?　_______________________________

**2** **여러분의 고향 음식을 소개하는 글을 쓰십시오.** 写一篇短文, 介绍自己家乡的饮食。

◎ 잘 듣고 빈칸에 알맞은 말을 쓰십시오.　仔细听录音, 用适当的内容填空。

(1) 저는 일본에서 ＿＿＿＿ 사토루입니다.

(2) 고향에 ＿＿＿＿＿ 친구들을 만날 겁니다.

(3) 이 노래를 ＿＿＿＿＿＿＿＿＿＿

(4) 이 노래를 ＿＿＿＿＿＿＿＿＿＿

(5) 잡채를 ＿＿＿＿＿＿＿＿＿

(6) 무엇으로 ＿＿＿＿＿＿ 음식이에요?

(7) 잡채는 여러 가지 채소와 고기를 ＿＿＿＿＿＿＿＿＿＿ 음식이에요.

(8) 잡채를 ＿＿＿＿＿＿＿

(9) ＿＿＿＿＿＿ 방법을 배우고 싶어요.

(10) 저도 집에서 ＿＿＿＿＿＿＿＿＿＿

# 发音

## 자음동화 (1) 辅音同化 (1)

### 종로 → [종노]

韵尾 ㅁ, ㅇ 后面的辅音 ㄹ 发出 [ㄴ] 音。

例如　강릉 [강능]　　담력 [담녁]

---

**1**　잘 듣고 다음 단어를 따라하십시오. 仔细听录音，跟读下面单词。

종로 [종노]

대통령 [대통녕]

경로석 [경노석]

**2**　잘 듣고 다음 문장을 따라하십시오. 仔细听录音，跟读下面句子。

종로에 갑니다.

대통령을 만났습니다.

젊은이들은 경로석에 앉으면 안 됩니다.

**3**　잘 듣고 다음 대화를 완성하십시오. 仔细听录音，完成下面对话。

(1) A　친구를 어디에서 만납니까?

　　 B　_______에서 만납니다.

(2) A　저기에 빈자리가 있으니까 저기에 앉읍시다.

　　 B　저기는 _______이에요. 우리는 저기에 앉으면 안 돼요.

# 한국 음식의 특징 韩国饮食的特点

韩国人的餐桌上一般有多种食物。每个人餐位的前面都有饭和汤，勺和筷子放在餐位的右边。餐桌的中间放有汤、汤锅、肉或鱼类，周围摆上泡菜等多种小菜。韩国人在就餐时，除了自己面前的饭和汤外，其它的料理都和别人一起吃。

虽然用餐时用勺和筷子，但是勺和筷子不能同时使用。不能把碗端在手里吃饭，和长辈一起用餐时，要在长辈先开始吃饭后才能用餐，用餐完毕后，也不能比长辈先离开餐桌。

**1** 여러분은 어떤 한국 음식을 제일 좋아합니까? 你最喜欢的韩国料理是什么?

**2** 여러분 나라의 음식은 주로 무엇으로 만든 것입니까? 你们国家的料理一般是用什么做成的。

**3** 여러분 나라의 식사 방법과 한국의 식사 방법은 어떻게 다릅니까?
你们国家的用餐礼节和韩国的有什么不同?

**1** 〈보기〉와 같이 알맞은 말을 고르십시오. 仿照例句，选择合适的单词。

〈보기〉 ⓐ 냉면　　ⓑ 음식　　ⓒ 삼계탕　　ⓓ 불고기

(1) ⓐ 감자　　　ⓑ 당근　　　ⓒ 호박　　　ⓓ 채소

(2) ⓐ 꽁치　　　ⓑ 생선　　　ⓒ 연어　　　ⓓ 참치

**2** 〈보기〉와 같이 알맞은 말에 동그라미 하십시오. 仿照例句，在正确的用法后画圈。

〈보기〉 이것은 작년 여름방학 때 (찍은, 찍는) 사진입니다.

(1) 중국에서 (온, 오는) 왕핑입니다.

(2) (쉬는, 쉰) 시간에 커피를 마십니다.

**3** 〈보기〉와 같이 알맞은 말에 동그라미 하십시오. 仿照例句，在正确的用法后画圈。

〈보기〉 학교에 (가고, 가서) 공부를 합니다.

(1) 아침에 (일어나고, 일어나서) 커피를 마십니다.

(2) 고향 음식을 (만들고, 만들어서) 먹을 겁니다.

**4** 〈보기〉와 같이 다음에서 알맞은 말을 골라 고쳐 쓰십시오. 仿照例句，选择适当的单词改写后填写。

| 놀다 | 만들다 | 살다 | 알다 | 열다 |
|------|-------|------|------|------|

〈보기〉 A 김밥을 __만들__ (-(으)ㄹ) 수 있어요?　　B 네, 그럼요.

(1) A 저 사람이 누구예요?　　　　　　　B __________ (-는) 사람이에요.

(2) A 교실이 더우니까 창문을 열까요?　　B 네, __________ (-(으)세요).

(3) A 누가 __________ (-(으)ㄴ) 과자예요?　　B 제가 만들었어요.

(4) A 지금 __________ (-는) 집이 어때요?　　B 깨끗하고 조용해서 좋아요.

# 第2课

本课讲了兴趣爱好及休闲。

# 제 취미는 그림 그리기예요.

- 두 사람은 무엇에 대해 이야기하고 있습니까? 两人在聊什么?

- 여러분은 취미가 무엇입니까? 你的兴趣爱好是什么?

# 扩展词汇

책 읽기
读书

그림 그리기
绘画

사진 찍기
摄影

영화 보기/감상
看电影

음악 듣기/감상
欣赏音乐

우표 모으기
集邮

여행
旅行

컴퓨터 게임하기
电脑游戏

축구　足球

야구　棒球

농구　篮球

배구　排球

탁구　乒乓球

태권도　跆拳道

수영　游泳

스키　滑雪



| 긍정 | 항상　总是 | 자주　经常 | 보통　一般 | 가끔　偶尔 |
|---|---|---|---|---|
| 부정 | 거의 (–지 않다)　几乎不 | | 한 번도 (–지 않다)　决不 | |

| 노민 | 제 취미는 그림 그리기예요. 사토루 씨 취미는 뭐예요? |
| --- | --- |
| 사토루 | 제 취미는 등산이에요. |
| 노민 | 아, 그래요? 요즘도 산에 자주 가세요? |
| 사토루 | 전에는 한라산에 자주 갔어요. 하지만 요즘은 공부 때문에 바빠서 자주 못 가요. |
| 노민 | 요즘 공부할 것이 많아요? |
| 사토루 | 네, 한국어 2급은 문법이 어려워서 공부할 것이 많아요. |

| 卢民 | 我的爱好是画画，你的爱好是什么呢？ |
| --- | --- |
| 悟 | 我的爱好是登山。 |
| 卢民 | 是吗？最近也常去爬山吗？ |
| 悟 | 以前经常去汉拏山，但最近忙于学习，不常去了。 |
| 卢民 | 最近学习很忙吗？ |
| 悟 | 是的，韩国语2级的语法很难，要学的东西很多。 |

生词　급 급　级

30

# -기

接在用言后，把用言变成名词或名词句。在句中起名词作用，可用作主语、宾语。

가(다) + **기** → 가기
듣(다) + **기** → 듣기

- 저는 음악 듣기를 좋아합니다.
  我喜欢听音乐。
- 한국에서 생활하기가 편합니다.
  在韩国生活很方便。
- 제 취미는 그림 그리기입니다.
  我的爱好是画画。

**练习**

**그림을 보고 〈보기〉와 같이 알맞은 말을 쓰십시오.** 看图，仿照例句，在横线上填写正确的词组。

| 〈보기〉 | (1) | (2) | (3) | (4) |
|---|---|---|---|---|
|  |  | 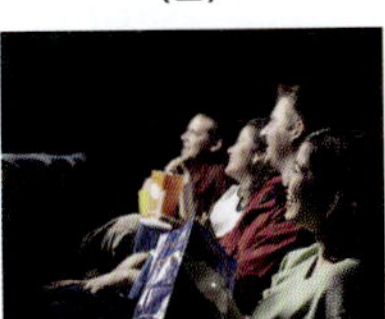 |  |  |
| 책 읽기 | ____ | ____ | ____ | ____ |

# –(으)ㄴ데/는데

用于提示某事发生的背景、情景、理由等。 接在用言后面，表示现在时的动词词干或 있다, 없다 词干后接 –는데，以元音或 ㄹ 结尾的形容词词干后接 –ㄴ데，以辅音结尾的形容词词干后接 –은 데。在用言的词干后添加语尾 –았/었/였는데 表示过去。

| | |
|---|---|
| 가(다) + 는데 → 가는데 | |
| 먹(다) + 는데 → 먹는데 | |
| 있(다) + 는데 → 있는데 | |
| 예쁘(다) + ㄴ데 → 예쁜데 | |
| 작(다) + 은데 → 작은데 | |

- 이 옷이 예쁜데 너무 비싸요.　　　这衣服好看是好看，就是太贵了。
- 비가 오는데 우산이 없어서 걱정이에요.　下雨了，却没有雨伞，很担心。
- 요즘 한국말을 배우는데 정말 재미있어요.　最近我在学韩国语，很有趣。

**练习**

〈보기〉와 같이 문장을 완성하십시오. 仿照例句，完成下面句子。

〈보기〉 요즘 한국말을 ___공부하는데___ 아주 재미있어요. (공부하다)

(1) 우리 오빠는 키가 ________ 저는 키가 작아요. (크다)

(2) 제 친구는 __________ 중국어를 잘합니다. (한국 사람이다)

(3) __________ 지하철역이 어디에 있어요? (죄송하다)

(4) 어제 공부를 열심히 __________ 시험을 못 봤어요. (하다)

**生词**　　걱정하다 担心

# 때문에

表示某事发生的理由或原因，直接接在名词后。

> 날씨 + 때문에 → 날씨 때문에
> 일 + 때문에 → 일 때문에

- 요즘 일 때문에 바빠요.
  因为工作，最近忙。
- 시험 때문에 친구를 만나지 못해요.
  因为考试，没能见朋友。
- 교통사고 때문에 회의에 늦었어요.
  因为交通事故，开会迟到了。

## 练习

〈보기〉와 같이 다음에서 알맞은 말을 골라 고쳐 쓰십시오. 仿照例句，选择适当的单词改写后填写。

| 교통사고 | 단어 | 시험공부 | 감기 | 일 |
|---|---|---|---|---|

〈보기〉 A 왜 요즘 바빠요?　　　　　　　B <u>일 때문에</u> 바빠요.

(1) A 왜 길이 막혀요?　　　　　　　　　B ＿＿＿＿＿＿＿ 길이 막혀요.

(2) A 한국어 공부가 어려워요?　　　　　B 네, ＿＿＿＿＿＿＿ 어려워요.

(3) A 많이 피곤해요?　　　　　　　　　　B 네, ＿＿＿＿＿＿＿ 피곤해요.

(4) A 왜 병원에 가세요?　　　　　　　　　B ＿＿＿＿＿＿＿ 병원에 가요.

生词　교통사고 交通事故　│　회의 会议　│　단어 单词

# −(으)ㄹ （表示未来的冠形词形）

动词词干后接 −(으)ㄹ，表示动词冠形词型的将来。接在动词的词干后，当动词的词干以元音结尾时接 −ㄹ，动词的词干以辅音结尾时接 −을。

하(다) + ㄹ → 할
먹(다) + 을 → 먹을

- 오늘 할 일이 많습니다.
  今天要做的事情多。

- 저기에 입을 옷이 있습니다.
  那里有要穿的衣服。

- 이번 주말에 만날 사람이 누구입니까?
  这个周末要见的人是谁?

## 练习

〈보기〉와 같이 문장을 완성하십시오. 仿照例句，完成下面句子。

〈보기〉 오늘 __할__ 일이 아주 많아요. (하다)

(1) 이번 방학에 고향에 _______ 사람이 있어요? (가다)

(2) 오늘 저녁에 도서관에서 같이 _________ 분이 계세요? (공부하다)

(3) 식탁에 _______ 음식이 많아요. (먹다)

(4) 저에게 한국말을 ___________ 분은 연락해 주세요. (가르쳐 주시다)

# 作业 1　听力





**1**　잘 듣고 맞는 그림과 연결하십시오. 仔细听录音, 和右边的图片连线。

(1) •　　　• ⓐ 

(2) •　　　• ⓑ 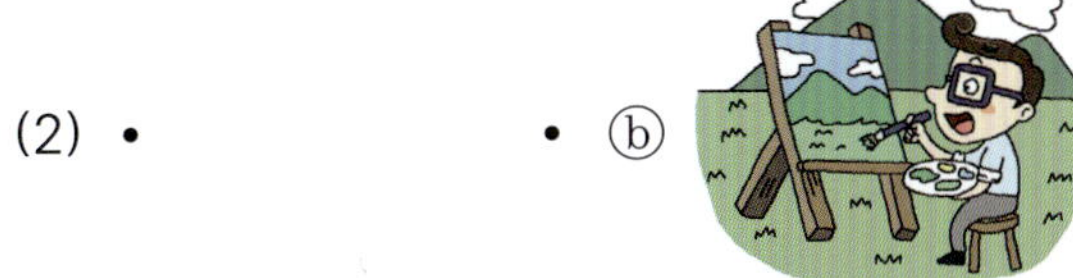

(3) •　　　• ⓒ 

(4) •　　　• ⓓ 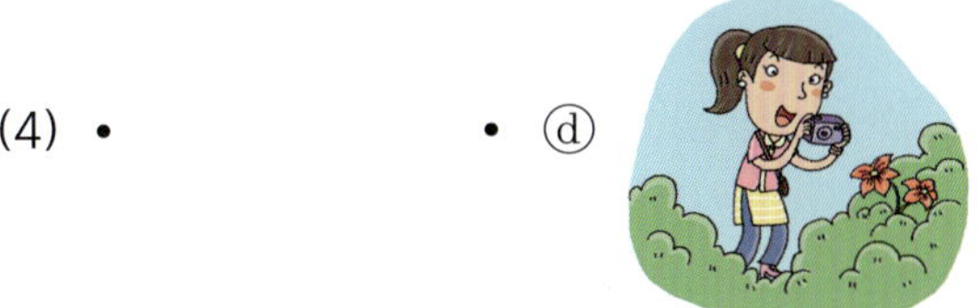

**2**　잘 듣고 질문에 답하십시오. 仔细听录音, 回答问题。

(1) 무엇에 대하여 이야기하고 있습니까?

　　ⓐ 영화배우　　　ⓑ 한국 드라마　　　ⓒ 한국말　　　ⓓ 취미

(2) 여자는 왜 영화를 자주 못 봅니까?

　　ⓐ 시간이 없어서　　　　　ⓑ 한국말이 어려워서

　　ⓒ 영화를 싫어해서　　　　ⓓ 같이 볼 친구가 없어서

**1** 다음 그림을 보고 이야기 하십시오. 看图回答问题。

(1) 여러분은 취미가 무엇입니까?

(2) 취미 활동을 얼마나 자주 합니까?

**2** 다음 대화를 읽고 질문에 답하십시오. 阅读下面对话，回答问题。

승희　제 취미는 여행인데 왕핑 씨 취미는 뭐예요?

왕핑　제 취미는 사진 찍기예요.

승희　그래요? 요즘도 사진을 자주 찍으세요?

왕핑　자주 찍고 싶은데 요즘은 일 때문에 바빠서 자주 못 찍어요.

승희　요즘 일이 많아요?

왕핑　네, 요즘 회사에 일이 많아서 시간이 없어요.

(1) 왕핑 씨의 취미는 무엇입니까?　＿＿＿＿＿＿＿＿＿＿＿＿＿＿＿＿

(2) 왕핑 씨는 왜 취미 생활을 자주 못 합니까?　＿＿＿＿＿＿＿＿＿＿＿＿＿

**3** 위의 대화와 같이 친구와 여러분의 취미에 대해서 이야기하십시오.

仿照上面对话，和朋友一起谈论自己的爱好。

 生词　　생활 生活

**1**   **다음 글을 읽고 질문에 답하십시오.** 阅读下面短文, 回答问题。

> 〈같이 등산할 친구를 구합니다〉
>
> 안녕하세요?
>
> 저는 중국에서 온 메이입니다. 2급 반에서 공부하는 학생입니다.
>
> 제 취미는 등산인데 혼자 하기는 심심합니다. 주말에 저와 같이 등산하실 분은 연락해 주세요. 함께 등산합시다. 더 재미있을 겁니다. 제 전화번호는 010-123-4567입니다.

(1) 메이 씨의 취미는 무엇입니까? ________________________

(2) 메이 씨는 이 글을 왜 썼습니까? ________________________

(3) 위 글의 내용과 <u>다른</u> 것을 고르십시오.

    ⓐ 메이 씨는 등산을 좋아합니다.

    ⓑ 메이 씨는 주말에 산에 갑니다.

    ⓒ 메이 씨는 학교에서 공부를 합니다.

    ⓓ 메이 씨는 주말마다 할 일이 없어서 심심해합니다.

**2**   **취미 생활을 같이 할 친구를 찾는 글을 쓰십시오.** 写一篇短文, 寻找和你有共同爱好的朋友。

生词   구하다 寻求

◎ **잘 듣고 빈칸에 알맞은 말을 쓰십시오.** 仔细听录音，用适当的内容填空。

(1) 요즘 한국말을 ___________ 정말 재미있어요.

(2) 이 옷이 __________ 너무 비싸요.

(3) 저는 ___________ 한국말을 공부합니다.

(4) 요즘 ___________ 바빠요.

(5) ___________ 길이 막혀요.

(6) 오늘 _________ 사람이 있습니다.

(7) 오늘 __________ 많습니다.

(8) 제 취미는 ___________입니다.

(9) 제 취미는 ___________예요.

(10) 사진을 자주 ___________, 요즘은 _________ 바빠서 자주 못 찍어요.

### 자음동화 (2) 辅音同化 (2)

## 한라산 → [할라산]

ㄴ 与 ㄹ 相连时, 不管 ㄴ 在 ㄹ 前面还是后面, ㄴ 都发出 [ㄹ]音。

例如　난로 [날로]　　대관령 [대괄령]

---

**1**　**잘 듣고 다음 단어를 따라하십시오.** 仔细听录音, 跟读下面单词。

줄넘기 [줄럼기]

한라산 [할라산]

곤란하다 [골란하다]

**2**　**잘 듣고 다음 문장을 따라하십시오.** 仔细听录音, 跟读下面句子。

줄넘기를 잘합니다.

한라산에 올라갔어요.

대답하기 곤란한 질문입니다.

**3**　**잘 듣고 다음 대화를 완성하십시오.** 仔细听录音, 完成下面对话。

(1) A  어떤 운동을 자주 하세요?

　　B  저는 날마다 ________를 해요.

(2) A  제주도에 가서 뭐 했어요?

　　B  ________에 올라갔어요.

# 한국인이 제일 좋아하는 취미 – 등산 爬山

*韩国人最喜欢的爱好*

根据媒体调查，韩国人最喜欢的兴趣爱好是爬山（占9.0%），其后依次是读书（占8.3%），欣赏音乐（占7.8%），电脑游戏（5.4%），运动（5.2%）。韩国人如此喜欢爬山的理由是什么呢？

首先这得归功于韩国的地形特征。韩国的山地面积约占国土面积的65%，无论你在国土的哪个角落，附近都有山。不必为了爬山专门去很远的地方，所以人们都喜欢爬山。

其次，韩国人很关注身体健康。在忙碌的日常生活中，韩国人运动的机会变少了。因此，特别是都市人通过不需要特别技术和装备的爬山运动锻炼身体。

第三，可以归结为情感方面。爬山可以使人们脱离高大建筑包围着的城市，让人们重新找回生活的悠闲。因此，韩国人很喜欢爬山。

也许这个周末，你在首尔乘地铁时，很容易就会发现衣着红色登山帽和登山服的登山客。

1   **여러분의 취미는 무엇입니까?** 你的爱好爱好是什么呢？

2   **여러분 나라 사람들이 좋아하는 취미는 무엇입니까?** 你们国家的人喜欢的爱好活动有什么？

**1** 그림과 맞는 단어를 연결하십시오. 选择正确的单词和左边的图片连线。

〈보기〉 · · ⓐ 농구

(1) · · ⓑ 배구

(2) · · ⓒ 스키

(3) · · ⓓ 태권도

(4) · · ⓔ 축구

**2** 〈보기〉와 같이 문장을 연결하십시오. 仿照例句，连接下面两个句子。

> 〈보기〉 저는 운동을 좋아합니다. / 메이 씨는 운동을 싫어합니다.
> → 저는 운동을 좋아하는데 메이 씨는 운동을 싫어합니다.

(1) 저는 수영을 잘합니다. / 동생은 수영을 못합니다.

→ _______________________________________________

(2) 우리 고향에는 산이 많이 없습니다. / 한국에는 산이 많습니다.

→ _______________________________________________

(3) 전에는 여행을 자주 했습니다. / 요즘은 자주 하지 못합니다.

→ _______________________________________________

**3** 〈보기〉와 같이 알맞은 말에 동그라미 하십시오. 仿照例句，在正确的用法后画圈。

> 〈보기〉 내일 (만난, 만나는, 만날) 사람이 있습니다.

(1) 어제 (산, 사는, 살) 구두가 아주 예쁩니다.

(2) 다음 방학에 (한, 하는, 할) 일이 아주 많습니다.

(3) 다음 시간에 (배운, 배우는, 배울) 과는 3과입니다.

第 **3** 课

本课讲了旅行计划。

# 여행을 가기 전에 표를 예매해야 해요.

- 두 사람은 무엇에 대해 이야기하고 있습니까? 两个人在聊什么?

- 여러분은 여행을 좋아합니까? 你喜欢旅行吗?

# 扩展词汇

## 여행 관련 어휘 和旅游有关的单词

| | | | |
|---|---|---|---|
| 국내 여행 | 国内旅行 | 여행을 하다 | 旅游 |
| 외국 여행 | 海外旅行 | 여행을 가다 | 去旅游 |
| 1박 2일 | 两天一夜 | N에 갔다 오다 | 去N地回 |
| 관광 | 观光 | 예매하다 | 订购 |
| 관광객 | 游客 | 예약하다 | 预订 |
| 관광지 | 观光地 | 표를 사다 | 买票 |

## 교통수단 관련 어휘 和交通手段有关的词汇

| | | | |
|---|---|---|---|
| 보통석 | 经济舱 | 편도 | 单程 |
| 비즈니스석 | 商务舱 | N을/를 타고 가다/오다 | 乘坐N（火车、飞机）去/来 |
| 일등석 | 头等舱 | N을/를 타다 | 乘坐N |
| 왕복 | 往返 | N(으)로 가다 | 去N |

## 숙박시설 住宿设施

**민박** 农家院

**여관** 旅馆

**호텔** 酒店，宾馆

**콘도** 度假村

**펜션** 租赁木屋

민수　메이 씨, 이번 방학에 뭐 하실 거예요?

메이　기차를 타고 친구들과 강원도로 여행을 갈 거예요.

민수　기차표를 예매하셨어요? 요즘 휴가철이기 때문에 여행을
가기 전에 표를 예매해야 해요.

메이　아, 그래요? 몰랐어요. 오늘 집에 가기 전에 여행사에 가서
기차표를 사야겠어요.

민수　어서 예매하세요. 기차표를 못 사면 서서 가야 해요.

메이　괜찮아요. 앉지 않고 서서 가는 여행도 재미있을 거예요.

民洙　美伊，这个假期你打算做什么呢？
美伊　和朋友一起坐火车去江源道旅行。
民洙　预购火车票了吗？你预购火车票了吗？最近因为是休假期，去旅行之前得预购火车票。
美伊　是吗？我不知道呢，那今天回家之前我得去旅行社把火车票买好。
民洙　快去买吧。如果买不到票的话，就要站着回去了。
美伊　没关系。站着旅行也挺有趣的。

# -기 때문에

**-기 때문에** 接在用言的词干后，前面的内容是后面内容的理由或原因，不能用于祈使句和请诱句中。

가(다) + **기 때문에** → **가기 때문에**
먹(다) + **기 때문에** → **먹기 때문에**

- 내일 고향에 가기 때문에 오늘은 시간이 없습니다.
  (因为)明天要回老家，所以今天没时间。

- 오늘은 눈이 많이 오기 때문에 길이 막힙니다.
  (因为)今天下雪，所以路堵。

- 조금 전에 점심을 먹었기 때문에 안 먹어요.
  (因为)刚吃了午饭，所以不吃了。

**练习**

〈보기〉와 같이 문장을 완성하십시오. 仿照例句，完成下面句子。

〈보기〉 시험이 있기 때문에 시험공부를 해야 합니다. (시험이 있다)

(1) 요즘 ＿＿＿＿＿＿＿＿＿＿ 바쁩니다. (일이 많다)

(2) 친구가 ＿＿＿＿＿＿＿＿＿＿ 공항에 가야 합니다. (한국에 오다)

(3) 오늘은 ＿＿＿＿＿＿＿＿＿＿ 학교에 안 갑니다. (수업이 없다)

(4) ＿＿＿＿＿＿＿＿＿＿ 학교에 갈 수 없습니다. (감기에 걸렸다)

# -아/어/여야 하다

接在用言后，表示必须要做某事。用言的词干以元音 **아**，**오** 结尾时，用 **-아야 하다**，其它元音之后用 **-어야 하다**。**하다** 动词的词干后接 **-여야 하다** 以 **하여야 하다** 形式使用，**하여야 하다** 一般缩写成 **해야 하다**。

가(다) + 아야 하다 → 가야 하다
먹(다) + 어야 하다 → 먹어야 하다
하(다) + 여야 하다 → (하여야 하다)
→ 해야 하다

- 월요일에는 학교에 가야 합니다.
  星期一得去学校。

- 저는 아침을 꼭 먹어야 합니다.
  我早上必须得吃饭。

- 내일이 시험이어서 공부를 해야 합니다.
  明天有考试，得学习。

## 练习

〈보기〉와 같이 문장을 완성하십시오. 仿照例句，完成下面句子。

> 〈보기〉 다음 주에 시험이 있어요. 공부를 열심히 ___해야 해요.___ (하다)

(1) 감기에 걸렸어요. 약을 ___________ (먹다)

(2) 내일 부모님이 한국에 오세요. 공항에 ___________ (가다)

(3) 방학에 고향에 갈 거예요. 비행기 표를 ___________ (예매하다)

(4) 내일 아침에 비행기를 타고 갈 거예요. 일찍 ___________ (일어나다)

# −기 전에

−기 전에 接在动词词干后，表示该动作之前先做另外一件事，也可在名词后直接接 전에。

가(다) + 기 전에 → 가기 전에

먹(다) + 기 전에 → 먹기 전에

1시간 + 전에 → 1시간 전에

- 음식을 먹기 전에 손을 씻으십시오.
  吃东西之前，请洗手。

- 고향에 가기 전에 친구들을 만날 거예요.
  回老家之前，(我)会见朋友的。

- 왕핑 씨는 1시간 전에 집에 갔습니다.
  王平在一个小时前回家了。

练习

**〈보기〉와 같이 문장을 완성하십시오.** 仿照例句, 完成下面句子。

〈보기〉　＿＿자기 전에＿＿ 숙제하세요. (자다)

(1) ＿＿＿＿＿＿＿ 전화하세요. (출발하다)

(2) 약을 ＿＿＿＿＿＿＿ 식사를 하세요. (먹다)

(3) 학교에 ＿＿＿＿＿＿＿ 빨리 가세요. (늦다)

(4) 고향에 ＿＿＿＿＿＿＿ 연락하세요. (가다)

生词　　씻다 洗

# –아/어/여야겠다

是在 –아/어/여야 后添加 –겠– 构成的，表示必须要做某事的意志或强调某种情况。用言的词干以元音 아, 오 结尾时用 –아야겠다，其它元音后接 –어야겠다，하다 动词后接 –여야겠다 以 하여야겠다 形式使用，하여야겠다 一般缩写成 해야겠다。

가(다) + **아야겠어요** → **가야겠다**

먹(다) + **어야겠어요** → **먹어야겠다**

하(다) + **여야겠어요** → **(하여야겠다)**

　　　　　　　　　　　　　→ **해야겠다**

- 아침마다 운동을 해야겠어요. 每天早上都得运动。
- 몸이 아파서 병원에 가야겠어요. 身体不舒服得去医院。
- 이건 너무 어려워서 한국인 친구에게 물어봐야겠어요.
  这个太难了，得问一下韩国朋友。

练习

〈보기〉와 같이 다음에서 알맞은 말을 골라 고쳐 쓰십시오. 仿照例句，选择正确的内容改写后填写。

| 일어나다 　 가다 　 먹다 　 사다 　 공부하다 |
| --- |

〈보기〉 오늘 지각을 했어요. 내일부터 일찍 　일어나야겠어요　.

(1) 요즘 문법이 많이 어려워요. 열심히 ______________

(2) 날씨가 많이 추워요. 겨울옷을 ______________

(3) 감기에 걸려서 많이 아파요. 약을 ______________

(4) 친구가 아파서 학교에 못 와요. 친구 집에 한번 ______________

**1** 남자는 무엇을 타고 고향에 갈 겁니까? 男的坐什么交通工具回老家?

ⓐ 

ⓑ 

ⓒ 

ⓓ 

**2** 잘 듣고 질문에 답하십시오. 仔细听录音, 回答问题。

(1) 여자는 왜 전화를 했습니까?

　　ⓐ 비행기 표를 예약하고 싶어서　　ⓑ 여행사 위치를 알아보고 싶어서

　　ⓒ 비행기 시간을 알아보고 싶어서　　ⓓ 비행기 표 요금을 알아보고 싶어서

(2) 들은 내용에 대해 맞으면 ○, 틀리면 × 하십시오.

　　① 여자는 다음 주 금요일에 베이징에 갑니다.　　(　　　)

　　② 여자는 중국에서 다음 주 토요일에 돌아옵니다.　　(　　　)

　　③ 비행기 표는 35만 원입니다.　　(　　　)

**1** 다음 그림을 보고 이야기하십시오. 看图回答问题。

(1) 친구에게 어디를 추천하고 싶습니까?

(2) 왜 그곳을 추천하고 싶습니까?

**2** 다음 대화를 읽고 질문에 답하십시오. 阅读下面对话, 回答问题。

승희  메이 씨, 중국에 여행을 가고 싶은데 어디가 좋아요?

메이  그래요? 그럼, 우리 고향이 어때요?

승희  메이 씨 고향에 구경할 것이 많아요?

메이  그럼요. 유명한 관광지도 많고 한국에서 가깝기 때문에 좋을 거예요.

승희  그럼, 메이 씨 고향에 가야겠어요.

메이  우리 고향에 가기 전에 저에게 연락하세요.

(1) 메이 씨는 어디를 여행지로 추천했습니까? _______________________

(2) 메이 씨는 왜 그곳을 추천했습니까?

_______________________________________________

**3** 위의 대화와 같이 친구와 여행 계획에 대해서 이야기하십시오.
仿照上面对话, 和朋友一起谈论旅行计划。

 生词  추천하다 推荐

**1**  다음은 메이 씨의 글입니다. 다음 글을 읽고 질문에 답하십시오.
下面是美伊写的一篇短文，阅读后，回答问题。

> 〈경주 여행〉
>
>     지난 방학에 우리 반 친구들과 같이 경주에 갔다 왔습니다. 우리가 인터넷으로 기차표를 예매해서 기차를 타고 갔다 왔습니다. 경주에 가서 등산도 하고 한국의 옛날 절도 구경했습니다. 버스를 타고 경주 시내 구경을 했는데 그것도 참 재미있었습니다. 경주 여행은 산과 바다도 구경하고 한국 역사도 배울 수 있었기 때문에 참 좋았습니다. 하지만 한국말이 서툴러서 안내원의 설명을 모두 이해할 수 없었습니다. 한국말을 더 공부하고 다시 한번 가야겠습니다.

(1) 메이 씨는 어디로 여행을 갔다 왔습니까? ___________________________

(2) 메이 씨는 무엇을 타고 갔다 왔습니까? ___________________________

(3) 메이 씨는 경주 여행이 왜 좋았습니까?

    ⓐ 반 친구들하고 같이 가서      ⓑ 시내 구경을 할 수 있어서

    ⓒ 한국 역사를 배울 수 있어서      ⓓ 안내원의 설명을 들을 수 있어서

**2**  위 글을 읽고 다음 표를 완성하십시오. 여러분의 여행 이야기도 쓰십시오.
阅读上面短文后完成下表，并写出你自己的旅游经历。

| | 메이 | 나 |
|---|---|---|
| 언제 | 지난 방학 | |
| 어디에 | 경주 | |
| 누구와 같이 갔습니까? | ① | |
| 어떻게 갔습니까? | ② | |
| 무엇이 재미있었습니까? | ③ | |
| 왜 좋았습니까? | ④ | |
| 무엇이 불편했습니까? | ⑤ | |

**3**  위 표를 보고 여러분의 여행 이야기를 쓰십시오. 根据上表，写一篇你自己的旅行经历。

生词  절 寺庙 | 역사 历史 | 서투르다 不熟练 | 안내원 导游 | 설명 说明, 解释 | 이해하다 理解, 了解

◎ **잘 듣고 빈칸에 알맞은 말을 쓰십시오.** 仔细听录音，用适当的内容填空。

(1) _________________ 전화하세요.

(2) 학교에 _____________ 빨리 가세요.

(3) 내일 시험이 _____________ 오늘 영화를 볼 수 없습니다.

(4) 오늘은 수입이 _____________ 학교에 안 갑니다.

(5) 공부를 열심히 _____________

(6) 내일 부모님이 한국에 오셔서 공항에 _____________

(7) 요즘 _________________ 여행 _____________ 표를 _____________

(8) 오늘 집에 _________ 여행사에 가서 기차표를 _____________

(9) 이제부터 일찍 _____________

(10) 교실에서는 한국말로 _________________

# 发音



**된소리되기 (1)** 紧音化 (1)

## 앉**지** 마세요 → [안**찌** 마세요]

单词词干的韵尾 ㄴ(ᄶ), ㅁ(ᆱ) 后面接以辅音 ㄱ, ㄷ, ㅅ, ㅈ 为首音的音节时分别发出其相对应的紧音。

例如　앉고 [안꼬]　젊지 [점찌]

**1**　잘 듣고 다음 단어를 따라하십시오. 仔细听录音, 跟读下面单词。

신다 [신따]

앉고 [안꼬]

닮지 [담찌]

**2**　잘 듣고 다음 문장을 따라하십시오. 仔细听录音, 跟读下面句子。

운동화를 신고 있어요.

여기에 앉지 마세요.

저는 어머니를 많이 닮지 않았어요.

**3**　잘 듣고 다음 대화를 완성하십시오. 仔细听录音, 完成下面对话。

(1) A  여기에 앉아도 돼요?

　　 B  아니요, 거기에 ________ 마세요.

(2) A  노민 씨는 어머니를 닮았어요?

　　 B  아니요, 어머니를 ________ 않았어요. 아버지를 닮았어요.

# 제주도, 삼다도 济州岛，三多岛
## 石头、风、女人

　　韩国最有代表性的旅游地济州岛是位于朝鲜半岛南边的一个岛。因为在朝鲜半岛南边，所以较之韩国的其它地方来说，天气更暖和，能够享受到异国的风情。济州岛上有以汉拿山国立公园为代表的许多观光胜地，还有各种便利的住宿和交通设施，因此成了韩国人最想去的旅游胜地之一。

　　济州岛因石头、风、女人多，又被叫做三多岛。济州岛是一个火山岛，所以多石头；济州岛位于台风的必经之地，所以多风；济州岛的水产业很发达，男人一般都下海去捕鱼，由于经常遭遇海难，经常出海后不能回家，所以多女人。虽然近来这样的现象有所缓和，可是人们还是习惯称济州岛为三多岛。

---

**1**　여러분은 한국의 관광지 중 어디에 가 봤습니까? 你去过韩国的哪些旅游地?

**2**　여러분 나라의 유명한 관광지 한 곳을 소개해 주십시오. 介绍一个自己国家的旅游景点。

**1**  다음에서 알맞은 말을 골라 알맞게 쓰십시오. 选择正确的单词改后填空。

> 관광객    관광지    예매하다    예약하다    갔다 오다    타고 오다

(1) 우리 고향은 유명한 __________ 입니다.

(2) 지난 주말에 친구들과 제주도에 __________________

(3) 다음 주에 고향에 갈 겁니다. 어제 비행기 표를 __________________

(4) 이번 방학에 여행을 갈 겁니다. 내일 호텔을 __________________

**2**  〈보기〉와 같이 문장을 연결하십시오. 仿照例句, 连接下面两个句子。

> 〈보기〉 잡니다. / 책을 읽습니다.    → 자기 전에 책을 읽습니다.

(1) 잊어버립니다. / 공책에 쓰십시오.

    → ________________________________

(2) 한국에 옵니다. / 무슨 일을 하셨어요?

    → ________________________________

(3) 늦습니다. / 빨리 가십시오.

    → ________________________________

**3**  〈보기〉와 같이 다음에서 알맞은 말을 골라 고쳐 쓰십시오. 仿照例句, 选择正确的内容改写后填写。

> 일이 많았습니다    선생님이었습니다    산이 많습니다
> 텔레비전이 없습니다    한국말을 배울 수 있습니다

> 〈보기〉 집에 텔레비전이 없기 때문에 집에서 축구를 못 봐요.

(1) 한국 영화는 __________________________ 좋습니다.

(2) 한국에는 __________________ 사람들이 등산을 자주 합니다.

(3) 어제 __________________ 숙제를 못 했습니다.

# 第**4**课



# 5분쯤 걸으면 지하철역이 있어요.

- 두 사람은 무엇에 대해 이야기하고 있습니까? 两个人在聊什么?

- 여러분은 길을 잃어버린 일이 있습니까? 你有迷路的经历吗?

# 扩展词汇



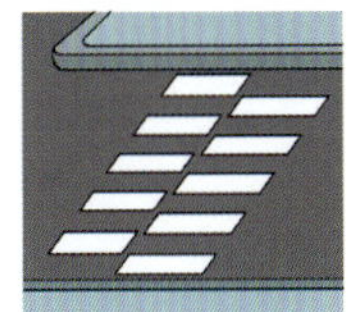

횡단보도 人行横道

육교 天桥

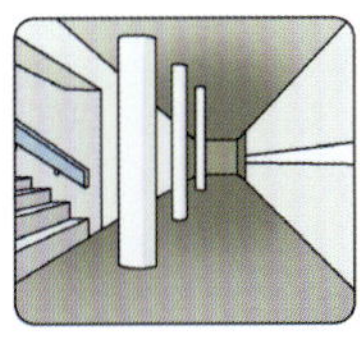

지하도 地下通道

버스 정류장 公交车站

지하철역 地铁站

삼거리 三叉路口

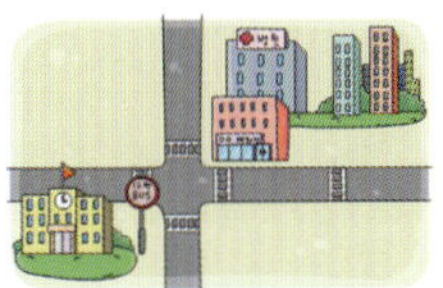

사거리 十字路口

약도 简图

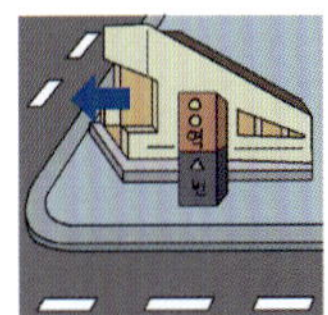

출구 出口

길 묻기 관련 어휘 和问路有关的单词

좌회전 左转弯

우회전 右转弯

직진 直行

| | | | |
|---|---|---|---|
| 똑바로 가다 | 直走 | 길을 찾다 | 找路 |
| 오른쪽으로 가다 | 向右走 | 길을 묻다 | 问路 |
| 왼쪽으로 가다 | 向左走 | 길을 잃어버리다 | 迷路 |

버스 안내방송:　이번 정류장은 강남역, 강남역입니다. 지하철 2호선을 타실 분은 이번 정류장에서 내리십시오. 다음 정류장은 신사동, 신사동입니다.

노민　실례합니다. 인사동에 가려고 하는데 어디에서 내려야 해요?

아주머니　이 버스는 인사동에 안 가요. 지하철 3호선을 타야 해요.

노민　그럼, 어디에서 내리면 지하철 3호선을 탈 수 있어요?

아주머니　다음 사거리에서 우회전을 한 후에 내리세요. 버스 정류장에서 길을 건너서 5분쯤 걸으면 지하철역이 있어요.

노민　거기에서 지하철을 타면 인사동에 갈 수 있어요?

아주머니　네, 안국역에서 내리면 인사동이에요.

广播：　本次到站是江南站，江南站。换乘地铁2号线的人在本站下车。下一站是新沙洞，新沙洞。

卢民　不好意思，我想去仁侍洞，请问应该在哪里下车？

大婶　这路公交车不去仁侍洞，得做地铁3号线。

卢民　那么，在哪站下车可以坐地铁3号线呢？

大婶　在下个十字路口右拐后就下车，然后在公交车站过马路，再走5分钟左右就有地铁站了。

卢民　在那里坐地铁就可以去仁侍洞了吗？

大婶　是的，在安国站下车就可以了。

# –(으)려고 하다

用于动词的词干后，表示有做某事的意图。动词的词干以元音结尾时接 **–려고 하다**，以辅音结尾时接 **–으려고 하다**。

가(다) + **–려고 하다** → **가려고 하다**

먹(다) + **–으려고 하다** → **먹으려고 하다**

- 오후에 도서관에 가려고 해요.
  下午想去图书馆。

- 내일 이 옷을 바꾸려고 해요.
  明天想去换这件衣服。

- 이번 주말에는 고향 음식을 먹으려고 해요.
  这个周末想吃家乡菜。

**练习**

〈보기〉와 같이 문장을 완성하십시오. 仿照例句, 完成下面句子。

〈보기〉 오후에 명동에 <u>가려고 해요</u> . (가다)

(1) 주말에 친구들을 ______________ (만나다)

(2) 방학에 한국어를 ______________ (배우다)

(3) 내일은 집에서 좀 ______________ (쉬다)

(4) 내일은 친구에게 이 책을 ______________ (주다)

# –(으)면

用于用言的词干后，表示假设。用言的词干以元音结尾时接 **–면**，以辅音结尾时用 **–으면**。

가(다) + **–면** → **가면**

먹(다) + **–으면** → **먹으면**

- 피곤하면 쉬세요. 累的话，就休息吧。

- 편지를 받으면 답장하세요.
  收到信的话，就会回信。

- 이 약을 먹으면 감기가 나을 거예요.
  吃这个药的话，感冒就会好。

**练习**

<보기>와 같이 다음에서 알맞은 말을 골라 고쳐 쓰십시오. 仿照例句，选择正确的内容改写后填写。

| 시간이 있다　중국에 오다　바쁘다　많이 아프다　한국말을 잘하다 |
| --- |

<보기>　<u>시간이 있으면</u>　여행을 하고 싶어요.

(1) ____________　저에게 전화하세요.

(2) ____________　집에서 쉬세요.

(3) ____________　먼저 가세요.

(4) ____________　한국 친구를 사귀고 싶어요.

**生词**　답장 回信

# –(으)ㄴ 후에

–(으)ㄴ 후에 接在动词后，表示该动作结束之后的意思。是由表示动词过去的冠形词型加 후에 构成的。**전에** 用在动词的名词形后面，**전에** 接在动词的名词形 **기** 后面，**후에** 用在动词的冠形词型后面。动词的词干以元音结尾时接 –ㄴ 후에，以辅音结尾时接 –은 후에。

가(다) **+ ㄴ 후에** → 간 후에
먹(다) **+ 은 후에** → 먹은 후에

- 운동한 후에 샤워를 합니다.
  运动后洗澡。

- 점심을 먹은 후에 친구를 만날 거예요.
  吃中午饭后要见朋友。

- 시험이 끝난 후에 영화를 보러 갑니다.
  考试后去看电影。

## 练习

〈보기〉와 같이 문장을 완성하십시오. 仿照例句, 完成下面句子。

〈보기〉　__식사한 후에__ 이 약을 드세요. (식사하다)

(1) 수업이 ___________ 이야기합시다. (끝나다)

(2) 영화를 ___________ 점심을 먹읍시다. (보다)

(3) 학교를 ___________ 고향에 갈 거예요. (졸업하다)

(4) 문제를 잘 ___________ 답을 쓰십시오. (읽다)

生词　샤워 淋浴

# ㄷ 불규칙 (ㄷ 不规则)

动词的词干以 ㄷ 结尾且后面接以元音开始的音节时，某些动词词干 ㄷ 变成 ㄹ，这样的动词有 듣다, 걷다, 묻다, 싣다。但是并不是所有的以 ㄷ 结尾的动词有 ㄷ 不规则变化，比如说动词 닫다, 받다 等就是规则变化的动词。

듣(다) + –으면 → 들으면
듣(다) + –어서 → 들어서
닫(다) + –으면 → 닫으면
닫(다) + –어서 → 닫아서

- 집에 걸어서 갑니다. 走回家。
- 대화를 잘 들으세요. 好好听对话。
- 창문을 닫으십시오. 关窗户。

**练习**

다음 표를 완성하십시오. 完成下面表格。

|  | –(으)세요 | –아/어/여요 | –고 싶어요 |
| --- | --- | --- | --- |
| 듣다 | 들으세요 | (1) | (2) |
| 걷다 | (3) | 걸어요 | (4) |
| 닫다 | 닫으세요 | (5) | (6) |
| 받다 | (7) | 받아요 | (8) |

**生词** 대화 对话

# 作业 1 听力



**1**  **잘 듣고 이어질 말을 고르십시오.** 仔细听录音, 选择适当的内容连接。

(1) ⓐ 영화를 보고 싶어요.

　　ⓑ 네, 우리 집에 놀러 오세요.

　　ⓒ 고향에 돌아가서 취직하려고 해요.

　　ⓓ 친구를 만나러 부산에 갔다 왔어요.

(2) ⓐ 비가 오면 집에서 쉬려고 해요.

　　ⓑ 미안한데 내일은 약속이 있어요.

　　ⓒ 시간이 있으면 우리 집에 갑시다.

　　ⓓ 등산을 자주 하고 싶지만 시간이 없어서 자주 못 해요.

**2**  **다음 대화를 듣고 맞으면 ○, 틀리면 ✕ 하십시오.** 听对话, 在正确的内容后画 ○, 在错误的内容后画 ✕。

(1) 남자가 탄 지하철은 명동에 갑니다.　　(　　　)

(2) 남자는 이번 역에서 내릴 겁니다.　　(　　　)

(3) 남자는 4호선을 타야 합니다.　　(　　　)

**1** 다음 그림을 보고 이야기하십시오. 看图回答问题。

(1) 여러분은 버스나 지하철을 잘못 탄 일이 있습니까?

(2) 그때 어떻게 했습니까?

**2** 다음 대화를 읽고 질문에 답하십시오. 阅读下面对话, 回答问题。

| | |
|---|---|
| 메이 | 실례합니다. 시청 앞에 가려고 하는데 어디에서 내려야 해요? |
| 아주머니 | 이 버스는 시청 앞에 안 가요. 지하철 2호선을 타야 해요. |
| 메이 | 그럼, 어디에서 내리면 지하철 2호선을 탈 수 있어요? |
| 아주머니 | 다음 사거리에서 좌회전을 한 후에 내리세요. 버스 정류장에서 내려서 오른쪽으로 가면 지하철역이 있어요. |
| 메이 | 거기에서 지하철을 타면 시청 앞에 갈 수 있어요? |
| 아주머니 | 네, 시청역에서 내리세요. |

(1) 메이 씨는 어디에 가려고 합니까? ______________

(2) 메이 씨는 이제 어떻게 해야 합니까?

______________________________________

**3** 지하철/버스를 잘못 탔습니다. 위의 대화와 같이 친구와 이야기하십시오.
假设你坐错了地铁或公交车, 仿照上面对话和朋友一起对话。

**1**  다음은 메이 씨의 글입니다. 다음 글을 읽고 질문에 답하십시오.
下面是美伊写的短文, 仔细阅读后, 回答问题。

| | |
|---|---|
| 보내는 사람 | mei@abc.com |
| 받는 사람 | sh01@smu.ac.kr |
| 제목: | 토요일에 우리 집에 놀러 오세요. |

굴림   10   **B** *I* <u>U</u> A

　　안녕하세요, 승희 씨? 저 메이예요.

　　이번 주 토요일에 제 생일 파티를 하려고 해요. 우리 반 친구들을 초대했는데 승희 씨도 오세요.

　　우리 집은 일산이에요. 먼저 집 앞에서 지하철을 타세요. 옥수역에서 내려서 지하철 3호선으로 갈아타세요. 일산역에서 내려서 3번 출구로 나오세요. 3번 출구로 나와서 저에게 전화하면 제가 역으로 나가겠어요. 생일 파티는 저녁 5시예요.

　　그럼, 토요일에 만나요. 안녕히 계세요.

(1) 이 글은 메이 씨가 누구에게 쓴 글입니까? ＿＿＿＿＿＿＿＿＿＿＿＿

(2) 메이 씨는 왜 이 글을 썼습니까?

　　　ⓐ 승희 씨 집에 가고 싶어서

　　　ⓑ 승희 씨를 자기 집에 초대하려고

　　　ⓒ 반 친구들을 역 앞에서 만나려고

**2**  위의 글을 읽고 다음 표를 완성하십시오. 여러분의 집 초대 계획도 써 보십시오.
根据上面短文内容完成下表, 并写出你自己的招待计划。

| | 메이 | 나 |
|---|---|---|
| 언제 초대할 겁니까? | 이번 주 토요일 | |
| 집이 어디입니까? | ① | |
| 왜 초대합니까? | ② | |
| 어떻게 갑니까? | ③ | |
| 어디에서 내립니까? | ④ | |
| 어떻게 만납니까? | ⑤ | |

**3**  위의 표를 보고 친구에게 여러분 집에 오는 방법을 설명해 주십시오.
根据上表, 告诉朋友来你家的方法。

◎ **잘 듣고 빈칸에 알맞은 말을 쓰십시오.**  仔细听录音, 用适当的内容填空。

(1) 오후에 도서관에 _________________

(2) 주말에 친구들을 _________________

(3) _______________이 약을 드세요.

(4) 학교를 _______________ 고향에 갈 거예요.

(5) 우리 _______________ 저에게 전화하세요.

(6) _________________ 여행을 하고 싶어요.

(7) 집에 _________ 갑니다.

(8) 제 말을 잘 ___________

(9) 인사동에 _________________ 어디에서 내려야 해요?

(10) 어디에서 _________ 지하철 3호선을 탈 수 있어요?

# 发音





## 된소리되기 (2) 紧音化 (2)

### 할 거예요 → [할꺼예요]

冠形词形词尾 –(으)ㄹ 后面的辅音 ㄱ, ㄷ, ㅅ, ㅈ 分别发出其对应的紧音。

例如  할 수는 [할쑤는]　　할 거예요 [할꺼예요]

---

**1**　**잘 듣고 다음 단어를 따라하십시오.** 仔细听录音, 跟读下面单词。

할 것을 [할꺼슬]

갈 데가 [갈떼가]

할 수 있다 [할쑤이따]

**2**　**잘 듣고 다음 문장을 따라하십시오.** 仔细听录音, 跟读下面句子。

수영을 할 줄 알아요?

한국말을 할 수 있어요.

방학 때 고향에 갈 거예요.

**3**　**잘 듣고 다음 대화를 완성하십시오.** 仔细听录音, 完成下面对话。

(1) A  방학 때 뭐 할 거예요?

　　 B  친구하고 같이 여행을 ＿＿＿＿＿＿＿

(2) A  저 좀 ＿＿＿＿＿＿ 있어요?

　　 B  그럼요, 도와드릴게요.

# 버스 전용차로 公交车专用线

　　在车辆拥堵的上下班时间里，不知道你在首尔市内是否看到过没有车行驶的通行道。也许你一边想着'怎么会有这样幸运的事情呢?'，一边就沿着那条线路把车开过去了，也许你还会听到周围车辆吵闹的惊叫声。几天后你可能就收到一张交通违规的罚款通知书，因为你开的那条线路是只有公交车才能行驶的专用道。

　　在交通复杂的首尔，一般在中央线旁边都备有公交车专用通行道。公交车专用通行道是只有经过允许的公交车或是多人用客车才能通过的。通过此项措施，公交车的通过速度提高了，因此利用公共交通的情况也增多了，所以交通拥堵也多少有所减轻。此类交通专用道不仅只首尔市内有，在部分高速路区域也可以看到，专门为利用公共交通的行人提供便利。

---

**1**　여러분은 서울 시내나 고속도로에서 버스 전용차로를 본 일이 있습니까?
你在首尔市内或是高速路上看到过公交车专用线吗?

**2**　여러분 나라의 교통 체계 가운데 특이한 것이 있으면 이야기해 주십시오.
你们国家的交通体系中有什么要特别注意的吗? 有的话请谈一下。

**1** 〈보기〉와 같이 대화를 완성하십시오. 仿照例句, 完成下面对话。

> 〈보기〉 A 언제 이 약을 먹어요?
>
> B  __식사한 후에__  이 약을 드세요. (식사하다)

(1) A 학교를 ______________ 뭐 할 거예요? (졸업하다)

    B 대학원에 갈 거예요.

(2) A 이야기 좀 할 수 있어요?

    B 일이 __________ 이야기합시다. (끝나다)

(3) A 언제 영화를 볼 거예요?

    B 숙제를 다 __________ 영화를 볼 거예요. (하다)

**2** 〈보기〉와 같이 대화를 완성하십시오. 仿照例句, 完成下面对话。

> 〈보기〉 A 오후에 뭐 할 거예요?
>
> B 오후에 명동에서 영화를  __보려고 해요.__  (보다)

(1) A 오늘 뭐 할 거예요?

    B 내일 시험이라서 도서관에서 ______________ (공부하다)

(2) A 무슨 책을 읽을 거예요?

    B 한국어 책을 ______________ (읽다)

(3) A 이번 방학에 고향에 갈 거예요?

    B 아니요, 이번 방학에는 제주도로 ______________ (여행을 가다)

**3** 〈보기〉와 같이 문장을 완성하십시오. 仿照例句, 完成下面句子。

> 〈보기〉 날씨가  __따뜻하면__  여행을 갑시다. (따뜻하다)

(1) 이 음악을 __________ 기분이 좋아져요. (듣다)

(2) 점심을 너무 많이 __________ 오후에 졸려요. (먹다)

生词　　대학원 研究生院　|　졸리다 困

# 第**5**课　复习 **1~4**

复习第1课到第4课的内容。



**1** 그림과 맞는 단어를 연결하십시오. 画线连接与图片相符的单词。

(1) 

ⓐ 횡단보도

(2) 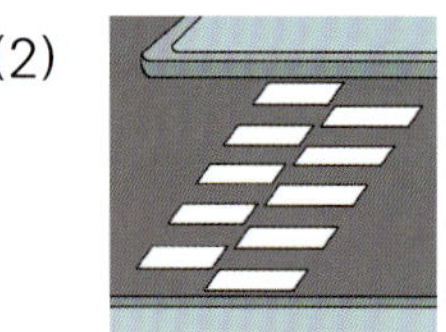

ⓑ 육교

(3) 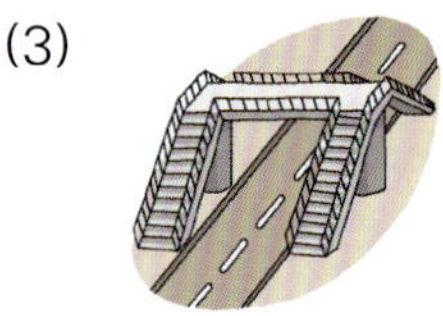

ⓒ 버스 정류장

**2** 그림과 맞는 단어를 연결하십시오. 画线连接与图片相符的单词。

(1) 

ⓐ 배구

(2) 

ⓑ 농구

(3) 

ⓒ 축구

**3** 다음에서 알맞은 말을 골라 쓰십시오. 选择合适的单词填写。

| 좌회전 | 횡단보도 | 우회전 | 사거리 | 직진 |

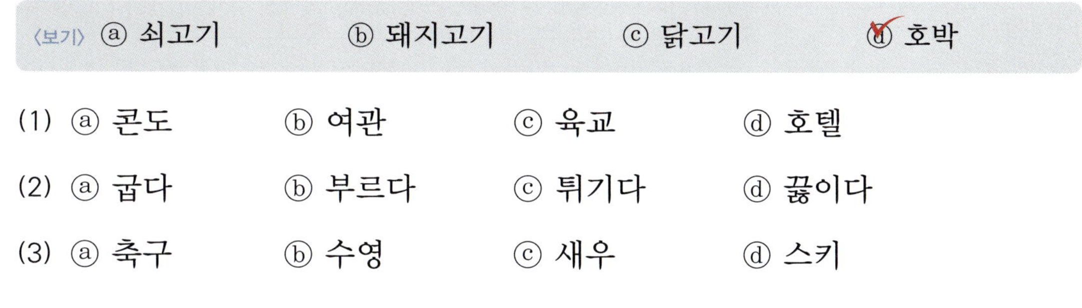


**4** 주어진 말을 사용하여 다음 문장을 완성하십시오. 选择合适的单词，完成下列句子。

| 예매하다 | 예약하다 | 타다 | 갔다 오다 |

(1) 기차표를 ________________________ (-고 싶습니다)

(2) 방학에 고향에 ________________________ (-았/었/였습니다)

(3) 숙소를 ________________________ (-아/어/여 주십시오)

**5** 〈보기〉와 같이 관계가 <u>없는</u> 단어를 고르십시오. 仿照例句，选出不属同类的单词。

〈보기〉 ⓐ 쇠고기　　　ⓑ 돼지고기　　　ⓒ 닭고기　　　✔ 호박

(1) ⓐ 콘도　　　ⓑ 여관　　　ⓒ 육교　　　ⓓ 호텔

(2) ⓐ 굽다　　　ⓑ 부르다　　　ⓒ 튀기다　　　ⓓ 끓이다

(3) ⓐ 축구　　　ⓑ 수영　　　ⓒ 새우　　　ⓓ 스키

## 语法

**6** 〈보기〉와 같이 단어의 형태를 바꾸십시오. 仿照例句，写出词形变化。

〈보기〉 듣다 － <u>들어요</u> － <u>들으세요</u> － <u>듣고 싶어요</u>

(1) 걷다 － ________________ － ________________ － ________________

(2) 받다 － ________________ － ________________ － ________________

**7**  알맞은 말에 동그라미 하십시오.  在正确的用法后画圈。

(1) 집에서 (만든, 만드는, 만들) 음식을 가져왔어요. 좀 드셔 보세요.

(2) 여러분, 여러분들이 제일 (좋아한, 좋아하는, 좋아할) 가수는 누구입니까?

(3) 오후에 (한, 하는, 할) 일이 많아서 영화를 같이 볼 수 없습니다.


**8**  알맞은 말에 동그라미 하십시오.  在正确的用法后画圈。

(1) 감기에 (걸렸기 때문에, 걸리니까) 축구하러 못 갑니다.

(2) 학교에 (늦기 때문에, 늦어서) 죄송합니다.

(3) 교통사고가 (나기 때문에, 나서) 길이 막혔습니다.


**9**  〈보기〉와 같이 문장을 연결하십시오.  仿照例句, 连接下面两个句子。

> 〈보기〉 단어는 쉽습니다. / 문법은 어렵습니다.
>   → 단어는 쉬운데 문법은 어렵습니다.

(1) 요즘은 겨울입니다. / 날씨가 따뜻합니다.

  → ____________________________________

(2) 죄송합니다. / 남대문 시장에 어떻게 갑니까?

  → ____________________________________

(3) 우리 고향은 물가가 쌉니다. / 서울은 물가가 비쌉니다.

  → ____________________________________


**10**  〈보기〉와 같이 문장을 연결하십시오.  仿照例句, 连接下面两个句子。

> 〈보기〉 공부가 끝나다 / 고향에 돌아가다.
>   → 공부가 끝나면 고향에 돌아가려고 합니다.

(1) 월급을 받다 / 컴퓨터를 사다

  → ____________________________________

(2) 주말에 시간이 있다 / 등산을 가다

  → ____________________________________

(3) 이 책을 다 읽다 / 메이 씨에게 주다

→ _______________________________________________

**11** 빈칸에 알맞은 말을 자유롭게 쓰십시오. 用适当的内容完成句子。

(1) 제 친구는 키가 큰데 _______________________________

(2) 미안한데 _______________________________________

(3) 공부를 열심히 했는데 _______________________________



CD1 音轨 **17**

**12** 다음 그림과 맞는 대화를 고르십시오. 听录音, 选择与图片相符的对话。



ⓐ          ⓑ

ⓒ          ⓓ

**13** 다음 대화를 듣고 맞으면 ○, 틀리면 ✕ 하십시오. 听对话, 在正确的内容后画 ○, 在错误的内容后画 ✕。

(1) 남자는 한국 음식을 만들었습니다.          (        )

(2) 여자는 이 음식을 먹어 봤습니다.          (        )

**14**　남자는 어디에서 버스를 타야 합니까? 그림에서 고르십시오.

男的应该在哪里坐公交车，在图片中选择正确的选项。

**15**　다음 글을 읽고 질문에 답하십시오. 阅读下面短文, 回答问题。

> 　한국 사람들이 가장 좋아하는 음식은 무엇일까요? 아마 김치일 겁니다. 한국 사람들은 식사를 할 때 항상 김치를 먹습니다. 김치는 배추김치와 무김치 등 여러 종류가 있고 김치찌개와 김치볶음밥, 김치라면 같은 음식도 있습니다.
>
> 　저는 매운 음식을 잘 못 먹기 때문에 김치가 맛없었습니다. 처음에는 김치가 너무 매워서 눈물이 났습니다. 하지만 지금 제가 제일 좋아하는 한국 음식은 김치입니다.

(1) 무엇에 대해 쓴 글입니까?

　　ⓐ 김치　ⓑ 매운 음식　ⓒ 배추김치와 무김치　ⓓ 김치찌개와 김치볶음밥

(2) 김치는 ＿＿＿＿＿＿＿＿＿＿＿＿

　　ⓐ 맵지 않습니다.　　　　　　　ⓑ 만드는 방법이 간단합니다.

　　ⓒ 여러 가지 종류가 있습니다.　ⓓ 외국 사람들이 잘 먹지 않습니다.

生词　　아마 也许　|　라면 方便面　|　눈물이 나다 流泪

**16** 다음 글을 읽고 맞으면 ○, 틀리면 ✕ 하십시오.
阅读下面短文后, 回答问题, 在正确的内容后画 ○, 在错误的内容后画 ✕。

> 저는 왕핑입니다. 지난 방학에 우리 반 친구들과 같이 경주에 갔다 왔습니다.
> 우리가 인터넷으로 비행기 표를 예매해서 비행기를 타고 갔다 왔습니다. 제주
> 도에 가서 등산도 하고 한국의 신기한 것도 많이 구경했습니다. 버스를 타고
> 제주도 시내 구경을 했는데 그것도 참 재미있었습니다. 친구들과 같이 여행을
> 가서 여행이 더 즐거웠습니다. 하지만 한국말이 서툴러서 안내원의 설명을 모두
> 이해할 수 없었습니다. 한국말을 더 공부하고 다시 한번 가야겠습니다.

(1) 왕핑은 지난 방학에 혼자 제주도에 갔다 왔습니다.     (      )

(2) 왕핑은 안내원의 설명을 모두 이해할 수 있었습니다.     (      )

(3) 왕핑은 다음에 제주도에 다시 한번 더 가 보려고 합니다.     (      )

**生词**    신기하다 好奇, 新奇  |  즐겁다 高兴, 愉快  |  미리 提前

**17** 다음 글을 읽고 질문에 답하십시오.    阅读下面短文, 回答问题。

> 안녕하세요, 민수 씨? 저 왕핑이에요.
> 다음 주 일요일에 우리 집에서 집들이를 하려고 해요. 우리 반 친구들을 초대
> 했는데 민수 씨도 오세요.
> 우리 집은 한국대학교 근처예요. 먼저 민수 씨 집 앞에서 110번 버스를 타세
> 요. 한국대학교 앞에서 내려서 길 건너편을 보면 큰 병원이 있어요. 병원 앞까
> 지 와서 저에게 전화하면 제가 나가겠어요. 집들이는 저녁 6시예요. 바빠서 못
> 오면 미리 연락해 주세요. 그럼, 안녕히 계세요.

(1) 왕핑 씨는 왜 이 편지를 썼습니까?

    ⓐ 민수 씨를 초대하고 싶어서

    ⓑ 토요일에 민수 씨 집에 가고 싶어서

    ⓒ 토요일 5시에 옥수역에서 민수 씨를 만나고 싶어서

    ⓓ 민수 씨에게 한국대학교에 가는 길을 가르쳐 주고 싶어서

(2) 민수 씨는 혼자서 어디까지 갑니까?

    ⓐ 한국대학교

    ⓑ 왕핑 씨 집

    ⓒ 버스 정류장

    ⓓ 버스 정류장 건너편에 있는 병원 앞

**18** 그림을 보고 〈보기〉와 같이 다음에서 알맞은 말을 골라 대화를 완성하십시오.
根据图片内容, 仿照例句, 选择合适的词组完成对话。

| 제주도에 가다 | 한복을 입다 | 삼계탕을 먹다 | 이 게임을 하다 |
| --- | --- | --- | --- |

〈보기〉

A   제주도에 가 봤어요  ?

B 네,  가 봤어요.

(1)

A ___________________________

B 네, ___________________________

(2)

A ___________________________

B 네, ___________________________

(3)

A ___________________________

B 아니요, ___________________________

**19** 그림을 보고 〈보기〉와 같이 다음에서 알맞은 말을 골라 대화를 완성하십시오.

根据图片内容, 仿照例句, 选择合适的词组完成对话。

| | | |
|---|---|---|
| 식사를 하다 | 한국에 오다 | 게임을 하다 |
| 숙제를 하다 | 수업이 끝나다 | 대학교를 졸업하다 |

〈보기〉

A 언제 약을 먹어요?

B <u>식사를 한 후에 약을 드세요.</u>

(1)

A 언제 만날까요?

B ______________________

(2)

A 언제 한국에 왔습니까?

B ______________________

(3)

A 언제 게임을 했어요?

B ______________________


**20** 〈보기〉와 같이 다음에서 알맞은 말을 골라 고쳐 쓰십시오. 仿照例句, 选择适当的内容改写后填写。

| | | | |
|---|---|---|---|
| 일찍 자다 | 일찍 예매하다 | 학교에 일찍 가다 | 사과하다 |

〈보기〉 늦게 잤기 때문에 늦게 일어났습니다. 오늘부터 <u>일찍 자야겠어요</u>.

(1) 늦게 일어나서 학교에 지각했습니다. 내일부터 ______________________

(2) 승희와 싸웠습니다. 내일 승희에게 ______________________

(3) 여행사에 너무 늦게 가서 비행기 표가 없었습니다.

다음부터 ______________________

# 第**6**课

本课讲了如何换货。

한 치수 작은 것으로
바꿔 주세요.

● 노민은 여기에 왜 왔습니까? 卢民为什么来这里?

● 여러분은 구입한 물건을 교환해 본 일이 있습니까? 你有买了东西后换货的经历吗?

## 물건의 질, 디자인, 값과 관련된 어휘 与商品的质量、款式、价钱有关的单词

| | | | |
|---|---|---|---|
| 품질 | 质量 | 값이 오르다 | 涨价 |
| 품질이 좋다 | 质量好 | 값이 내리다 | 降价 |
| 품질이 나쁘다 | 质量差 | 세일 | 减价 |
| 가격 | 价格 | 할인 | 折扣 |
| 디자인 | 款式, 设计 | | |

## 교환 관련 어휘 및 표현 与换货有关的单词

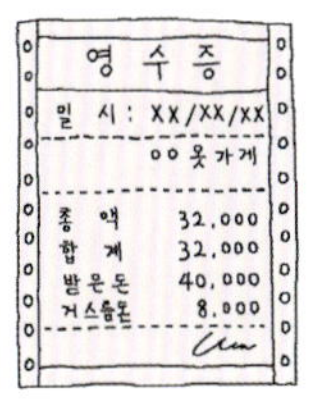

영수증
发票

교환하다
交换

환불하다
退货

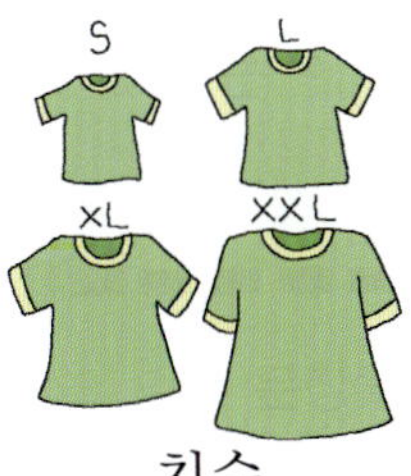


치수
尺码

치수가 크다
尺码大

치수가 작다
尺码小

물건이 마음에 들다
商品满意

물건이 마음에 들지 않다
商品不满意

점원     어서 오세요. 찾으시는 것이 있으세요?

노민     아니에요. 어제 여기에서 바지를 샀는데 너무 커서 바꾸러 왔어요.

점원     아, 어제 청바지를 사시고 카드 일시불로 계산하셨지요?

노민     네, 맞아요. 기억하시는군요. 바지가 너무 큰데 한 치수 작은 것으로 바꿔 주세요.

점원     네, 알겠습니다. 잠깐만요. 여기 있습니다. 한번 입어 보세요. 잘 맞으세요?

노민     네, 잘 맞아요. 이것으로 주세요. 포장해 주세요.

---

| | |
|---|---|
| 售货员 | 欢迎光临，请问您要买什么？ |
| 卢民 | 不是的。我昨天在这里买了条裤子，太大了，来换的。 |
| 售货员 | 啊！你昨天买了条牛仔裤，刷卡一次性结清的，对吧？ |
| 卢民 | 嗯，是的，你还记得呢。尺码太大了，给我换小一个号的吧。 |
| 售货员 | 嗯，好的。请稍等。 |
| | 给您，穿试试吧。合适吗？ |
| 卢民 | 嗯，合适。就给我这条吧。请给我包装一下。 |

---

生词     일시불   一次性结清

# –지요?

终结语尾，用在句末，叙述已经知道的事实，或表示疑问、命令、请求。话者认为听者已经知道了某个事实，用委婉亲切的语气表示自己的想法。**–지요** 也可以缩写成 **–죠**。

> **가(다) + 지요? → 가지요?**
> **춥(다) + 지요? → 춥지요?**
> **책 + (이)지요? → 책이지요?**

- 토요일에 영화 보러 가지요?　周六去看电影吧？
- 오늘 날씨가 춥지요?　今天天气冷吧？
- 여기가 광화문이지요?　这里是光化门吧？

---

**练习**

**〈보기〉와 같이 문장을 완성하십시오.** 仿照例句，完成下面句子。

〈보기〉 한국어 공부가 ___재미있지요___ ? (재미있다)

(1) 요즘 날씨가 __________ (춥다)

(2) 내일도 수업이 __________ (있다)

(3) 여보세요? 민수 씨 __________________ (휴대전화이다)

(4) 노민 씨도 왕핑 씨를 잘 __________ (알다)

---

**生词**　광화문 光化门

# –군요/는군요

表示对已经存在的事实进行新的确认或表示对自己刚知道某种事实的感叹。形容词的词干后接 –군요，动词的词干后接 –는군요，名词后接 –군요 或 –이군요。

귀엽(다) + 군요 → 귀엽군요
가(다) + 는군요 → 가는군요
책 + (이)군요 → 책이군요

- 아기가 정말 귀엽군요. 孩子真可爱啊。

- 저 친구가 운동을 잘 하는군요.
  那个朋友运动很好啊。

- 이것이 학교 다닐 때 찍은 사진이군요.
  这张是上学时照的照片吧。

练习

〈보기〉와 같이 문장을 완성하십시오. 仿照例句，完成下面句子。

〈보기〉 날씨가 정말 __춥군요.__ (춥다)

(1) 영화가 정말 ＿＿＿＿＿＿ (재미있다)

(2) 오늘은 정말 ＿＿＿＿＿＿ (피곤하다)

(3) 한국말을 정말 ＿＿＿＿＿＿ (잘하다)

(4) 단어를 정말 많이 ＿＿＿＿＿＿ (알다)

# (으)로 주다

**(으)로 주다** 接在名词后。名词以元音或 **ㄹ** 结尾时接 **로**，以辅音结尾时接 **으로**。

사과 + **로 주다** → 사과로 주다
귤 + **로 주다** → 귤로 주다
노란색 + **으로 주다** → 노란색으로 주다

- A 어떤 색으로 드릴까요? 给你什么颜色呢?
  B 저기에 있는 노란색으로 주세요. 给我那边的黄色吧。

- A 어떤 차로 드릴까요? 给你什么茶呢?
  B 전 녹차로 주세요. 给我绿茶吧。

- A 한국 돈으로 드릴까요? 달러로 드릴까요?
  给你韩币呢? 还是给你美元?
  B 한국 돈으로 주세요. 给我韩币吧。

**练习**

〈보기〉와 같이 대화를 완성하십시오. 仿照例句，完成下面对话。

〈보기〉 A 이 바지는 검정색과 파란색이 있습니다. 어느 것으로 드릴까요?
B _파란색으로 주세요_ . (파란색)

(1) A 기차표는 10시 표와 11시 표가 있어요. 무엇으로 드릴까요?
   B ________________________ (10시 표)

(2) A 만 원짜리도 있고 만 오천 원짜리도 있어요. 무엇으로 드릴까요?
   B ________________________ (만 원짜리)

(3) A 소설책도 있고 시집도 있어요. 무엇으로 드릴까요?
   B ________________________ (소설책)

**生词**　드릴까요? 要吗 ｜ 달러 美元 ｜ 짜리 (接在数量或价值的名词后)表示有相当数量或价值的
소설책 小说 ｜ 시집 诗集

# ㅡ게 (副词形)

用在动词或形容词词干后，表示事态的目的，结果，程度，方式的副词形语尾，后面可以接 는, 도, 만 等助词。

크(다) + 게 → 크게

짧(다) + 게 → 짧게

시원하다 + 게 → 시원하게

- 죄송한데 좀 크게 말해 주세요.
  不好意思，稍微说大点声吧。

- 밤이니까 음악 소리를 작게 하세요.
  现在是晚上，把音乐声开小点吧。

- 어제 삼계탕을 맛있게 먹었어요.
  昨天吃参鸡汤吃得很好。

练习

〈보기〉와 같이 문장을 완성하십시오. 仿照例句，完成句子。

〈보기〉 옷이 __예쁘게__ 잘 맞아요. (예쁘다)

(1) 저녁을 _________ 먹었어요. (맛있다)

(2) 머리를 _________ 잘라 주세요. (짧다)

(3) 글씨를 _________ 써 주세요. (크다)

(4) 남대문 시장에서 물건을 _________ 샀어요. (싸다)

# 作业 **1** 听力



**1**　잘 듣고 이어질 말을 고르십시오. 仔细听录音, 选择适当的内容连接。

(1)　ⓐ 커피로 주세요.

　　　ⓑ 커피를 좋아해요.

　　　ⓒ 음료수가 시원하군요.

　　　ⓓ 커피가 정말 맛있군요.

(2)　ⓐ 머리를 짧게 잘라 주세요.

　　　ⓑ 죄송합니다. 지금은 갈 수 없습니다.

　　　ⓒ 버스를 타고 싶은데 버스 정류장이 어디에 있어요?

　　　ⓓ 어제 여기에서 바지를 샀는데 너무 커서 바꾸러 왔어요.

**2**　다음 대화를 듣고 맞으면 ○, 틀리면 ✕ 하십시오. 听对话, 在正确的内容后画 ○, 在错误的内容后画 ✕。

(1) 남자는 전자 사전 고장 때문에 왔습니다.　　　　　　(　　　)

(2) 여자가 남자의 전자 사전을 고칠 겁니다.　　　　　　(　　　)

(3) 남자는 일주일 후에 다시 여기에 와야 합니다.　　　(　　　)

生词　　고치다 修理

**1** 다음 그림을 보고 이야기하십시오. 看图回答问题。

(1) 여러분은 최근에 무엇을 샀습니까?

(2) 산 물건을 바꾸려고 합니다. 무엇 때문에 바꾸고 싶습니까?

**2** 다음 대화를 읽고 질문에 답하십시오. 阅读下面对话, 回答问题。

| | |
|---|---|
| 점원 | 어서 오세요. 찾으시는 것이 있으세요? |
| 왕핑 | 아니에요. 며칠 전에 여기에서 신발을 샀는데 너무 작아서 바꾸러 왔어요. |
| 점원 | 아, 그저께 검정색 구두를 사셨지요? |
| 왕핑 | 네, 맞아요. 기억하시는군요. 구두가 너무 작은데 한 치수 큰 것으로 바꿔 주세요. |
| 점원 | 네, 알겠습니다. 잠깐만요. 한 치수 큰 거 여기 있습니다. 한번 신어 보세요. 잘 맞으세요? |
| 왕핑 | 네, 편하게 잘 맞아요. 이것으로 주세요. |

(1) 왕핑 씨는 며칠 전에 이 가게에서 무엇을 샀습니까? ________________

(2) 그 물건을 왜 바꾸고 싶어 합니까? ________________

**3** 물건을 샀는데 문제가 있어서 바꾸고 싶습니다. 위의 대화와 같이 친구와 이야기하십시오.
假设你买东西后发现有问题, 想换一下。仿照上面对话和朋友一起对话。

 生词　최근에 最近

**다음 글을 읽고 질문에 답하십시오.** 阅读下面短文, 回答问题。

> 여러분은 시장과 백화점, 대형할인매장 중에 어디에 자주 갑니까? 저는 시장에 자주 갑니다. 백화점에 가면 품질이 좋은 물건이 많고 대형할인매장에서는 편하게 쇼핑할 수 있지만 저는 시장이 더 좋습니다.
>
> 시장에 가면 물건 값을 깎을 수도 있습니다. 그리고 물건을 파는 아주머니가 기분이 좋으시면 채소나 과일을 조금 더 주시기도 합니다. 백화점이나 대형할인매장에서는 보통 점원들과 이야기를 하지 않지만 시장에 가면 아주머니들과 이야기도 할 수 있습니다.
>
> 지난 주말에도 집 근처에 있는 시장에 가서 과일을 샀습니다. 귤을 사려고 아주머니께 "아주머니 귤 5,000원어치 주세요."라고 말했습니다. 그러니까 아주머니께서 "외국에서 온 아가씨가 한국말을 잘하네요."라고 말하시고 귤을 두 개 더 주셨습니다. 기분이 좋았습니다. 아직 저는 한국말을 잘하지 못하지만 시장에 가면 한국 사람들의 마음을 느낄 수 있기 때문에 시장에 가는 것이 참 좋습니다.

**1** **여자가 자주 물건을 사러 가는 곳은 어디입니까?** 她经常去哪里买东西? ___________________

**2** **위 글을 읽고 관계있는 것을 연결하십시오.** 根据上面短文内容连线。

(1) 시장 •　　　　　• ⓐ 품질 좋은 물건을 살 수 있습니다.

(2) 백화점 •　　　　　• ⓑ 쇼핑을 편하게 할 수 있습니다.

(3) 대형할인매장 •　　　　• ⓒ 물건 값을 깎을 수 있습니다.

**3** **위 글을 읽고 맞으면 ○, 틀리면 × 하십시오.**
根据上面短文内容, 在正确的内容后画 ○, 在错误的内容后画 ×。

(1) 나는 한국말을 잘 못해서 시장에 가면 불편합니다. 　（　　　）

(2) 한국 사람들의 마음을 느낄 수 있는 곳은 시장입니다. （　　　）

**生词**　　대형할인매장 大型打折卖场　｜　중에 中　｜　점원 店员　｜　어치 (用在金额后面)表示相当于此金额的货物量
아가씨 小姐　｜　마음 心灵　｜　느끼다 感觉

◎ 잘 듣고 빈칸에 알맞은 말을 쓰십시오. 仔细听录音, 用适当的内容填空。

(1) 여보세요? 마이클 씨 휴대전화 __________

(2) 요즘 날씨가 __________

(3) 날씨가 정말 __________

(4) 한국말을 정말 __________

(5) 단어를 정말 많이 __________

(6) 머리를 __________ 잘라 주세요.

(7) 글씨를 __________ 써 주세요.

(8) 바지가 너무 큰데 한 치수 __________ 바꿔 주세요.

(9) __________ 주세요.

(10) __________ 포장해 주세요.

## 된소리되기 (3) 紧音化 (3)

# 출장 → [출짱]

在汉字词中, 韵尾 ㄹ 后面的辅音 ㄷ, ㅅ, ㅈ 分别发出其对应的紧音。

例如   갈등 [갈뜽]     물질 [물찔]

---

**1**   잘 듣고 다음 단어를 따라하십시오.   仔细听录音, 跟读下面单词。

발전 [발쩐]

출장 [출짱]

일시불 [일씨불]

**2**   잘 듣고 다음 문장을 따라하십시오.   仔细听录音, 跟读下面句子。

고향이 많이 발전했습니다.

승희 씨는 출장을 갔습니다.

일시불로 해 주세요.

**3**   잘 듣고 다음 대화를 완성하십시오.   仔细听录音, 完成下面对话。

(1) A 여보세요? 한승희 씨 계십니까?

     B 승희 씨는 어제 _________ 가셨습니다.

(2) A 할부로 하시겠어요?

     B 아니요, _________ 로 해 주세요.

# 남대문 시장 南大门市场

　　南大门市场是韩国代表性的传统市场。它不仅是韩国最大的市场，而且也是韩国历史最悠久的市场。南大门市场建于朝鲜太宗大王时代的1414年，算起来大约有600年的历史了。

　　南大门市场位于首尔崇礼门的附近，主要卖衣服类，还卖食品、杂货，甚至花草树木，总之一句话，没有在南大门市场买不到的东西。为了方便批发商，很多商店从下午开始到晚上通宵营业，因此在南大门市场可以通宵购物。

　　在南大门市场，你可以买到物美价廉的东西，还可以得到许多在百货商场没有的赠品，所以许多人都去。价格低廉，人情浓厚的南大门市场在地铁4号线的会贤站。

**1**　여러분은 남대문 시장에 가 보셨습니까? 거기에서 무엇을 샀습니까?
你去过南大门市场吗？　在那里买过什么东西呢？

**2**　여러분 나라의 대표적인 시장을 소개해 주십시오. (이름, 역사, 대표적인 물건, 특징 등)
写一篇文章介绍你自己国家的代表性市场。(包括名字、历史、代表性的物品、特征)

**1** 다음에서 알맞은 말을 골라 쓰십시오. 选择适当的单词填空。

| 품질 | 값 | 세일 | 영수증 |
| --- | --- | --- | --- |

(1) 요즘 백화점에서는 (　　　)을/를 합니다. 그래서 (　　　)이/가 좋은 물건들을 싸게 살 수 있습니다.

(2) 물건이 마음에 들지 않으면 일주일 이내에 물건과 (　　　)을/를 가지고 오십시오.

(3) 요즘은 과일 (　　　)이/가 많이 올랐습니다.

**2** 〈보기〉와 같이 대화를 완성하십시오. 仿照例句, 完成下面句子。

〈보기〉 A 여보세요?　한국대학교지요? (한국대학교이다)
　　　 B 네, 맞습니다.

(1) A 안녕하세요? 메이 씨 친구가 ____________ (맞다)　B 네, 메이 친구예요.

(2) A 요즘 ____________ (바쁘다)　B 네, 아주 바빠요.

(3) A ____________ (건강하다)　B 네, 건강하게 잘 지내고 있어요.

**3** 〈보기〉와 같이 알맞은 말에 동그라미 하십시오. 仿照例句, 在正确的用法后画圈。

〈보기〉 방을 (깨끗한, 깨끗하게) 청소했어요.

(1) 남대문 시장에 가면 싸고 (예쁜, 예쁘게) 옷을 살 수 있어요.

(2) 죄송한데 좀 (큰, 크게) 말씀해 주세요.

(3) 지난 주말에 (넓은, 넓게) 집으로 이사했어요.

**4** 〈보기〉와 같이 문장을 완성하십시오. 仿照例句, 完成下面句子。

〈보기〉 꽃이　예쁘군요. (예쁘다)

(1) 그림을 잘 ____________ (그리다)

(2) 날씨가 ____________ (덥다)

# 소포를 부치려고 하는데요.

- 여기는 어디입니까? 这里是什么地方?

- 메이가 무엇을 하고 싶어 합니까? 美伊想做什么?

## 우체국 관련 어휘　和邮局有关的单词

**편지**
书信

**편지지**
信纸

**편지 봉투**
信封

**우표**
邮票

**소포**
包裹

**카드**
卡片

## 날짜 관련 어휘　和日期有关的单词

| 하루 | 一天 | 사흘 | 三天 |
| --- | --- | --- | --- |
| 이틀 | 两天 | 나흘 | 四天 |

| | |
|---|---|
| 메이 | 안녕하세요? 중국으로 소포를 좀 부치려고 하는데요. |
| 직원 | 소포를 저울 위에 올려놓으세요. 내용물이 뭐예요? |
| 메이 | 책과 색연필 세트예요. 그런데 오늘 소포를 보내면 중국까지 얼마나 걸려요? |
| 직원 | 비행기로 보내시면 사흘쯤 걸리고 배로 보내시면 15일쯤 걸려요. 어떻게 보내시겠어요? |
| 메이 | 비행기로 보내 주세요. |
| 직원 | 네, 알겠습니다. 메이 씨가 밍밍 씨한테 보내는 거지요? 여기에 우표를 붙여서 주세요. |

| | |
|---|---|
| 美伊 | 您好？我想往中国寄包裹。 |
| 职员 | 把包裹放在称上，你寄的是什么东西呢？ |
| 美伊 | 是书和彩色铅笔套装。今天寄的话，寄到中国需要多长时间呢？ |
| 职员 | 空运的话大约需要三天，船运的话大约需要15天。你要寄哪种呢？ |
| 美伊 | 寄空运的吧。 |
| 职员 | 嗯，知道了。是你寄给明明的吧？请在这里贴上邮票。 |

生词　저울 称 ｜ 내용물 内装物品

# –(으)ㄴ/는데요

用于期待对自己传达的内容对方有所反应。接在用言的词干后，动词的词干后接 –는데요；形容词的词干以元音结尾时接 –ㄴ데요，以辅音结尾时接 –은데요。

**가(다) + 는데요 → 가는데요**

**크(다) + ㄴ데요 → 큰데요**

**작(다) + 은데요 → 작은데요**

- 이 옷은 좀 큰데요. 这件衣服有点大。
- 지금 눈이 오는데요. 现在在下雪。
- 집이 넓고 좋은데요. 房子又宽敞又好。

**练习**

다음 표를 완성하십시오. 完成下面表格。

| 기본형 | –(으)ㄴ데요 | 기본형 | –는데요 |
|---|---|---|---|
| 크다 | 큰데요 | 가다 | 가는데요 |
| 작다 | (1) | 하다 | (6) |
| 계시다 | (2) | 먹다 | (7) |
| 아니다 | (3) | 있다 | (8) |
| 덥다 | (4) | 없다 | (9) |
| 멀다 | (5) | 알다 | (10) |

# 부터 N까지 얼마나 걸려요?

**부터 까지** 表示某事或某个状态的开始和结束。**부터 N까지 얼마나 걸려요?** 表示问某事或某个状态从开始到结束所需要的时间是多少。**부터** 和 **까지** 用于名词后，也可用作 **에서** 和 **까지**。

- 학교에서 집까지 얼마나 걸려요?
  从家到学校需要多长时间？

- 서울부터 부산까지 얼마나 걸려요?
  从首尔到釜山需要多长时间？

- 여기부터 거기까지 얼마나 걸려요?
  从这里到那里需要多长时间？

## 练习

〈보기〉와 같이 문장을 완성하십시오. 仿照例句造句。

| 〈보기〉 집 → 학교 / 버스 / 30분 | 집에서 학교까지 버스로 30분쯤 걸려요. |
| --- | --- |

(1) 여기 → 명동 / 버스 / 1시간

______________________________________

(2) 학교 → 메이 씨 집 / 지하철 / 20분

______________________________________

(3) 서울 → 제주도 / 비행기 / 1시간

______________________________________

(4) 서울 → 부산 / 버스 / 5시간

______________________________________

# (으)로 (手段; 方式)

表示做某个行为的工具，手段，方式。和名词一起使用，名词以元音或 ㄹ 结尾时接 로，以辅音结尾时接 으로。

버스 + 로 → 버스로

숟가락 + 으로 → 숟가락으로

- 집에 버스로 가요. 坐公交车回家。

- 시험지에는 볼펜으로 쓰세요. 用圆珠笔答卷。

- 한국에서는 숟가락으로 밥을 먹습니다.
  在韩国，用勺子吃饭。

### 练习

〈보기〉와 같이 문장을 완성하십시오. 仿照例句，完成下面句子。

〈보기〉 집에서 학교에 __버스로__ 와요. (버스)

(1) 서울에 ___________ 왔어요. (비행기)

(2) 학교에 ___________ 다녀요. (지하철)

(3) 소포를 ___________ 보내 주세요. (배)

(4) 사진을 ___________ 보냈어요. (이메일)

# 한테(에게)/한테서(에게서)

**에게** 表示某个动作的接受者, 在口语中一般用 **한테**。**에게서** 表示某个动作的始发点或开始, 在口语中一般用 **한테서**。一般用于表示人或动物的名词之后。

> **영수 + 에게 → 영수에게**
>
> **친구 + 에게서 → 친구에게서**

- 친구에게서 편지가 왔어요.
  收到了朋友的来信。

- 며칠 전에 여동생한테서 전화가 왔습니다.
  几天前, 收到妹妹的电话。

- 주말에 친구에게 소포를 보냈어요.
  周末给朋友寄了包裹。

---

**练习**

〈보기〉와 같이 문장을 완성하십시오. 仿照例句, 完成下面句子。

〈보기〉 어제 __동생한테__ 편지를 보냈어요. (나 → 동생)

(1) ______________ 그 이야기를 들었어요. (나 ← 왕핑)

(2) 어제 ______________ 전화가 왔어요. (나 ← 왕핑)

(3) 고향에 있는 ____________ 보내는 선물이에요. (나 → 친구)

(4) 왕핑 씨, ______________ 이 책 좀 전해 주세요. (왕핑 → 메이)

## 作业 1　听力

**1**　**잘 듣고 이어질 말을 고르십시오.**　仔细听录音, 选择适当的内容连接。

(1)　ⓐ 내일 갈 거예요.

　　ⓑ 비행기로 보내고 싶은데요.

　　ⓒ 지하철로 가면 얼마나 걸려요?

　　ⓓ 죄송합니다. 오늘 일본으로 가는 비행기 표는 없습니다.

(2)　ⓐ 내용물이 뭐지요?

　　ⓑ 요금이 얼마지요?

　　ⓒ 어디에 보내십니까?

　　ⓓ 저울 위에 올려놓으세요.

**2**　**다음 대화를 듣고 맞으면 ○, 틀리면 ✕ 하십시오.**　听对话, 在正确的内容后画 ○, 在错误的内容后画 ✕。

(1) 여자는 왕핑 씨와 이야기하고 있습니다.　　　　（　　　）

(2) 왕핑 씨는 집에 없습니다.　　　　（　　　）

(3) 여자는 전화번호를 잘못 알았습니다.　　　　（　　　）

**1** 다음 그림을 보고 이야기하십시오. 看图回答问题。

(1) 무엇을 보내고 싶습니까?  (2) 어디에 보내고 싶습니까?

(3) 누구한테 보내고 싶습니까?  (4) 어떻게 보내고 싶습니까?

**2** 다음 대화를 읽고 질문에 답하십시오. 阅读下面对话，回答问题。

> 왕핑　안녕하세요? 중국으로 소포를 좀 부치려고 하는데요.
>
> 직원　소포를 저울 위에 올려놓으세요. 내용물이 뭐예요?
>
> 왕핑　책이에요. 그런데 오늘 소포를 보내면 중국까지 얼마나 걸려요?
>
> 직원　비행기로 보내시면 사흘쯤 걸리고 배로 보내시면 10일쯤 걸려요. 어떻게 보내시겠어요?
>
> 왕핑　배로 보내 주세요.
>
> 직원　네, 알겠습니다. 왕핑 씨가 밍밍 씨한테 보내는 거지요? 여기에 우표를 붙여서 주세요.

(1) 왕핑 씨는 중국으로 무엇을 보내려고 합니까?　__________

(2) 중국에 비행기로 소포를 보내면 얼마나 걸립니까?　__________

(3) 중국에 배로 소포를 보내면 얼마나 걸립니까?　__________

(4) 왕핑 씨는 소포를 어떻게 보내려고 합니까?　__________

**3** 외국으로 소포를 보내려고 합니다. 위의 대화와 같이 친구와 이야기하십시오.

假设你要往国外寄包裹，仿照上面对话和朋友一起对话。

# 作业 3 读和写

**1** 다음은 박 선생님이 학생들에게 쓴 이메일입니다. 다음 글을 읽고 답장을 쓰십시오.

下面是朴老师写给学生的电子邮件，读后请写一封回信。

〈보기〉

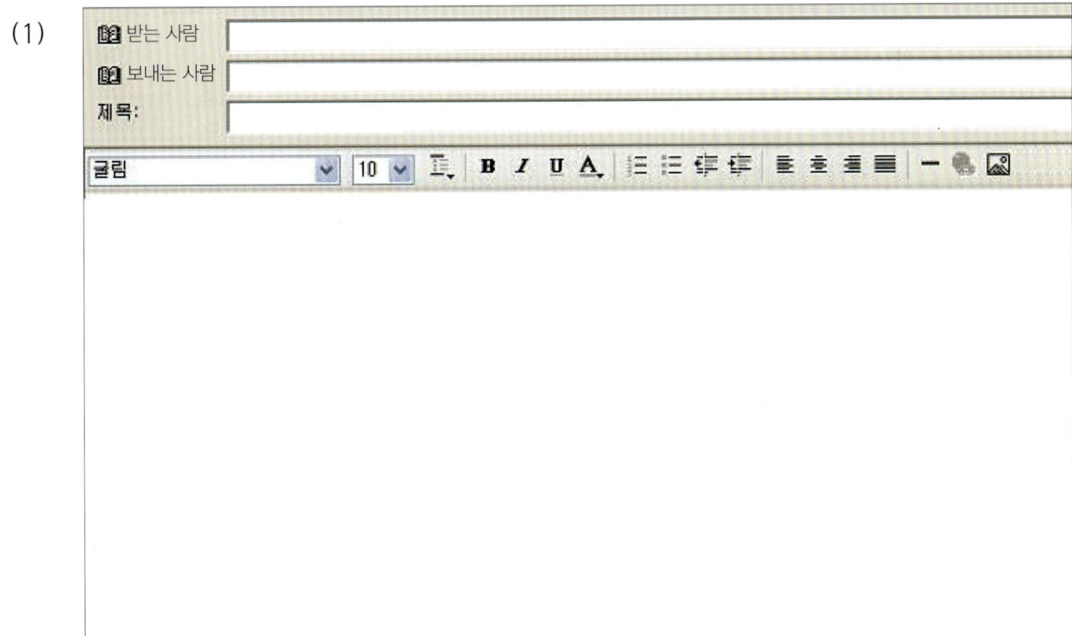



(1)

받는 사람

보내는 사람

제목:

글림    10    B I U A

生词    자판기(=자동 판매기) 自动售货机

◎ 잘 듣고 빈칸에 알맞은 말을 쓰십시오. 仔细听录音，用适当的内容填空。

(1) 왕핑 씨, 노민 씨______ 이 책 좀 전해 주세요.

(2) 집______ 학교______ 버스______ 와요.

(3) 소포를 비행기___ 보내 주세요.

(4) 회사에 ________ 다니세요?

(5) 회사에 ________ 다녀요.

(6) 지금 밖에 눈이 ________

(7) 이 옷이 좀 ________

(8) 집에서 학교까지 ____________

(9) 집에서 학교까지 ____________

(10) 고향에서 서울까지 ____________

CD1 音轨 **25**

---

**음운첨가** 添加音

# 식용유 → [시공뉴]

在合成词和派生词中，前一个单词或前缀的尾音是辅音，后一个单词或后缀的首音是 **이, 야, 요, 유** 时，添加 **ㄴ** 音，分别发出 [**니, 냐, 녀, 뇨, 뉴**] 音。

例如　담요 [담뇨]　　한여름 [한녀름]

---

**1**　잘 듣고 다음 단어를 따라하십시오. 仔细听录音，跟读下面单词。

꽃잎 [꼰닙]

식용유 [시공뉴]

색연필 [생년필]

**2**　잘 듣고 다음 문장을 따라하십시오. 仔细听录音，跟读下面句子。

비가 와서 꽃잎이 다 떨어졌어요.

식용유를 조금 넣어서 볶으십시오.

여기는 빨간 색연필로 써 주세요.

**3**　잘 듣고 다음 대화를 완성하십시오. 仔细听录音，完成下面对话。

(1) A 이 음식은 어떻게 만들어요?

　　 B 채소와 고기에 __________를 조금 넣어서 볶으세요.

(2) A 거기에 있는 빨간 __________좀 주세요.

　　 B 네, 여기 있어요.

# 나만의 우표 只属于你的邮票

你经常写信吗？最近由于网络和手机的发达，寄信的事情少了很多，但是收到书信和收到电子邮件或短信的心情是很不一样的。为了给这种兴奋再添一笔色彩，在给你朋友的信上贴一张'属于你的邮票'，收件人的心情会怎么样呢？

在韩国，如果你去邮局申请的话，可以制作只属于你自己的邮票。申请的方法很简单，只要带上你喜欢的照片去邮局填一张简单的申请书就可以了，申请之后，可以在10天内，寄送到指定的地址。

如果你现在居住在韩国，并且有美好回忆的照片，那么拿着它去邮局制作只属于你自己的邮票吧。如果贴上这张只属于你自己的邮票，给你所爱的人寄信或是寄明信片的话，将更好地表达你的心情，如送装满你所爱的人的形象的邮票，那将是一份美好的回忆。

**1**　여러분은 편지를 자주 쓰는 편입니까？　你经常写信吗？

**2**　여러분이 나만의 우표를 만든다면 어떤 사진을 이용할 생각입니까？ 그 이유는 무엇입니까？
如果你要制作只属于你自己的邮票的话，会选择什么样的照片？ 理由是什么？

**1**  그림과 맞는 단어를 연결하십시오. 画线连接与图画相符的单词。

〈보기〉

(1)

(2)

(3)

- • ⓐ 편지 봉투
- • ⓑ 소포
- • ⓒ 우표
- • ⓓ 편지지

**2**  〈보기〉와 같이 대화를 완성하십시오. 仿照例句，完成下面对话。

> 〈보기〉 (집 → 학교, 버스, 30분)
>
> A  집에서 학교까지 얼마나 걸려요?
>
> B  버스로 30분쯤 걸려요.

(1) (고향 → 한국, 비행기, 4시간)

    A _____________________  B _____________________

(2) (여기 → 시청, 차, 20분)

    A _____________________  B _____________________

(3) (서울 → 베이징, 비행기, 2시간)

    A _____________________  B _____________________

**3**  〈보기〉와 같이 대화를 완성하십시오. 仿照例句，完成下面对话。

> 〈보기〉 A 한국 사람이세요?  B  아닌데요. (아니다)

(1) A 박 선생님을 아세요?  B 아니요, _________ (모르다)

(2) A 메이 씨 계세요?  B 아니요, _____________ (안 계시다)

(3) A 어떻게 오셨어요?  B 소포를 _____________ (보내러 오다)

本文讲了因为工作、学习、天气等原因引起的身体不适。

# 어젯밤부터 기침이 심해졌어요.

- 메이는 어디가 아픕니까? 美伊哪里不舒服?

- 여러분은 요즘 아픈 곳이 있습니까? 你最近有不舒服吗?

## 질병 관련 어휘 与疾病有关的单词

**감기에 걸리다**
患感冒

**열이 나다**
发烧

**기침이 나다**
咳嗽

**몸살이 나다**
恶寒身痛

**배탈이 나다**
拉肚子

**콧물이 나다**
流鼻涕

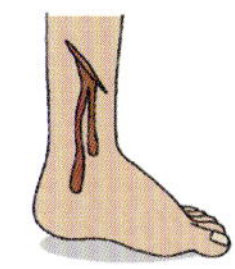
**피가 나다**
流血

**몸이 붓다**
身体浮肿

## 부상 관련 어휘 与受伤有关的单词

| | | |
|---|---|---|
| **넘어지다** 摔倒 | **N을/를 다치다** N受伤 | **N이/가 부러지다** 折了N |
| **N에서 떨어지다** 从N摔倒 | **N을/를 삐다** 扭伤N | **N이/가 찢어지다** N破裂 |

## 약품 관련 어휘 与药品有关的单词

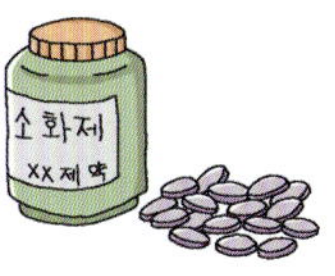
**소화제**
消化剂

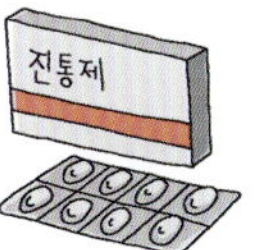
**진통제**
镇痛剂

**해열제**
消热剂

**두통약**
头痛药

**소독약**
消毒药

**안약**
眼药

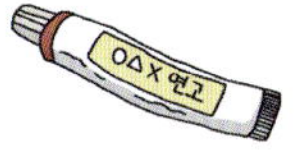
**연고**
软膏

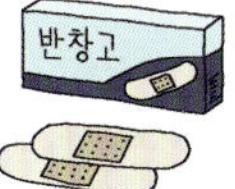
**반창고**
橡皮膏

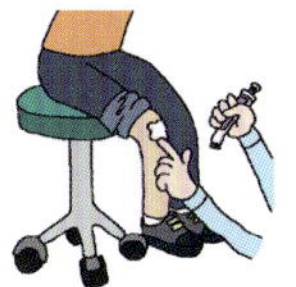
**바르다**
擦

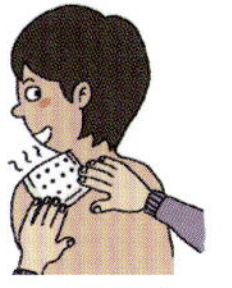
**붙이다**
贴

**물약**
药水, (口服)溶液

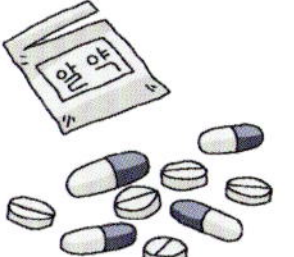
**알약**
药丸, 胶囊

사토루　감기약 좀 주세요.

약사　어디가 아프세요?

사토루　기침이 많이 나요. 어젯밤부터 기침이 심해졌어요.
　　　　목도 많이 부었어요.

약사　그럼, 이 약을 드셔 보세요. 하루에 세 번, 식후에 한 개씩
　　　드세요.

사토루　약국에서 약을 지을 수 있어요?

약사　네, 그런데 약을 지으려면 먼저 병원에 가서 처방전을
　　　받아야 해요. 이 약을 하루 드시고 좋아지지 않으면
　　　병원에서 처방전을 받아 오세요.

| | |
|---|---|
| 悟 | 给点感冒药吧。 |
| 药剂师 | 你哪里不舒服? |
| 悟 | 老是咳嗽。从昨天晚上开始咳嗽厉害，喉咙也肿了。 |
| 药剂师 | 那吃这种药吧。每天三次，每次饭后吃一粒。 |
| 悟 | 药店可以配药吗? |
| 药剂师 | 可以，但是要配药的话，得先去医院开处方。这个药吃了一天之后还不好的话，就去医院开处方来吧。 |

**生词**　　식후 饭后, 餐后　|　처방전 处方笺

# –아/어/여지다

用于形容词词干后，表示某种状态发生了变化。形容词的词干以元音 **아，오** 结尾时，接 **–아지다**，其它元音结尾时接 **–어지다**，**–하다** 动词后接 **–여지다**，一般缩写成 **–해지다**。

> 좋(다) + **아지다** → 좋아지다
> 예쁘(다) + **어지다** → 예뻐지다
> 날씬하(다) + **여지다** → 날씬해지다

- 메이 씨가 전에는 뚱뚱했는데 지금은 날씬해졌어요. 美伊以前很胖，但现在变瘦了。
- 한국말 공부가 재미있어졌어요. 韩国语学习变得有趣了。
- 전엔 그 친구가 싫었는데 지금은 좋아졌어요. 以前讨厌那个人，但是现在喜欢了。

---

**练习**

〈보기〉와 같이 문장을 완성하십시오. 仿照例句，完成下面句子。

〈보기〉 한국말 실력이 많이 **좋아졌어요.** (좋다)

(1) 요즘은 친구가 ＿＿＿＿＿＿＿＿＿ (많다)

(2) 요리 실력이 ＿＿＿＿＿＿＿＿＿ (좋다)

(3) 요즘 날씨가 많이 ＿＿＿＿＿＿＿＿＿ (춥다)

(4) 한국말을 배우고 생활이 많이 ＿＿＿＿＿＿＿＿＿ (편하다)

---

**生词** 실력 实力

# ㅅ 불규칙 (ㅅ 不规则)

以 ㅅ 结尾的动词词干后面接以元音开头的语尾时，ㅅ 脱落。这类的动词有 **낫다, 붓다, 잇다, 젓다, 짓다** 等。**웃다, 씻다, 벗다** 是规则动词，ㅅ 不脱落。

낫(다) + 아요 → 나아요
붓(다) + 으면 → 부으면

- 컵라면에 물을 부었어요. 往碗装方便面里倒水。
- 이제 감기가 다 나았어요. 现在感冒全好了。
- 부모님이 새 집을 지었어요. 父母建了新房子。

**练习**

다음 표를 완성하십시오. 完成下面表格。

|  | –아/어/여요 | –(으)세요 | –(스)ㅂ니다 |
|---|---|---|---|
| 낫다 | 나아요 | (1) | (2) |
| 짓다 | (3) | 지으세요 | (4) |
| 붓다 | (5) | (6) | 붓습니다 |
| 웃다 | (7) | (8) | 웃습니다 |
| 씻다 | (9) | 씻으세요 | (10) |
| 벗다 | 벗어요 | (11) | (12) |

生词 **컵라면** 碗装方便面 | **붓다** 倒(水) | **낫다** (病)愈 | **짓다** 配(药), 盖(房子) | **벗다** 脱

# 씩

接在表示数量的名词后面，表示'以该数量为单位重复或分开'。

- 하루에 3시간씩 공부합니다. 每天学习3个小时。
- 아침마다 우유를 한 잔씩 마십니다. 每天早上喝一杯牛奶。
- 일주일에 한 번씩 고향에 계신 부모님께 전화를 합니다.
  每星期给家乡的父母打一次电话。

## 练习

〈보기〉와 같이 문장을 완성하십시오. 仿照例句，完成下面句子。

〈보기〉한 번 / 한 개 / 드세요 : 한 번에 한 개씩 드세요.

(1) 한 주 / 한 권 / 책을 읽어요 : __________

(2) 하루 / 한 번 / 고향에 전화를 합니다
    : __________

(3) 아침 / 30분 / 운동을 합니다 : __________

(4) 하루 / 4시간 / 공부를 합니다 : __________

# –(으)려면

是 –(으)려고 하면 的缩略形，用在动词，形容词，**이다** 之后，表示有做某事的意图或假设发生某种情况时使用。用言的词干以元音结尾时，后接 **–려면**，以辅音结尾时，后接 **–으려면**。

**가(다) + 려면 → 가려면**

**먹(다) + 으려면 → 먹으려면**

- 시내에 가려면 버스를 타야 해요.
  想去市内的话，得坐公交车。

- 한국말을 잘하려면 열심히 공부해야 해요.
  想学好韩国语的话，得努力学习。

- 장학금을 받으려면 어떻게 해야 해요?
  想拿奖学金的话，应该怎么做呢?

**练习**

〈보기〉와 같이 문장을 완성하십시오. 仿照例句，完成下面句子。

〈보기〉 시청에 __가려면__ 402번 버스를 타세요. (가다)

(1) 한국말을 ___________ 한국 친구를 사귀세요. (잘하다)

(2) 박 선생님을 ___________ 사무실로 가 보세요. (만나다)

(3) 살을 ___________ 단 음식을 먹지 마세요. (빼다)

(4) 중국 음식을 ___________ 돼지고기를 준비하세요. (만들다)

生词 　시내 市内 ┃ 장학금 奖学金

**1**　다음 그림을 보고 맞는 대화를 고르십시오. 听录音，看图选择正确的对话。

(1)

ⓐ　　　　　　　　ⓑ

ⓒ　　　　　　　　ⓓ

(2)

ⓐ　　　　　　　　ⓑ

ⓒ　　　　　　　　ⓓ

**2**　다음 대화를 듣고 맞으면 ○, 틀리면 ✕ 하십시오. 听对话，在正确的内容后画 ○，在错误的内容后画 ✕。

(1) 여자는 계단에서 넘어졌습니다.　　　　　　　　(　　　)

(2) 여자는 다리를 다쳐서 지금 학교에 갈 수 없습니다.　(　　　)

(3) 여자는 다리가 다 나았습니다.　　　　　　　　　(　　　)

**1** 다음 그림을 보고 이야기하십시오. 看图回答问题。

(1) 최근 어디가 아팠습니까?

　　왜 아팠는지 위의 그림에서 골라서 그 이유를 이야기해 보십시오.

(2) 그때 어떻게 했습니까?

**2** 다음 대화를 읽고 질문에 답하십시오. 阅读下面对话，回答问题。

> 메이　감기약 좀 주세요.
>
> 약사　어디가 아프세요?
>
> 메이　열이 많이 나요. 어젯밤부터 열이 심해졌어요. 목도 많이 부었어요.
>
> 약사　그럼, 이 약을 드셔 보세요. 식후에 한 알씩 하루에 세 번 드세요.
>
> 메이　약국에서 약을 지을 수 있어요?
>
> 약사　네, 하지만 약을 지으려면 병원에 가서 처방전을 받아야 해요. 이 약을 하루 드시고 좋아지지 않으면 병원에서 처방전을 받아서 오세요.

(1) 메이 씨는 지금 어디에 갔습니까?　__________________________

(2) 증세가 언제부터 나빠졌습니까?　__________________________

(3) 메이의 증세는 어떻습니까?　__________________________

**3** 지금 몸이 아파서 약을 사려고 합니다. 위의 대화와 같이 친구와 이야기하십시오.
假设你现在身体不舒服想去买药，仿照上面对话和朋友一起对话。

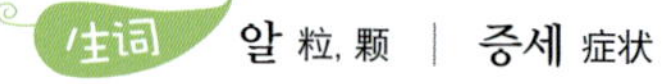

生词　알 粒, 颗　|　증세 症状

## 作业 3 读和写

**1** 다음은 약봉지입니다. 다음을 읽고 다음 질문에 답하십시오. 下面是药袋，读后回答下面问题。

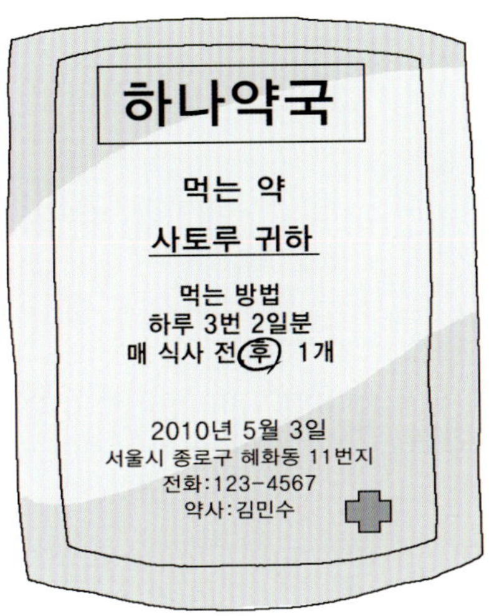


(1) 누구의 약입니까?　　—————————

(2) 언제 먹습니까?　　—————————

(3) 하루에 몇 번 먹습니까?　　—————————

(4) 한 번에 몇 개씩 먹습니까?　　—————————

(5) 이 약을 며칠 동안 먹을 수 있습니까?　　—————————

◎ 잘 듣고 빈칸에 알맞은 말을 쓰십시오. 仔细听录音，用适当的内容填空。

(1) _______________ 좀 주세요.

(2) _______________________

(3) 어젯밤부터 기침이 _______________

(4) 목도 많이 _______________

(5) 약을 _____________ 병원에 가서 처방전을 받아야 해요.

(6) 이 약을 ________________ 드세요.

(7) 한국말 실력이 많이 _______________

(8) 요즘 날씨가 많이 _______________

(9) 시내에 _____________ 버스를 타야 해요.

(10) 장학금을 _____________ 공부를 열심히 해야 해요.

# 发音



**음운탈락 (1)** 脱音 (1)

## 전화 → [저놔]

首音 ㅎ 在元音、鼻音 ㅁ, ㄴ, ㅇ、闪音 ㄹ 后面时, ㅎ 脱落不发音。

例如　지하철 [지아철]　　운동회 [운동외]

**1**　잘 듣고 다음 단어를 따라하십시오. 仔细听录音, 跟读下面单词。

영화 [영와]

잘하다 [자라다]

지하철 [지아철]

**2**　잘 듣고 다음 문장을 따라하십시오. 仔细听录音, 跟读下面句子。

영화를 보고 싶습니다.

한국말을 잘하시는군요.

지하철을 타고 왔습니다.

**3**　잘 듣고 다음 대화를 완성하십시오. 仔细听录音, 完成下面对话。

(1)　A　이따가 ________하세요.

　　　B　네, 알겠어요.

(2)　A　한국말을 잘하시네요.

　　　B　________배우고 있어요.

# 응급 구조 119  紧急救援119

在国外生活时，最痛苦的莫过于'生病'了。特别是当你疼痛得不能去医院时，一定会很着急，这个时候，如果需要紧急救援的话，只需要拨打119就可以了。发生火灾和急送患者时可拨打119。

外国人在打119时，最头疼的应该是语言问题了。有可能你用韩国语不能讲明自己的症状或是位置，也有可能情况十分危急你连话都不能说。首先你用韩语不能说清楚时，有英语、汉语、日语等多国语言的翻译服务，你只需要使用此服务就可以了。如果你疼痛厉害，不能说话时，只要把电话机或手机设置为通话状态，119可以自动搜寻你的位址。

在首尔，你也可以打1339（手机拨02–1339），可以使用各种应急措施，疾病商谈，医院指南等服务。

只要记住这些电话号码，在危急的情况下就可以派上用场。

**1**　한국에 온 후에 아파본 적이 있습니까?　来韩国后有生病的经历吗？

**2**　여러분 나라의 응급 구조 번호는 몇 번입니까?　你们国家的紧急救援电话是多少？

**1** 다음 증상과 맞는 약을 연결하십시오. 画线连接与左边的症状内容相符的药品。

〈보기〉 소화가 되지 않습니다. •　　　　• ⓐ 두통약

(1) 머리가 아픕니다. •　　　　• ⓑ 해열제

(2) 열이 납니다. •　　　　• ⓒ 소화제

(3) 눈이 아픕니다. •　　　　• ⓓ 안약

**2** 〈보기〉와 같이 다음에서 알맞은 말을 골라 고쳐 쓰십시오. 仿照例句, 选择适当的单词改写后填写。

| 낫다 | 짓다 | 아프다 | 웃다 | 씻다 |

〈보기〉 약을 먹고 감기가 많이 __나았어요__. (−았/었/였어요)

(1) 다리를 다쳤는데 많이 ___________ (−았/었/였어요)

(2) 발을 ___________ 약을 바르세요. (−(으)ㄴ 후에)

(3) 영화가 재미있어서 정말 많이 ___________ (−았/었/였어요)

(4) 약국에서 약을 ___________ 먹었어요. (−았/었/였어서)

**3** 〈보기〉와 같이 알맞은 말에 동그라미 하십시오. 仿照例句, 在正确的用法后画圈。

〈보기〉 시청에 (가면, 가려면) 402번 버스를 타세요.

(1) 기차를 (타면, 타려면) 정말 재미있어요.

　　 기차를 (타면, 타려면) 서울역으로 가세요.

(2) 메이 씨 전화번호를 (알면, 알려면) 좀 가르쳐 주세요.

　　 메이 씨 전화번호를 (알면, 알려면) 왕핑 씨에게 물어보세요.

(3) 한국말을 (잘하면, 잘하려면) 공부를 열심히 하세요.

　　 한국말을 (잘하면, 잘하려면) 한국 영화를 보고 싶어요.

# 방에서 담배를 피우면 안 돼요.

● 하숙집 아주머니가 무엇을 말합니까? 房东大婶说什么?

● 여러분은 한국에서 이사를 해 봤습니까? 你在韩国搬过家吗?

# 扩展词汇



## 주택 관련 어휘 有关住宅的单词

**주택**
住宅

**아파트**
公寓

**하숙**
寄宿

**기숙사**
宿舍

**자취**
租房自炊

**고시원**
考试院

## 비용 관련 어휘 有关费用的单词

| | |
|---|---|
| **하숙비** 寄宿费 | **전기요금** 电费 |
| **교통비** 交通费 | **가스요금** 燃气费 |
| **생활비** 生活费 | **수도요금** 水费 |
| **관리비** 管理费 | **전화요금** 电话费 |

| | |
|---|---|
| 왕핑 | 안녕하세요, 아주머니? 조금 전에 전화드린 왕핑입니다. |
| 집주인 | 어서 오세요. 이쪽으로 오세요. 이 방이에요. 방이 크고 아주 좋아요. |
| 왕핑 | 네, 아주 마음에 들어요. |
| 집주인 | 우리 집에는 공부하는 학생들이 많이 살아서 조용해요. 왕핑 씨도 다른 사람들이 공부할 때 시끄럽게 떠들면 안 돼요. 그리고 방에서 담배를 피우면 안 돼요. |
| 왕핑 | 네, 알겠어요. 그리고 저는 담배를 안 피우니까 걱정하지 마세요. 그런데, 아주머니, 제가 가끔 늦게 오는데 밤에 간단한 요리를 해도 돼요? |
| 집주인 | 네, 괜찮아요. 불편한 것이 있으면 언제든지 저에게 이야기하세요. |

| | |
|---|---|
| 王平 | 您好，大婶，我是刚才给您打电话的王平。 |
| 主人 | 快请进。来这边吧，这就是房间，房间很大，很好。 |
| 王平 | 嗯，很满意。 |
| 主人 | 我们家住的都是上学的学生所以很安静。你也是在别人学习的时候不能大声吵闹，还有在房间里不准抽烟。 |
| 王平 | 嗯，知道了。我不抽烟，请不要担心。但是，我偶尔晚上会回来得晚，所以晚上可以简单地做一些吃的吗？ |
| 主人 | 可以，没关系。如果有任何不方便的地方，请随时告诉我。 |

# -(으)ㄹ 때

指某动作或情景持续的期间或发生某动作、某个情景的时间。和用言一起使用，用言的词干以元音或 ㄹ 结尾时后接 **-ㄹ 때**，用言的词干以辅音结尾时后接 **-을 때**。

> 가(다) + ㄹ 때 → 갈 때
> 먹(다) + 을 때 → 먹을 때

- 밥을 먹을 때 전화가 왔습니다.
  吃饭的时候来电话了。

- 고등학교에 다닐 때 중국어를 배웠어요.
  上高中时，学了中文。

- 피곤할 때에는 쉬는 게 좋습니다.
  疲劳的时候，最好休息。

**练习**

〈보기〉와 같이 문장을 완성하십시오. 仿照例句，完成下面句子。

> 〈보기〉 집에 혼자 __있을 때__ 무엇을 해요? (있다)

(1) 머리가 ___________ 이 약을 드세요. (아프다)

(2) ___________이 책을 읽어 보세요. (심심하다)

(3) 어머니가 ___________ 어머니께 전화를 해요. (보고 싶다)

(4) 외국인 등록증을 ___________ 사진이 필요해요. (만들다)

**生词** 외국인 등록증 外国人身份证

# –(으)면 안 되다

用在用言的词干后，表示禁止或限制做某事。用言的词干以元音或 ㄹ 结尾时后接 –면 안 되다，以辅音结尾时后接 –으면 안 되다。

피우(다) + 면 안 되다 → 피우면 안 되다
먹(다) + 으면 안 되다 → 먹으면 안 되다

- 여기에서 담배를 피우면 안 됩니다. 这里不可以抽烟。

- 학교에 늦게 오면 안 됩니다. 上学不能迟到。

- A 여기에서 음식을 먹어도 돼요?
  可以在这里吃东西吗?
  B 아니요, 여기에서 음식을 먹으면 안 됩니다.
  不可以，这里不能吃东西。

练习

〈보기〉와 같이 대화를 완성하십시오. 仿照例句, 完成下面对话。

〈보기〉 A 조금 일찍 가도 돼요?
       B 아니요, 오늘은 일찍 <u>가면 안 돼요</u> .

(1) A 이 종이를 버려도 돼요?　　　　 B 아니요, ___________

(2) A 이것 좀 봐도 돼요?　　　　　　 B 아니요, ___________

(3) A 여기에 앉아도 돼요?　　　　　　 B 아니요, ___________

(4) A 오늘 친구와 싸웠어요.　　　　　 B 친구와 ___________

生词　담배를 피우다 抽(烟) | 버리다 扔

# –지 말다

让听者不要做某个动作时使用。**–지 말다** 接在动词后，只能用于祈使句和请诱句中。

> 가(다) **+ 지 맙시다 → 가지 맙시다**
> 먹(다) **+ 지 마십시오 → 먹지 마십시오**

- 여기에서 음식을 먹지 마십시오.
  请不要在这里吃东西。

- 기숙사에서는 술을 마시지 마십시오.
  请不要在宿舍喝酒。

- A 저 식당에 갈까요?  去那个食堂吗？

  B 아니요, 맛이 없으니까 가지 맙시다.
  不要，不好吃，我们别去那儿。

**练习**

다음 표를 완성하십시오.  完成下表。

| | –지 마세요 | –지 마십시오 | –지 맙시다 |
|---|---|---|---|
| 가다 | 가지 마세요 | (1) | (2) |
| 먹다 | (3) | 먹지 마십시오 | (4) |
| 듣다 | (5) | (6) | 듣지 맙시다 |
| 만들다 | (7) | (8) | (9) |
| 하다 | (10) | (11) | (12) |

# –아/어/여도 되다

用在用言的词干后，用于对某种动作或状态的许可。用言的词干以元音 **아, 오** 结尾时，后接 **–아도 되다**，其它元音后接 **–어도 되다**，**하다** 动词后接 **–여도 되다** 以 **하여도 되다** 形式使用，**하여도 되다** 一般缩写成 **해도 되다**。

가(다) + 아도 되다 → 가도 되다
찍(다) + 어도 되다 → 찍어도 되다
하(다) + 여도 되다 → (하여도 되다)
→ 해도 되다

- 여기에서 사진을 찍어도 됩니다.　可以在这里拍照。
- 지금은 영어로 말해도 돼요.　现在可以用英语说。
- 이 옷을 입어 봐도 됩니까?　可以穿这件衣服吗?

**练习**

〈보기〉와 같이 대화를 완성하십시오.　仿照例句，完成下面对话。

> 〈보기〉 A 조금 일찍 <u>가도 돼요?</u> (가다)
> B 네, <u>가도 돼요.</u>

(1) A 이 사진을 _____________ (보다)　　　B 네, _____________

(2) A 이 물을 _____________ (마시다)　　　B 네, _____________

(3) A 창문을 _____________ (열다)　　　B 네, _____________

(4) A 내일 9시쯤 _____________ (전화하다)

　　B 네, 그 때 _____________

## 作业 **1** 听力

**1**　잘 듣고 이어질 말을 고르십시오. 仔细听录音, 选择适当的内容连接。

(1) ⓐ 네, 쓰세요.

ⓑ 사전을 안 가져갔어요.

ⓒ 사전이 있으면 빌려 주세요.

ⓓ 사전을 사려면 저기에 있는 직원에게 물어보세요.

(2) ⓐ 가족사진을 보세요.

ⓑ 힘든 일이 많지만 재미있어요.

ⓒ 1년 동안 한국에서 공부할 거예요.

ⓓ 몸이 아플 때가 제일 보고 싶어요.

**2**　다음 대화를 듣고 맞으면 ○, 틀리면 ✕ 하십시오. 听对话, 在正确的内容后画 ○, 在错误的内容后画 ✕。

(1) 여기는 은행입니다　　　　　　　　　　　　(　　　)

(2) 남자는 오늘 돈을 내야 합니다.　　　　　　　(　　　)

(3) 전기요금과 수도요금을 매달 25일까지 내야 합니다. (　　　)

生词　(돈, 숙제)을/를 내다　交(钱, 作业)

**1** 다음 그림을 보고 이야기하십시오. 看图回答问题。

(1) 새 하숙집으로 이사를 하려고 합니다. 집주인에게 어떤 것을 물어보고 싶습니까?

**2** 다음 대화를 읽고 질문에 답하십시오. 阅读下面对话, 回答问题。

메이　아주머니, 방이 아주 마음에 들어요. 그런데 저녁 식사 시간은 언제 예요?

집주인　저녁 식사 시간은 7시부터 8시까지니까 늦지 마세요.

메이　네, 알겠어요. 그런데 가끔씩 제가 늦게 들어오는데 밤에 간단한 요리를 해도 돼요?

집주인　네, 간단한 요리를 해도 돼요. 하지만 식사를 한 후에 설거지를 해야 돼요.

(1) 메이 씨는 주인에게 무엇을 물어봤습니까? ______________________

(2) 이 하숙집 저녁 식사 시간은 언제입니까? ______________________

(3) 위 대화의 내용과 같으면 O, 다르면 X 하십시오.

　① 하숙집 식사 시간에 늦으면 안 됩니다. 　　　　　　　　　（　　　）

　② 하숙집에서는 매일 식사가 끝난 후 직접 설거지를 해야 합니다. （　　　）

**3** 새로 이사하는 하숙집 주인에게 여러 가지를 물어보려고 합니다. 위의 대화와 같이 친구와 이야기 하십시오. 你要搬家, 向房东问一些事情。仿照上面对话和朋友一起对话。

**1** 다음은 메이 씨 하숙집 생활규칙입니다. 읽고 다음 표를 채우십시오.
下面是美伊住的寄宿的生活准规则，读后完成下表。

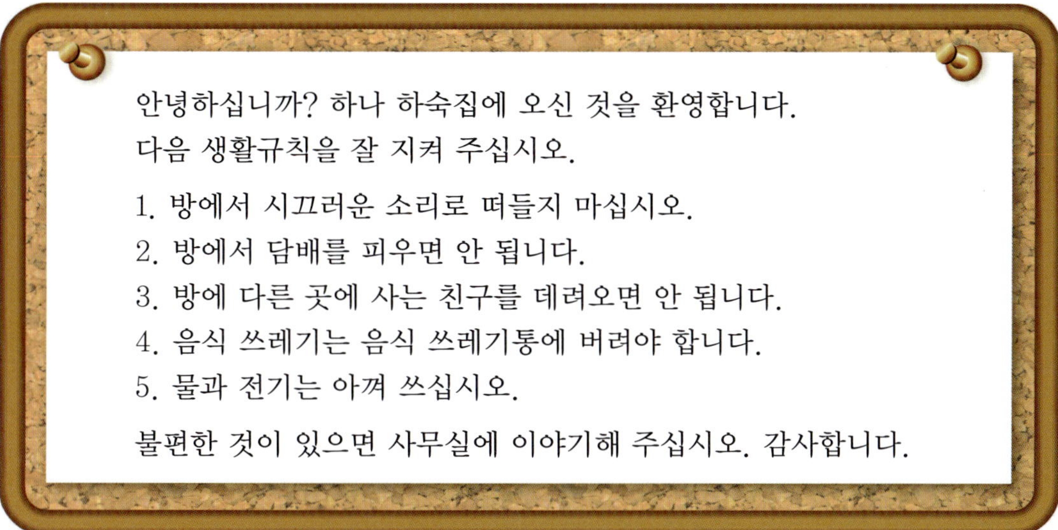


| 하나 하숙집 | |
| --- | --- |
| ☺ : 해야 하는 일 | ☹ : 하면 안 되는 일 |
| 음식 쓰레기는 음식 쓰레기통에 버리다 | 방에서 시끄러운 소리로 떠들다 |
| | |
| | |

**2** 여러분이 사는 집에서는 어떤 규칙을 지켜야 합니까? 다음 표를 사용하여 쓰십시오.
你住的地方要遵守那些规则呢？完成下表。

| 〈 | 〉 |
| --- | --- |
| ☺ : 해야 하는 일 | ☹ : 하면 안 되는 일 |
| | |
| | |
| | |

**3** 여러분이 사는 집의 규칙을 새로 이사 온 사람에게 알려주는 글을 쓰십시오.
写一篇短文，向新搬来的人介绍住处的生活规则。

生词　　生활규칙 生活规则 ｜ (규칙을) 지키다 遵守 ｜ 데려오다 带回来 ｜ 쓰레기 垃圾
쓰레기통 垃圾桶 ｜ 아껴 쓰다 节约用

◎ 잘 듣고 빈칸에 알맞은 말을 쓰십시오  仔细听录音，用适当的内容填空。

(1) 다른 사람들이 공부할 때 시끄럽게 __________ 안 돼요.

(2) 방에서 담배를 __________ 안 돼요.

(3) 여기에서 사진을 __________ 돼요?

(4) 이것 좀 __________ 돼요?

(5) 이 옷을 __________ 됩니까?

(6) 이것을 __________ 안 됩니다.

(7) 학교에 __________ 안 됩니다.

(8) 여기에서 술을 __________________

(9) 머리가 __________ 이 약을 드세요.

(10) 외국인 등록증을 __________ 사진이 필요해요.

## 음운탈락 (2) 脱音 (2)

# 좋아요 → [조아요]

ㅎ 后接以元音开头的词尾或后缀时，ㅎ 脱落不发音。

例如  많은 [마는]    쌓이다 [싸이다]

**1**  잘 듣고 다음 단어를 따라하십시오. 仔细听录音, 跟读下面单词。

많은 [마는]

좋아요 [조아요]

싫어요 [시러요]

**2**  잘 듣고 다음 문장을 따라하십시오. 仔细听录音, 跟读下面句子。

한국어를 배우는 학생들이 아주 많아요.

저는 한국 노래를 좋아해요.

싫어하는 음식이 있어요?

**3**  잘 듣고 다음 대화를 완성하십시오. 仔细听录音, 完成下面对话。

(1)  A ＿＿＿＿＿ 음식이 있어요?

　　 B 아니요, 저는 다 잘 먹어요.

(2)  A 한국 친구가 있어요?

　　 B 네, 한국 친구들이 아주 ＿＿＿＿＿

# 월세와 전세 月租 vs 全租

在韩国，租房的方式大致分为两种，月租和全租。

月租和其它国家的方式一样，每个月交一定金额的房租。一般在签合同时，需交付一定金额的保证金，保证金在退房时退还给租赁方。

全租是在韩国能见到的一种特殊的租房形式。租赁人不需要每个月向房东付租金，只需一次性给房东付一笔钱，在合同结束后，房东重新把租金还给租赁方。房东可以从租赁人手中一次性收到一笔款，并在合同期间得到这笔款的使用权。租赁人虽然一次性缴纳一大笔款很有负担，但是在合同结束后可以重新得到这笔钱，所以选择全租方式租房的人很多。

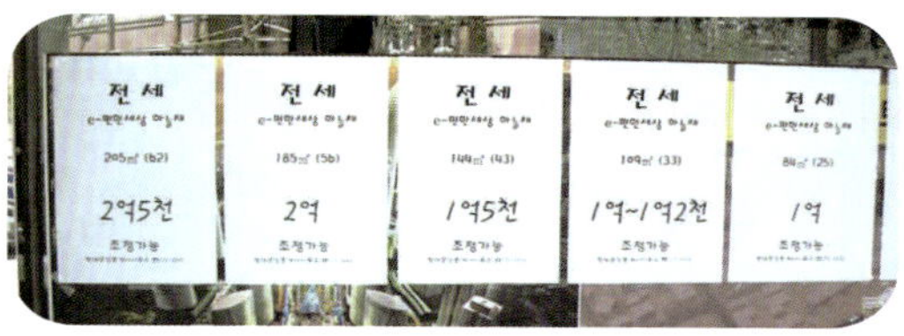

**1** 여러분은 현재 어떤 곳에서 삽니까? 你现在住在什么地方？

**2** 여러분 나라의 임대 형태도 이와 비슷합니까? 다른 것이 있다면 이야기해 주십시오.
你们国家的租赁形式和韩国差不多吗？如果还有其它方式的话，请谈谈。

**1** 다음 빈칸에 공통으로 들어갈 단어를 쓰십시오. 在下面方框中填写适当的单词。

(1)
| 하숙 | |
| 교통 | |
| 생활 | |
| 관리 | |

(2)
| 전기 | |
| 수도 | |
| 전화 | |
| 가스 | |

**2** 〈보기〉와 같이 대화를 완성하십시오. 仿照例句, 完成下面对话。

> 〈보기〉 A 이 물 좀 마셔도 돼요?
>
> B 네, __마셔도 돼요__. / 아니요, __마시면 안 돼요__.

(1) A 이 신문 좀 읽어도 돼요?　　　　B 네, ________________

(2) A 이따가 다시 전화해도 돼요?　　B 네, ________________

(3) A 사진을 찍어도 돼요?　　　　　　B 아니요, ________________

(4) A 이거 지워도 돼요?　　　　　　　B 아니요, ________________

**3** 〈보기〉와 같이 대화를 완성하십시오. 仿照例句, 完成下面对话。

> 〈보기〉 A 숙제를 내일 내도 돼요?
>
> B 아니요, 내일 __내면 안 돼요__, 오늘 __내야 돼요__, (내다)

(1) A 조금 더 자도 돼요?

　　B 아니요, 더 ____________ 지금 ____________ (출발하다)

(2) A 지금 가도 돼요?

　　B 아니요, 지금 ____________ 조금 ____________ (기다리다)

(3) A 여기에서 잠깐 이야기해도 돼요?

　　B 아니요, 여기에서 ____________ ____________ (조용히 하다)

(4) A 음식 쓰레기를 여기에 버려도 돼요?

　　B 아니요, 여기에 ____________ 음식 쓰레기통에 ____________ (버리다)

生词　　지우다 擦掉

# 第 **10** 课　复习 **6~9**

复习第6课到第9课的内容。

**1**　그림과 맞는 단어를 연결하십시오.　画线连接与图片相符的单词。

(1) 　　　　　　　•　　　　　• ⓐ 수도요금

(2) 　　　　　　　•　　　　　• ⓑ 가스요금

(3) 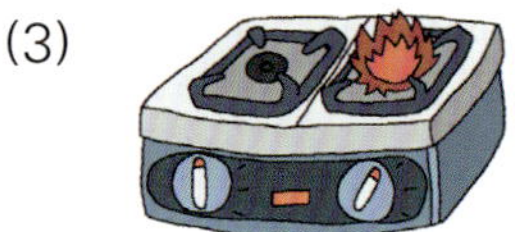　　　　　　　•　　　　　• ⓒ 전기요금

**2**　다음 단어와 맞는 표현을 연결하십시오.　划线连接下列单词中的互相对应的内容。

(1) 반창고　•　　　　　　　• ⓐ 먹다

(2) 연고　•　　　　　　　　• ⓑ 붙이다

(3) 진통제　•　　　　　　　• ⓒ 바르다

**3** 〈보기〉와 같이 관계<u>없는</u> 단어를 고르십시오. 仿照例句, 选出不属同类的单词选项。

| 〈보기〉 | ⓐ 쇠고기 | ⓑ 돼지고기 | ⓒ 닭고기 | ✔ⓓ 호박 |

(1) ⓐ 편지　　　ⓑ 주택　　　ⓒ 소포　　　ⓓ 우표

(2) ⓐ 치수　　　ⓑ 두통약　　　ⓒ 진통제　　　ⓓ 소화제

(3) ⓐ 하숙　　　ⓑ 자취　　　ⓒ 할인　　　ⓓ 기숙사

**4** 다음에서 알맞은 말을 골라 쓰십시오. 选择适当的单词填空。

| 열 | 상처 | 기침 | 몸살 |

(1) (　　　　　）

(2) (　　　　　）

(3) (　　　　　）

**5** 다음에서 알맞은 말을 골라 쓰십시오. 选择适当的单词填空。

| 교환 | 품질 | 가격 | 영수증 |

(1) 어제 산 가방이 마음에 들지 않아서 ________ 했습니다.

(2) 교환이나 환불을 하고 싶을 때에는 ________ 을/를 가져가야 합니다.

(3) 이 가게에는 ________ 이/가 좋은 물건들이 많이 있습니다.

## 语法

**6** 〈보기〉와 같이 단어 형태를 바꾸십시오. 仿照例句, 写出下面单词的词形变化。

| 〈보기〉 낫다 | – | 나아요 | – | 나으세요 | – | 낫는데요 |

(1) 짓다 – ________________ – ________________ – ________________

(2) 붓다 – ________________ – ________________ – ________________

**7** 빈칸에 알맞은 말을 쓰십시오. 填空完成下表。

| | −는군요 | | −군요 |
|---|---|---|---|
| 가다 | (1) | 예쁘다 | (4) |
| 읽다 | (2) | 춥다 | (5) |
| 하다 | (3) | 재미있다 | (6) |

**8** 다음에서 알맞은 말을 골라 쓰십시오. 选择适当的单词填空。

| (으)로 | 한테 | 한테서 | 씩 |
|---|---|---|---|

(1) 시간이 없으니까 소포를 비행기 ____ 보내십시오.

(2) 하루에 30분 ____ 운동을 합니다.

(3) 친구 생일이어서 친구 _______ 선물을 보냈습니다.

**9** 알맞은 말에 동그라미 하십시오. 在正确的内容后画圈。

(1) 지하철을 타려면 (어느 쪽으로 가야 돼요? / 빠르고 편해요.)

(2) 한국말을 잘하면 (한국 친구를 사귀어야 해요. / 한국 친구를 사귀고 싶어요.)

(3) 박 선생님을 만나려면 (4층으로 가세요. / 이것을 전해 주세요.)

 전하다 转达，传达

**10** 그림을 보고 〈보기〉와 같이 문장을 완성하십시오. 仿照例句，看图完成下列句子。

(1)

(2)

왕핑 씨가 _______________

(3)

옷이 _______________

**11** <보기>와 같이 질문에 대해 여러분의 생각을 쓰십시오. 仿照例句，根据你自己的想法回答下面问题。

<보기> A 한국 친구를 사귀고 싶은데 어떻게 해야 돼요?
B 한국 친구를 사귀려면 <u>한국말을 잘해야 돼요.</u>

(1) A 한국말을 잘하고 싶은데 어떻게 해야 해요?

B 한국말을 잘하려면 _______________________________

(2) A 부모님이 보고 싶을 때 어떻게 하세요?

B 부모님이 보고 싶을 때 저는 _________________________

## 听力练习

CD1 音轨 **34**

**12** 다음 그림과 맞는 대화를 고르십시오. 听录音，选择与图片相符的对话选项。



ⓐ　　　　　　ⓑ

ⓒ　　　　　　ⓓ

**13** 다음 대화를 듣고 질문에 답하십시오. 听对话，回答下面问题。

(1) 남자는 왜 전화를 걸었습니까?

    ⓐ 광고를 만들고 싶어서

    ⓑ 경복궁에 가고 싶어서

    ⓒ 하숙방을 구하고 싶어서

    ⓓ 저녁 식사 약속을 하고 싶어서

(2) 남자는 무엇을 타고 갈 겁니까? 쓰십시오.

_______________________

**14** 다음 대화를 듣고 맞으면 ○, 틀리면 ✕ 하십시오.
听对话，在正确的内容后画 ○，在错误的内容后画 ✕。

(1) 남자는 감기 때문에 병원에 왔습니다.     (    )

(2) 여자는 목이 많이 부어서 말을 할 수 없습니다.     (    )

## 阅读练习

**15** 다음 글을 읽고 질문에 답하십시오. 阅读下面短文，回答问题。

> 이사를 간 후에 우편물 때문에 걱정하셨지요? 이제는 그런 걱정을 안 해도 됩니다. 이사하기 전에 집 근처에 있는 우체국에 새 집 주소를 말하면 우편물들을 새 집으로 배달해 줍니다. 우체국에 직접 가기 어려운 분들은 인터넷으로 신청하실 수 있습니다. 그러나 3개월 이후에는 우편물을 보낸 사람에게 반송하니까 3개월 동안 새 주소를 주변 사람들에게 이야기해야 합니다.

(1) 무엇에 대한 이야기입니까?

    ⓐ 우편물을 반송하는 방법

    ⓑ 인터넷으로 우편물을 보내는 방법

    ⓒ 새 집 주소를 우체국에 알려 주는 방법

    ⓓ 이사한 후 새 주소로 우편물을 받는 방법

(2) 위의 글에 대해 맞으면 ◯, 틀리면 ✕ 하십시오.

① 이사할 때 우체국에 새 주소를 이야기하면 새 주소로 우편물을 받을 수
있습니다. (          )

② 새 주소를 한 번 이야기하면 우편물이 계속 새 집으로 옵니다. (          )

**16** **다음 글을 읽고 맞으면 ◯, 틀리면 ✕ 하십시오.**
阅读下面短文, 在正确的内容后画 ◯, 在错误的内容后画 ✕。

> 약을 먹어야 하는데 물이 없으면 어떻게 하십니까? 물 대신 우유나 주스 같은 음료수와 같이 먹습니까? 약을 먹을 때에는 따뜻한 물과 같이 먹는 것이 제일 좋습니다. 약은 따뜻한 물과 같이 먹을 때 흡수가 제일 잘 되기 때문입니다. 특히 감기약은 우유와 같이 먹으면 흡수가 잘 되지 않습니다. 그래서 감기약은 우유를 마신 후 한두 시간이 지난 후에 먹는 것이 좋습니다.

(1) 약은 따뜻한 물과 같이 먹는 것이 제일 좋습니다. (          )

(2) 감기약은 우유와 같이 먹는 것이 좋습니다. (          )

**17** **다음 글을 읽고 질문에 답하십시오.** 阅读下面短文, 回答问题。

> 옷을 샀는데 치수가 맞지 않거나 물건이 마음에 들지 않을 때가 있지요? 이때는 7일 이내에 영수증과 함께 물건을 가지고 가면 교환이나 환불할 수 있습니다. 그러나 가끔 세일 때 산 물건은 교환이나 환불이 안 됩니다. 그렇기 때문에 옷을 살 때 점원이나 주인에게 "나중에 문제가 있으면 교환이나 환불할 수 있습니까?" 하고 물어봐야 합니다. 그리고 세탁을 잘못해서 옷에 문제가 생기면 교환할 수 없습니다.

(1) 무엇에 대한 글입니까?

ⓐ 옷 세탁 방법

ⓑ 몸에 잘 맞는 옷을 사는 방법

ⓒ 옷을 교환이나 환불할 때 알아야 할 것

ⓓ 세일 때 품질이 좋은 옷을 싸게 사는 방법

(2) 다음 중 옷을 교환할 수 <u>없는</u> 사람을 고르십시오.

ⓐ 승희는 바지 세탁을 잘못해서 바지가 작아졌습니다.

ⓑ 왕핑은 새로 산 바지가 너무 커서 바꾸고 싶어 합니다.

ⓒ 민수는 티셔츠를 살 때 받은 영수증을 버리지 않았습니다.

ⓓ 메이는 그저께 치마를 샀는데 마음에 들지 않아서 바꾸고 싶어 합니다.

## 书写练习

**18** 〈보기〉와 같이 다음에서 알맞은 말을 골라 고쳐 쓰십시오. 选择适当的内容改写后填空。

| –아/어/여야 돼요 | –(으)면 안 돼요 |
|---|---|

〈보기〉 A 담배를 피워도 돼요?

  B 아니요, 여기에서 담배를 <u>피우면 안 돼요</u>. (피우다)

(1) A 관리비를 언제까지 ＿＿＿＿＿＿ (내다)

  B 25일까지 내세요.

(2) A 이 컴퓨터 좀 ＿＿＿＿＿＿ (쓰다)

  B 네, 쓰세요.

(3) A 거기에 쓰레기를 버려도 돼요?

  B 아니요, ＿＿＿＿＿＿＿＿ (버리다)

**19** 〈보기〉와 같이 대화를 완성하십시오. 仿照例句, 完成对话。

> 〈보기〉 A 많이 아파요?
> B 네, 많이 __나았어요.__ (낫다)

(1) A 피곤하세요? 얼굴이 많이 ____________ (−았/었/였어요) (붓다)

   B 네, 어제 잠을 잘 못 잤어요.

(2) A 약을 ____________ (−(으)려면) 어떻게 해야 돼요? (짓다)

   B 병원에 가서 처방전을 받아 오셔야 돼요.

(3) A 사진 좀 찍어 주세요.

   B 네, 예쁘게 ____________ (−(으)세요) (웃다)

**20** 다음에서 알맞은 말을 골라 고쳐 쓰십시오. 选择适当的内容改写后填写。

| | | | |
|---|---|---|---|
| −지요? | −군요 | −(으)려면 | −(으)ㄹ 때 |
| −지 말다 | −(으)ㄴ/는데요 | | −아/어/여지다 |

| | |
|---|---|
| 왕핑 | 여보세요? 박 선생님 휴대전화 (1) ____________ (이다) |
| 박 선생님 | 네, (2) ____________ (맞다) |
| 왕핑 | 안녕하세요, 선생님? 저 왕핑입니다. 지금 잠깐 만나서 이야기를 좀 하고 싶어요. 선생님을 (3) ____________ 어디로 가야 돼요? (만나다) |
| 박 선생님 | 그럼, 4층에 있는 사무실로 오세요. 선생님 사무실 알지요? |
| 왕핑 | 네, 알아요. 그럼, 조금 이따가 가겠습니다. |
| 박 선생님 | 네, 알겠어요. |

# 시간이 있으면
# 우리 집에 놀러 올래요?

- 여러분은 한국 사람 집에 가 본 일이 있습니까? 你有去过韩国人家里做客吗?

- 여러분 나라에서는 다른 사람 집에 갈 때 무엇을 가지고 갑니까?
  在你的国家，如果拜访人家，一般带什么礼物？

# 扩展词汇

## 초대 관련 어휘 与招待有关的单词

| | | | |
|---|---|---|---|
| 손님 | 客人 | 초대를 받다 | 受邀请 |
| 초대 | 招待 | 방문 | 访问 |
| 초대장 | 请柬 | 방문을 하다 | 拜访 |
| 초대를 하다 | 邀请, 招待 | 집들이를 하다 | 办乔迁宴 |

## 초대와 방문 관련 표현 与招待、拜访有关的表达

초대해 주셔서 감사합니다. 谢谢你邀请我。

이렇게 와 주셔서 감사합니다. 谢谢你能来。

승희 마이클 씨, 이번 주말에 시간이 있으면 우리 집에 놀러 올래요?

마이클 네, 좋아요. 그런데 무슨 일이 있어요?

승희 제가 지난달에 이사를 했는데 그 동안 바빠서 집들이를 못 했어요. 그래서 주말에 집들이를 하려고 해요.

마이클 그래요? 한국에서는 집들이를 하면 보통 뭘 해요?

승희 친구들하고 맛있는 음식을 먹으면서 이야기도 하고 재미있게 놀아요. 집들이에 오면 새로운 친구들도 사귈 수 있을 거예요. 꼭 오세요.

마이클 네, 초대해 주서서 감사합니다. 빨리 주말이 되면 좋겠어요.

---

胜熙 迈克，这周末如果有时间的话，来我家玩，怎么样？

迈克 嗯，好啊。你有什么好事情吗？

胜熙 我上个月搬家了，这其间太忙没能招待客人，所以准备这周末在家里办个乔迁宴。

迈克 是吗？在韩国，乔迁宴一般做什么呢？

胜熙 一边和朋友吃好吃的，一边聊天，开心的玩。去乔迁宴的话，还可以交到很多新朋友，所以你一定要来。

迈克 嗯，谢谢你邀请我。我真希望快点到周末。

# –(으)ㄹ래요?

用在动词的词干后，就某事或某个选择问对方的意见或意向，也用于比较亲切的要求、命令、拜托等方面。动词的词干以元音结尾时用 **–ㄹ래요?**，以辅音结尾时用 **–을래요?**。

가(다) + **ㄹ래요?** → **갈래요?**
먹(다) + **을래요?** → **먹을래요?**

- 내일 같이 영화 보러 갈래요?
  明天要一起去看电影吗?

- 이것 좀 도와줄래요?
  能帮我一下吗?

- 오늘 같이 저녁 먹을래요?
  今天一起吃晚饭吗?

**练习**

〈보기〉와 같이 대화를 완성하십시오. 仿照例句, 完成下面对话。

| 〈보기〉 | A 같이 영화관에 __갈래요__ ?(가다) | A 왕핑 씨, 영화관에 __갈래요__ ?(가다) |
| --- | --- | --- |
| | B 네, 같이 __갑시다__ . | B 네, __갈게요__ . |

(1) A 같이 _____________ (숙제하다)　　B 네, 같이 _____________

(2) A 같이 _____________ (드시다)　　B 네, 같이 _____________

(3) A 이 컴퓨터를 _____________ (쓰다)　　B 네, _____________

(4) A 잠깐 _____________ (기다리다)　　B 네, _____________

# –았/었/였는데

用于提示某事发生的背景、情景、理由。在用言的词干后接 –았/었/였는데, 表示过去。

> 가(다) + 았는데 → 갔는데
> 먹(다) + 었는데 → 먹었는데
> 하(다) + 였는데 → 했는데

- 공원에 갔는데 사람이 아주 많았어요.
  去公园了，人特别多。

- 잡채를 먹었는데 참 맛있었어요.
  吃杂菜了，十分好吃。

- 어제 저녁에 파티를 했는데 아주 재미있었어요.
  昨天晚上开了派对，十分有趣。

**练习**

다음과 같이 빈칸을 채우십시오. 仿照例句, 完成下面表格。

| | –았/었/였는데 | –(으)ㄴ데/는데 | | –았/었/였는데 | (으)ㄴ데/는데 |
|---|---|---|---|---|---|
| 가다 | 갔는데 | 가는데 | 예쁘다 | 예뻤는데 | 예쁜데 |
| 먹다 | (1) | (2) | 좋다 | (3) | (4) |
| 듣다 | (5) | (6) | 춥다 | (7) | (8) |
| 만들다 | (9) | (10) | 맛있다 | (11) | (12) |
| 하다 | (13) | (14) | 친절하다 | (15) | (16) |

# –(으)면서

表示两个以上的动作或状态同时进行。即在做某个动作或保持某种状态的同时做另外一个动作或
保持另一种状态。用言的词干以元音结尾时接 **–면서**，以辅音结尾时接 **–으면서**。

보(다) + **면서** → 보면서
먹(다) + **으면서** → 먹으면서

- 나는 아침을 먹으면서 TV를 봅니다.
  我一边吃早饭一边看电视。

- 사람들이 걸어가면서 이야기합니다.
  人们一边走路，一边聊天。

- 그 사진을 보면서 무슨 생각을 하세요?
  看着这张照片你在想什么呢?

**练习**

〈보기〉와 같이 다음에서 알맞은 말을 골라 고쳐 쓰십시오. 仿照例句, 选择适当的单词改写后填空。

| 듣다 | 마시다 | 하다 | 생각하다 | 보다 |
|------|--------|------|----------|------|

〈보기〉 커피를 __마시__면서 친구와 이야기를 해요.

(1) 가족사진을 ___________ 부모님을 생각합니다.

(2) 뜻을 ___________ 이 책을 읽어 보세요.

(3) 숙제를 ___________ 친구를 기다렸어요.

(4) 음악을 ___________ 청소를 해요.

# –(으)면 좋겠다

用于用言的词干后，表达自己的期望。用言的词干以元音结尾时接 **–면 좋겠다**，以辅音结尾时接 **–으면 좋겠다**。

> 가(다) + **면 좋겠다** → **가면 좋겠다**
> 먹(다) + **으면 좋겠다** → **먹으면 좋겠다**

- 여름에 제주도에 가면 좋겠어요.
  夏天要是去济州岛就好了。

- 날씨가 따뜻하면 좋겠어요.
  天气要是暖和些就好了。

- 빨리 맛있는 음식을 먹으면 좋겠어요.
  要是快点吃好吃的就好了。

### 练习

〈보기〉와 같이 다음 문장을 완성하십시오. 仿照例句, 完成下面句子。

> 〈보기〉 저는 요즘 시간이 없는데 __시간이 있으면 좋겠어요.__

(1) 저는 한국말을 잘 못하는데 _______________________

(2) 저는 아직 제주도에 가 본 일이 없는데 _______________________

(3) 요즘 날씨가 추운데 _______________________

(4) 옆방에 사는 친구가 좀 시끄러운데 _______________________

# 作业 **1** 听力

**1**  잘 듣고 이어질 말을 고르십시오.  仔细听录音, 选择适当的内容连接。

(1)  ⓐ 영화표를 몇 장 줬어요?

ⓑ 네, 저는 영화를 볼 거예요.

ⓒ 저는 그 영화를 본 일이 없어요.

ⓓ 네, 좋아요. 그런데 무슨 영화예요?

(2)  ⓐ 그렇게 바쁘세요?

ⓑ 네, 정말 바쁘시지요?

ⓒ 네, 좀 쉬면 좋겠어요.

ⓓ 아마 많이 바쁠 거예요.

**2**  다음 대화를 듣고 맞으면 ○, 틀리면 × 하십시오.  听对话, 在正确的内容后画 ○, 在错误的内容后画 ×。

(1) 수요일은 여자의 집에서 집들이를 할 겁니다.　　　　(　　　)

(2) 남자는 수요일 3시까지 여자의 집에 갈 겁니다.　　　　(　　　)

(3) 여자의 집은 학교에서 가깝습니다.　　　　(　　　)

**1** 다음 그림을 보고 이야기하십시오. 看图回答问题。

(1) 여러분은 지금 친구를 초대하려고 합니다. 무슨 일 때문에 초대하고 싶습니까?

(2) 무슨 요일, 몇 시쯤 초대하고 싶습니까?

**2** 다음 대화를 읽고 질문에 답하십시오. 阅读下面对话, 回答问题。

민수　왕핑 씨, 이번 토요일에 시간이 있으면 우리 집에 놀러 올래요?

왕핑　네, 좋아요. 그런데 무슨 일이 있어요?

민수　제가 지난달에 이사를 했는데 그동안 회사에 일이 많아서 집들이를 못 했어요. 그래서 토요일에 집들이를 하려고 해요.

왕핑　그래요? 토요일 몇 시에 갈까요?

민수　5시까지 오세요. 집들이에 오면 새로운 친구들도 사귈 수 있을 거예요. 꼭 오세요.

왕핑　네, 초대해 주셔서 감사합니다. 빨리 주말이 되면 좋겠어요.

(1) 민수 씨는 왜 왕핑 씨를 초대했습니까? ________________________

(2) 왕핑 씨는 민수 씨 집에 언제 가야 합니까? ________________________

(3) 위 대화의 내용과 같으면 O, 다르면 × 하십시오.

　① 민수 씨는 지난주에 이사를 했습니다.　　　　　　( 　 )

　② 민수 씨는 친구들을 여러 명 초대했습니다.　　　( 　 )

**3** 친구를 초대하려고 합니다. 위의 대화와 같이 친구와 이야기하십시오.
假设你要招待朋友, 仿照上面对话和朋友一起对话。

**1** 다음 초대장들을 읽고 맞으면 ◯, 틀리면 × 하십시오.
下面是一封请柬，仔细阅读后，在正确却的内容后画 ◯，在错误的内容后画 ×。

(1) 생일 파티에 가고 싶은 사람은 메이 씨에게 미리 전화를 해야 합니다. (　　　)

(2) 박민수 씨와 김지은 씨가 결혼을 합니다. 　　　　　　　　　　(　　　)

(3) 봄 학기 수업이 모두 끝났습니다. 　　　　　　　　　　　　　(　　　)

**2** 초대장을 써 보십시오. 写一封请柬。

 미리 事先 ｜ 희망차다 充满希望 ｜ 학기 学期 ｜ 수료식 结业式 ｜ 일시 时间

◎ 잘 듣고 빈칸에 알맞은 말을 쓰십시오. 仔细听录音, 用适当的内容填空。

(1) 내일 같이 영화 ＿＿＿＿＿＿＿＿

(2) 이것 좀 ＿＿＿＿＿＿＿

(3) 어제 저녁에 파티를 ＿＿＿＿＿ 아주 재미있었어요.

(4) 숙제를 ＿＿＿＿＿ 친구를 기다렸어요.

(5) 여름에 제주도에 ＿＿＿＿＿＿＿

(6) 한국말을 잘 ＿＿＿＿＿＿＿

(7) 요즘 날씨가 추운데 ＿＿＿＿＿＿＿ 좋겠어요.

(8) 그 사진을 ＿＿＿＿＿ 무슨 생각을 하세요?

(9) ＿＿＿＿＿ 주셔서 감사합니다.

(10) 이번 주말에 시간이 ＿＿＿＿＿ 우리 집에 놀러 ＿＿＿＿＿

## 'ㅢ'의 발음 (1) 'ㅢ' 的发音 (1)

# 줄무늬 → [줄무니]

音节的首音为辅音时，ㅢ 发出 [ㅣ] 音。

**例如**　씌어 [씨어]　　유희 [유히]

---

**1**　**잘 듣고 다음 단어를 따라하십시오.**　仔细听录音，跟读下面单词。

희망 [히망]

줄무늬 [줄무니]

띄어쓰기 [띠어쓰기]

**2**　**잘 듣고 다음 문장을 따라하십시오.**　仔细听录音，跟读下面句子。

희망을 가지세요.

줄무늬 옷이 마음에 들어요.

띄어쓰기를 잘하세요.

**3**　**잘 듣고 다음 대화를 완성하십시오.**　仔细听录音，完成下面对话。

(1) A　저기에 있는 __________ 셔츠 좀 보여 주세요.

　　 B　이거 말씀이세요?

(2) A　이렇게 쓰면 맞아요?

　　 B　__________가 잘못 되었네요.

# 한국의 초대 문화 韩国的招待文化

你有被邀请去韩国人家里吃饭的经历吗？韩国人在招待客人时，如果桌子上的饭菜不够的话，主人会认为是一件很失礼的事情，因此准备的饭菜多得'要压断了桌腿'。但即使是这样，韩国人还对客人说，'没什么招待你的，请多吃点'。这时客人一般回答说，'您太客气了，桌腿都快压断了'。

还有就是在吃饭过程中，主人不断地劝客人吃菜。即使客人说已经吃饱了，主人还是不断地叫客人再吃点，这时，你只要说'够了，我已经吃得很多了'，就可以表示拒绝。

甚至还有的时候，主人用筷子夹菜给客人吃。也许不同的文化里这是一件很失礼的事情，但在韩国这是主人担心客人吃不多的好吃的表现，是对客人的一种关心。

**1** 여러분 나라에서 손님을 초대할 때에 지켜야 하는 예의에는 어떤 것이 있습니까?
在你的国家里，招待客人时，一般要遵守的礼节是什么呢？

**2** 여러분 나라에서는 손님에게 어떻게 음식을 권합니까? 在你的国家里，一般怎样劝客人吃饭?

**1**  **다음에서 알맞은 말을 골라 쓰십시오.** 选择适当的单词填空。

> 손님　　　초대　　　초대장　　　방문　　　집들이

(1) 메이 씨가 반 친구들을 집에 ________ 했습니다.

(2) 반 친구들에게 ________ 을/를 써서 보냈습니다.

(3) 친구가 새 집으로 이사를 해서 ________ 을/를 합니다.

(4) 생일 파티에 ________ 이/가 많이 왔습니다.

**2**  **다음에서 알맞은 말을 골라 고쳐 쓰십시오.** 选择适当的内容改写后填空。

> –(으)ㄹ래요?　　　–았/었/였는데　　　–(으)면 좋겠어요.　　　–(으)면서

(1) 고향 음식을 ____________ 좀 드셔 보세요. (만들다)

(2) 저는 한국 영화를 ________ 한국말을 공부해요. (보다)

(3) 방학 때 고향에 갈 거예요. 빨리 방학이 ______________ (되다)

(4) 메이 씨하고 같이 시험공부를 할 거예요. 왕핑 씨도 같이 ________

________ (하다)

**3**  **다음 대화를 완성하십시오.** 完成下面对话。

(1) A 주말에 등산을 가는데 같이 갈래요?

　　 B ________________________________

(2) A 친구가 빵을 주었는데 저는 배가 불러서 못 먹겠어요. 승희 씨가 드실래요?

　　 B ________________________________

(3) A 한국말을 잘하면 무엇을 하고 싶어요?

　　 B ________________________________

(4) A 이번 생일에 남자 친구한테서 무슨 선물을 받고 싶어요?

　　 B ________________________________

# 초대해 주셔서 감사합니다.

- 여러분은 집에 한국 사람을 초대해 본 적이 있습니까? 你招待过韩国人吗?

- 다른 사람 집에 가서 집주인에게 뭐라고 인사합니까?
  拜访别人家时对主人怎么问候?

## 방문 관련 표현 与拜访有关的表达

| | | |
|---|---|---|
| 주인 | 어서 들어오세요. | 快请进。 |
| | 그냥 오셔도 되는데……. | 空手来就行了……… |
| 손님 | 이거 받으십시오. | 请收下吧。 |

| | |
|---|---|
| 이쪽으로 앉으세요. | 请坐这里。 |
| 뭘 이런 걸 다 사 오셨어요. | 还买这些来干什么呀。 |
| 별거 아닙니다. | 不是什么起眼的东西。 |

## 칭찬 관련 표현 与称赞有关的表达

| | | |
|---|---|---|
| 집 | 집이 참 좋네요. | 你的房子真好啊。 |
| | 집이 참 깨끗하네요. | 你的房子真干净啊。 |
| 음식 | 음식이 참 맛있네요. | 饭菜真好吃。 |
| | 뭘 이렇게 많이 준비하셨어요. | 准备这么多! |

| | |
|---|---|
| 집이 참 예쁘네요. | 你的房子真漂亮啊。 |
| 집이 참 크네요. | 你的房子真大啊。 |
| 음식 솜씨가 참 좋으시네요. | 你的做菜手艺真好。 |

## 식기 관련 표현 与餐具有关的表达

**숟가락**
勺子

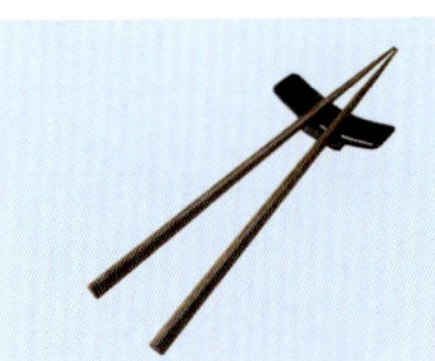

**젓가락**
筷子

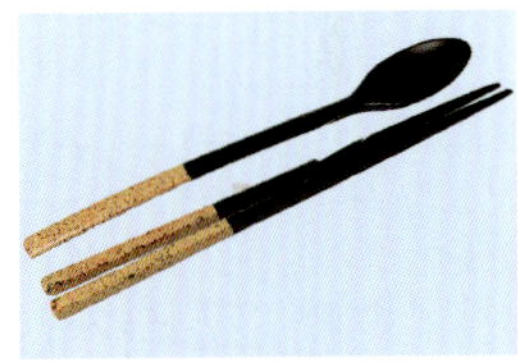

**수저**
勺和筷子

**밥그릇**
饭碗

**국그릇**
汤碗

**접시**
碟子

**승희**  어서 오십시오, 사토루 씨. 먼 길 오셔서 피곤하시겠습니다.

**사토루**  이렇게 초대해 주셔서 감사합니다. 회의가 있어서 좀 늦었습니다. 이거 케이크인데 받으십시오.

**승희**  감사합니다. 빈손으로 오셔도 되는데……. 차를 가져오는 동안에 여기에 잠깐 앉아 계십시오.

**사토루**  집에 그림이 참 많군요. 미술관에 온 것 같아요.

**승희**  감사합니다. 제가 취미로 그림을 좀 그립니다.

**사토루**  아, 그러세요? 솜씨가 대단하십니다.

| | |
|---|---|
| 胜熙 | 快请进，大老远的来，辛苦你了。 |
| 悟 | 我更应该感谢你招待我。因为开会，所以迟到了。这是蛋糕，请收下。 |
| 胜熙 | 谢谢，空手来就行了嘛…… 我去给你倒杯茶，先在这里坐一下吧。 |
| 悟 | 你家里画真多啊，我感觉像来了美术馆一样。 |
| 胜熙 | 谢谢。我的爱好是画画。 |
| 悟 | 哇，是吗？你的手艺太了不起了。 |

生词  케이크 蛋糕 ｜ 빈손 空手 ｜ 솜씨 手艺 ｜ 대단하다 伟大，了不起

# -겠-（推测）

**-겠-**是指说话人看了当时的情况和状态之后做出的某种推测。

- 날씨가 흐리고 바람이 불어요. 비가 오겠군요.
  天阴了，又刮风，看来要下雨了。

- 일이 많아서 바쁘시겠습니다.
  事情多，你该很忙吧。

- A 아직까지 아무것도 먹지 못했어요.
  我到现在还没吃什么东西呢。

- B 배가 고프시겠군요.
  那你很饿吧。

---

**练习**

다음 〈보기〉와 같이 문장을 완성하십시오. 仿照例句，完成下面句子。

> 〈보기〉 A 어제 잠을 잘 못 잤어요.
>       B <u>피곤하겠군요.</u> (피곤하다)

(1) A 시험을 잘 봤어요.　　　　　B ________________ (기분이 좋다)

(2) A 돈을 잃어버렸어요.　　　　　B ________________ (속상하다)

(3) A 넘어져서 다쳤어요.　　　　　B ________________ (아프다)

(4) A 부모님께서 이번 주말에 한국에 오세요.

　　　B ________________ (기쁘다)

---

**生词** 아무것 什么

# –는 동안

用于在某个动作或状态持续的时间段里，完成另一件事。接在动词词干，**있다** 或 **없다** 词干使用。

- 내가 요리를 하는 동안 동생은 청소를 했어요.
  我做饭期间，弟弟(妹妹)打扫除了。

- 한국에 있는 동안 여행을 많이 하고 싶어요.
  在韩国期间，想多旅游。

- 내가 낮잠을 자는 동안 어머니는 저녁을 준비하셨습니다.
  我睡午觉期间，妈妈准备好了晚饭。

**练习**

다음 〈보기〉와 같이 문장을 완성하십시오. 仿照例句，完成下面句子。

〈보기〉 친구가 __일을 하는 동안__ 저는 커피숍에서 친구를 기다렸습니다.
(일을 하다)

(1) ________________________ 친구를 많이 사귀었습니다.
(한국에서 지내다)

(2) 제가 ________________________ 친구는 요리를 했습니다.
(청소를 하다)

(3) ________________________ 불편한 것이 있으면 말씀해 주세요.
(여기에 계시다)

(4) 제가 ________________________ 잠깐 여기에 앉아 계십시오.
(차를 준비하다)

**/生词** 낮잠 午觉

160

# –아/어/여 있다

某动作或变化结束后，其状态或结果继续保持。只能和不及物动词一起使用。动词词干的元音以 **아, 오** 结尾时接 **–아 있다**，其它元音时接 **–어 있다**，**하다** 动词后接 **–여 있다** 以 **하여 있다** 形式使用，**하여 있다** 一般缩写成 **해 있다**。

가(다) + **아 있다** → **가 있다**

들(다) + **어 있다** → **들어 있다**

하(다) + **여 있다** → **하여 있다** → **해 있다**

- 메이 씨는 도서관에 가 있습니다.
  美伊现在在图书馆。

- 가방 안에 책이 들어 있습니다.
  书包里有书。

- 친구가 병원에 입원해 있습니다.
  朋友住院了。

**练习**

다음 〈보기〉와 같이 문장을 완성하십시오. 仿照例句, 完成下面句子。

〈보기〉 책상 위에 컴퓨터가 __놓여 있어요,__ (놓다)

(1) 벽에 시계가 _______________ (걸리다)

(2) 벽에 지도가 _______________ (붙다)

(3) 교실 앞쪽에 선생님이 _______________ (서다)

(4) 교실 뒤쪽에 메이가 _______________ (앉다)

**/生词** 들다 装有

# –(으)ㄴ/는 것 같다

**–(으)ㄴ/는 것 같다** 根据多种情况对某事或某种状态进行推测时使用。另外向对方表示自己的想法或意见时使用，避免强烈、断定的语气表示委婉谦虚的语气。接在形容词后表示现在，形容词的词干以元音结尾时接 **–ㄴ 것 같다**，以辅音结尾时接 **–은 것 같다**。接在动词后，表示现在时接 **–는 것 같다**，表示过去时，如果动词的词干以元音结尾时后接 **–ㄴ 것 같다**，以辅音结尾时后接 **–은 것 같다**。

> 아프(다) + ㄴ 것 같다 → 아픈 것 같다
> 작(다) + 은 것 같다 → 작은 것 같다
> 먹(다) + 는 것 같다 → 먹는 것 같다

- 영희 씨가 아픈 것 같아요. 英熙好像不舒服。
- 저 사람들이 싸우는 것 같아요. 那些人好像在吵架。
- 집에 아무도 없는 것 같습니다. 家里好像没有人。

## 练习

다음 〈보기〉와 같이 문장을 완성하십시오. 仿照例句，完成下面句子。

〈보기〉 메이 씨가 학교에 안 왔어요. <u>많이 아픈 것 같아요.</u> (많이 아프다)

(1) 왕핑 씨가 말을 안 해요. ___________________ (기분이 안 좋다)

(2) 승희 씨가 하품을 해요. ___________________ (피곤하다)

(3) 왕핑 씨는 매일 김치를 먹어요. ___________________
(김치를 정말 좋아하다)

(4) 메이 씨는 한국말을 잘해요. ___________________
(공부를 열심히 하다)

生词　하품 哈欠

**1**　잘 듣고 이어질 말을 고르십시오. 仔细听录音, 选择适当的内容连接。

(1) ⓐ 네, 편지가 자주 와요.

　　ⓑ 네, 메이 씨를 한번 만나 봐야겠어요.

　　ⓒ 아니요, 제가 메이 씨를 소개해 드릴까요?

　　ⓓ 아니요, 요즘 메이 씨가 많이 바쁜 것 같아요.

(2) ⓐ 많이 아프시겠어요.

　　ⓑ 왜 다리를 다쳤어요?

　　ⓒ 저도 이쪽으로 내려왔어요.

　　ⓓ 이쪽 계단으로 올라가셔야 해요.

**2**　다음을 듣고 맞으면 ○, 틀리면 ✕ 하십시오. 听录音, 在正确的内容后画 ○, 在错误的内容后画 ✕。

(1) 어제 여자는 혼자 친구 집에 갔습니다.　　　　　　　　　(　　　)

(2) 승희 씨 방에는 가족사진도 있고 승희 씨가 좋아하는 배우 사진도 있습니다.

　　　　　　　　　　　　　　　　　　　　　　　　　　　（　　　）

(3) 승희 씨가 음식을 준비하는 동안 여자와 친구들은 승희 씨의 사진을 봤습니다.　　　　　　　　　　　　　　　　　　　　　　　（　　　）

**1** 다음 그림을 보고 이야기하십시오. 看图回答问题。

(1) 여러분은 한국 친구 집에 가 봤습니까?

(2) 한국 친구 집에 갈 때 무엇을 가지고 가고 싶습니까?

**2** 다음 대화를 읽고 질문에 답하십시오. 阅读下面对话，回答问题。

승희　어서 오세요, 메이 씨. 먼 데까지 오셔서 피곤하시지요?

메이　이렇게 초대해 주셔서 고마워요. 이거 과일인데 받으세요.

승희　고마워요. 그냥 오셔도 되는데……. 차를 가져오는 동안 여기에
　　　잠깐 앉아 계세요.

메이　집에 책이 참 많군요. 도서관에 온 것 같아요.

승희　그래요? 책 읽기가 취미예요.

메이　아, 그래서 책이 이렇게 많군요.

(1) 메이 씨는 승희 씨 집에 무엇을 가지고 갔습니까? ＿＿＿＿＿＿＿＿＿

(2) 승희 씨 집에는 무엇이 많습니까? ＿＿＿＿＿＿＿＿＿＿＿＿＿

(3) 메이 씨와 승희 씨는 이제 무엇을 하려고 합니까?

　　ⓐ 책을 읽으려고 합니다.　　　　ⓑ 차를 마시려고 합니다.

　　ⓒ 과일을 먹으려고 합니다.　　　ⓓ 도서관에 가려고 합니다.

**3** 한국 친구가 여러분을 집에 초대해서 친구 집에 갔습니다. 위의 대화와 같이 친구와 이야기
하십시오. 假设你被邀请到韩国朋友家了，仿照上面对话和朋友一起对话。

**1** 다음 글을 읽고 다음 표를 채우십시오. 阅读下面短文后，完成下面表格。

> 식사 예절은 나라마다 다릅니다. 한국 사람들과 식사를 할 때에도 주의해야 할 것들이 몇 가지 있습니다.
>
> 어른과 함께 식사할 때에는 어른이 먼저 수저를 든 다음에 아랫사람이 들어야 합니다. 그리고 식사를 시작하기 전에 "잘 먹겠습니다."라고 인사를 합니다.
>
> 식사를 할 때에는 숟가락과 젓가락을 한 손에 들지 않습니다. 젓가락을 사용할 때에는 숟가락을 상 위에 놓습니다. 또 밥그릇이나 국그릇을 손으로 들고 먹지 않습니다. 또, 어른들과 식사를 할 때에는 너무 서둘러서 먹거나 지나치게 늦게 먹지 않고 다른 사람들과 비슷한 속도로 음식을 먹습니다. 그리고 한국에서는 반찬을 다른 사람들과 나누어 먹습니다. 그래서 맛있는 반찬을 혼자 먹으면 안 되고 여러 가지 반찬을 골고루 먹어야 합니다. 음식은 남기지 않고 다 먹는 것이 좋습니다.
>
> 그리고 식사를 마친 후에는 "잘 먹었습니다."하고 인사를 합니다.

| 〈한국의 식사 예절〉 | |
| --- | --- |
| 식사를 시작할 때 | ① <br> ② |
| 식사를 할 때 | ① <br> ② <br> ③ <br> ④ <br> ⑤ |
| 식사를 마친 후 | ① |

**2** 다음 표를 채우고 여러분 나라의 식사예절에 대해 쓰십시오. 根据你们国家的就餐礼仪，完成下表。

| 〈　　　　　의 식사 예절〉 |
| --- |
| 식사를 시작할 때 | |
| 식사를 할 때 | |
| 식사를 마친 후 | |

生词　예절 礼节 ｜ 주의하다 注意 ｜ 나누다 分享 ｜ 골고루 均匀

◎ **잘 듣고 빈칸에 알맞은 말을 쓰십시오.** 仔细听录音, 用适当的内容填空。

(1) 먼 길 오셔서 _________________________

(2) _________________________ 감사합니다.

(3) 이거 케이크인데 _______________________

(4) _______________________ 오셔도 되는데…….

(5) 차를 _________________________ 여기에 잠깐 앉아 계십시오.

(6) 집에 그림이 참 많군요. 미술관에 _______________________

(7) 솜씨가 _________________________

(8) 일이 많아서 _________________________

(9) 한국에 _______________________ 여행을 많이 하고 싶어요.

(10) 노민 씨가 많이 _________________________

# 发音

## 'ㅢ'의 발음 (2) 'ㅢ'的发音 (2)

# 회의 → [회의/회이]

不在单词的首音节时，ㅢ 可以发出 [ ㅣ ] 音。

例如　강의 [강의/강이]　　　민주주의 [민주주의/민주주이]

---

**1**　잘 듣고 다음 단어를 따라하십시오. 仔细听录音，跟读下面单词。

회의 [회의/회이]

주의 [주의/주이]

편의점 [편의점/편이점]

**2**　잘 듣고 다음 문장을 따라하십시오. 仔细听录音，跟读下面句子。

지금은 회의 중입니다.

발음에 주의하십시오.

편의점이 어디에 있어요?

**3**　잘 듣고 다음 대화를 완성하십시오. 仔细听录音，完成下面对话。

(1) A 지금 통화할 수 있어요?

　　B 아니요, 지금 ________ 중이에요.

(2) A 이 근처에 __________ 어디에 있어요?

　　B 길 건너편에 있어요.

# 한국의 방문 예절 韩国的拜访礼节

不管是在哪个国家，拜访别人家里或是办公室时，都有要遵守的礼仪规范。韩国也是一样，在拜访时要遵守礼节。

首先，拜访别人家里时，如果不是邀请去吃饭的话，最好避开吃饭时间。还有就是最好准备一些不让人感到负担的礼物，比如说蛋糕或是水果之类的。有时，主人在收到客人的礼物时会说，'买这个来干什么呀?'，这不是'为什么买这些没用的东西来?'的意思，而是说'即使空手来也可以的，为什么还买礼物来呢'的意思。

还有家里有长辈时，礼节上应先给长辈打招呼，把该办的事情办完后准备回家时，也给家里的长辈打个招呼再走。

**1** 여러분은 한국 사람의 집이나 사무실을 방문해 본 일이 있습니까? 그때 무엇을 가지고 갔습니까? 你去拜访过韩国人家里或是办公室吗? 当时是带什么礼物去的?

**2** 여러분 나라에서 다른 사람의 집에 갈 때 지켜야 하는 예절에는 어떤 것이 있습니까? 在你的国家里，当去别人家拜访时，有哪些应该遵守的礼节?

**3** 혹시 남의 집에 갈 때 사 가지고 가면 안 되는 선물이 있다면 이야기해 보십시오. 去别人家拜访时，有忌讳的礼物吗?

**1** 다음 그림과 단어를 알맞게 연결하십시오. 画线连接与图片相符的单词。

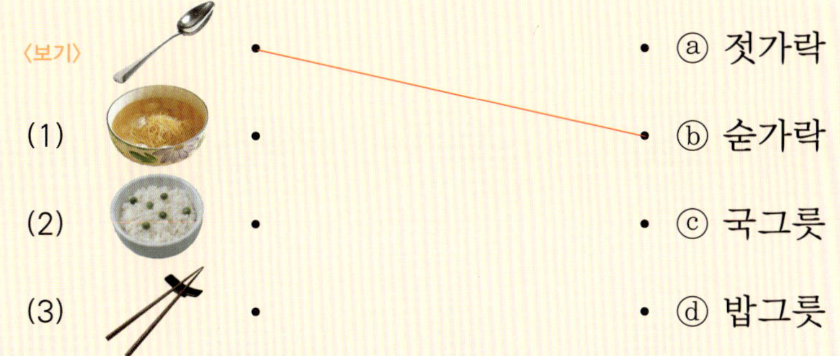

〈보기〉

(1)

(2)

(3)

- ⓐ 젓가락
- ⓑ 숟가락
- ⓒ 국그릇
- ⓓ 밥그릇

**2** 다음 〈보기〉와 같이 문장을 완성하십시오. 仿照例句, 完成下面句子。

〈보기〉 → 메이 씨 기분이 <u>좋은 것 같아요.</u>

(1) → 왕핑 씨가 _______________

(2) → 민수 씨가 _______________

(3) → 시험이 _______________

**3** 다음 〈보기〉와 같이 대화를 완성하십시오. 仿照例句, 完成下面对话。

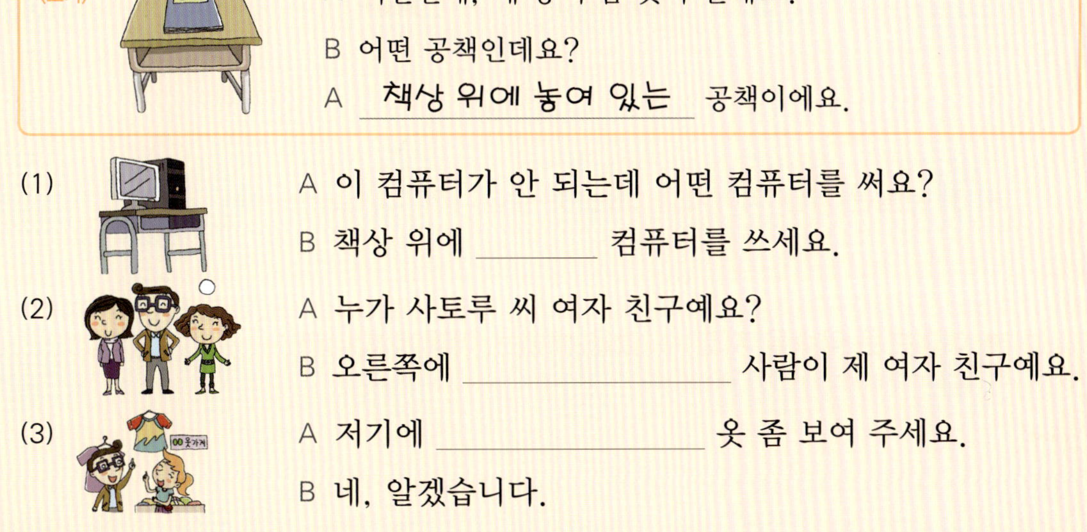

〈보기〉
A 미안한데, 제 공책 좀 갖다 줄래요?
B 어떤 공책인데요?
A <u>책상 위에 놓여 있는</u> 공책이에요.

(1)
A 이 컴퓨터가 안 되는데 어떤 컴퓨터를 써요?
B 책상 위에 _______ 컴퓨터를 쓰세요.

(2)
A 누가 사토루 씨 여자 친구예요?
B 오른쪽에 _______________ 사람이 제 여자 친구예요.

(3)
A 저기에 _______________ 옷 좀 보여 주세요.
B 네, 알겠습니다.

生词　갖다 주다 带来

# 5시에 만날 수 없을 것 같아요.

- 두 사람은 어떤 이야기를 하는 것 같습니까? 两人在讨论什么?

- 여러분은 약속을 지킬 수 없을 때에는 어떻게 합니까?
  如果你不能遵守约定时，会怎么做?

# 扩展词汇

## 약속 관련 어휘　与约定有关的单词

| 약속을 하다 | 约定 |
|---|---|
| 약속이 있다/없다 | 有/无约定 |
| 약속을 지키다 | 守约 |
| 약속을 어기다 | 违约 |
| 약속을 취소하다 | 取消约定 |
| 약속을 연기하다 | 推迟约定 |
| 약속 시간/장소를 정하다 | 定约会时间 / 地点 |
| 약속 시간/장소를 바꾸다 | 改变约会时间 / 地点 |
| 약속 시간에 늦다 | 比约定时间迟到 |
| 약속 장소를 예약하다 | 预约见面地点 |

| 사토루 | 승희 씨, 이번 주 금요일에 5시에 만나기로 했지요? |
|---|---|
| 승희 | 네, 그런데 왜요? |
| 사토루 | 그날 회사에서 4시에 회의가 있어서 5시에 만날 수 없을 것 같아요. |
| 승희 | 그래요? 그럼, 6시나 7시로 약속 시간을 바꿀까요? |
| 사토루 | 네, 7시에는 만날 수 있을 것 같아요. |
| 승희 | 그럼, 7시에 만나기로 해요. |

| 悟 | 胜熙，我们约好了这周五5点见面的吧？ |
|---|---|
| 胜熙 | 嗯，是的，怎么了？ |
| 悟 | 那天公司里下午4点要开会，所以可能5点见不了。 |
| 胜熙 | 是吗？那么我们把见面时间改为6点或7点，可以吗？ |
| 悟 | 好的，7点应该可以见面。 |
| 胜熙 | 那么我们就定在7点见面吧。 |

# –기로 하다

表示决心或决定做某事。一般用 –기로 합시다, –기로 해요 和 –기로 했습니다, –기로 했어요 形态。

> 가(다) + 기로 하다 → 가기로 하다
> 먹(다) + 기로 하다 → 먹기로 하다

- 방학에 여행을 가기로 했어요.
  我决定放假去旅行。

- 이제부터 열심히 하기로 했어요.
  我决定从现在开始努力。

- 한국의 관광지를 구경하기로 했어요.
  我决定逛韩国的旅游地。

### 练习

〈보기〉와 같이 문장을 완성하십시오. 仿照例句，完成下面句子。

| 〈보기〉 7시에 만나다 → | 7시에 만나기로 했어요. |
| --- | --- |

(1) 학교 앞에서 만나다 → _______________________

(2) 내일 다시 이야기하다 → _______________________

(3) 공부를 열심히 하다 → _______________________

(4) 술을 마시지 않다 → _______________________

# –(으)ㄹ 것 같다

用于对将来、现在的某个事实进行推测或表示某种不确定的推断。和动词 **같다** 一起使用，表示说话人就某个事实或状态的主观推测。用言的词干以元音结尾时后接 **–ㄹ 것 같다**，以辅音结尾时后接 **–을 것 같다**。

> 가(다) + ㄹ 것 같다 → 갈 것 같다
> 맛있(다) + 을 것 같다 → 맛있을 것 같다

- 음식이 맛있을 것 같아요. 菜应该好吃。
- 오후에 비가 올 것 같습니다. 下午可能会下雨。
- 내일은 날씨가 추울 것 같습니다. 明天可能会冷。

## 练习

〈보기〉와 같이 문장을 완성하십시오. 仿照例句，完成下面句子。

〈보기〉 내일은 날씨가 __추울 것 같아요.__ (춥다)

(1) 내일은 일이 많아서 __________________ (바쁘다)

(2) 요즘 승희 씨는 일이 많아서 __________________ (피곤하다)

(3) 노민 씨는 시험을 잘 봐서 기분이 __________________ (좋다)

(4) 내일은 약속이 있어서 __________________ (만날 수 없다)

# (이)나

**(이)나** 连接名词和名词时，表示罗列两个以上对象，或表示在两个中间选一个。名词以辅音结尾时后接 **이나**，以元音结尾时后接 **나**。

**자장면 + 이나 + 우동 → 자장면이나 우동**

**사과 + 나 + 배 → 사과나 배**

- 자장면이나 우동을 먹읍시다. 吃炸酱面或乌冬面吧。
- 아침에 커피나 우유를 마십니다. 早上喝咖啡或牛奶。
- 저는 주말마다 농구나 축구를 합니다.
  我每周末打篮球或踢足球。

## 练习

〈보기〉와 같이 다음에서 알맞은 말을 골라 쓰십시오. 仿照例句，选择适当的内容填空。

| 하고 | (이)나 | 한테서 | 에서 | 에 |
|---|---|---|---|---|

〈보기〉 친구 __한테서__ 편지를 받았어요.

(1) A 몇 시에 만날까요?　　　　　B 1시 ____ 2시에 만납시다.

(2) A 약속 장소가 어디예요?

　　 B 명동 하나백화점 앞______ 만나기로 했어요.

(3) A 중국 대사관이 어디예요?

　　 B 명동 하나백화점 근처____ 있어요.

(4) A 지난 생일에 무슨 선물을 받았어요?

　　 B 책______ 한국 노래 CD를 받았어요.

# –(으)ㄹ지 모르겠다

表示不确定疑问的 –(으)ㄹ지 和 모르겠다 结合组成，用于对前面内容的担心。用言的词干以元音结尾时后接 –ㄹ지 모르겠다，用言的词干以辅音结尾时后接 –을지 모르겠다。

가(다) + ㄹ지 모르겠다 → 갈지 모르겠다

있(다) + 을지 모르겠다 → 있을지 모르겠다

- 시간이 늦어서 기차표가 있을지 모르겠어요.
  时间很晚了，不知道还有没有火车票。

- 친구가 이 선물을 좋아할지 모르겠어요.
  不知朋友喜不喜欢这份礼物。

- 미라 씨가 아파서 내일 학교에 올지 모르겠어요.
  美娜身体不舒服，不知道明天能不能来学校。

**练习**

〈보기〉와 같이 대화를 완성하십시오. 仿照例句，完成下面对话。

> 〈보기〉 A 오늘 왕핑 씨가 파티에 와요?
>
> B 일이 늦게 끝나서 파티에 <u>올지 모르겠어요.</u> (오다)

(1) A 이번 방학 때 고향에 가세요?

　　B 요즘 휴가철이어서 비행기 표가 ＿＿＿＿＿＿＿＿＿＿ (있다)

(2) A 왕핑 씨가 이 음식을 좋아할까요?

　　B 글쎄요. 음식이 매워서 왕핑 씨가 ＿＿＿＿＿＿＿＿＿＿ (좋아하다)

(3) A 내일 만날 수 있어요?

　　B 내일 바빠서 ＿＿＿＿＿＿＿＿＿＿ (만날 수 있다)

(4) A 내일 6시까지 올 수 있어요?

　　B 내일 일이 있어서 ＿＿＿＿＿＿＿＿＿＿ (올 수 있다)

**1** 잘 듣고 이어질 말을 고르십시오. 仔细听录音, 选择适当的内容连接。

(1) ⓐ 아니요, 아직 못 만났어요.

　　ⓑ 네, 지난 토요일에 만났어요.

　　ⓒ 네, 다음 주 토요일에 만날 거예요.

　　ⓓ 네, 어제 만났는데 아주 바쁘신 것 같았어요.

(2) ⓐ 약속이 취소되었어요?

　　ⓑ 벌써 일을 다 하셨어요?

　　ⓒ 저도 그 일은 잘 몰라요.

　　ⓓ 제가 좀 도와 드릴까요?

**2** 다음 대화를 듣고 맞으면 ○, 틀리면 ✕ 하십시오. 听对话, 在正确的内容后画 ○, 在错误的内容后画 ✕。

(1) 남자는 약속을 연기하려고 전화를 했습니다.　　　　　　　　(　　　)

(2) 남자는 내일 회사에 일이 있어서 약속을 지킬 수 없습니다.　　(　　　)

(3) 남자와 여자는 화요일 7시에 여자의 회사 근처에서 만날 겁니다. (　　　)

**1** 다음 그림을 보고 이야기하십시오. 看图回答问题。

(1) 친구와 약속을 했는데 일이 생겼습니다. 여러분은 어떻게 합니까?

(2) 여러분은 무슨 일 때문에 약속 시간을 바꾸어 본 경험이 있습니까?

**2** 다음 대화를 읽고 질문에 답하십시오. 阅读下面对话, 回答问题。

| | |
|---|---|
| 왕핑 | 메이 씨, 이번 주 금요일에 명동에서 만나기로 했지요? |
| 메이 | 네, 그런데 왜요? |
| 왕핑 | 그날 고향 친구가 한국에 와서 공항에 가야 할 것 같아요. |
| 메이 | 그래요? 그럼, 다른 날 만날까요? |
| 왕핑 | 네, 친구가 토요일 오전에 고향으로 돌아가는데 토요일 저녁이나 일요일 오후에 만날 수 있어요? |
| 메이 | 저는 괜찮은데 승희 씨가 괜찮을지 모르겠어요. 그럼, 승희 씨에게 전화해 본 후에 다시 이야기하기로 해요. |

(1) 메이 씨와 왕핑 씨는 처음에 언제 만나기로 했습니까? ______________

(2) 왕핑 씨는 지금 왜 약속을 바꾸고 싶어 합니까?

______________________________________

(3) 왕핑 씨는 주말에 누구와 만납니까? ______________________________

**3** 일이 생겨서 약속 시간이나 장소를 바꾸려고 합니다. 위의 대화와 같이 친구와 이야기하십시오.
假设你突然有事, 要改变约定时间或地点, 仿照上面对话和朋友一起对话。

**1** **다음 글을 읽고 맞으면 ○, 틀리면 ✕ 하십시오.**

阅读下面邮件, 在正确的内容后画 ○, 在错误的内容后画 ✕。

| 받는 사람 | mei@abc.com; minsu@abc.com; sh01@smu.ac.kr |
|---|---|
| 보내는 사람 | wangping@abc.com |
| 제목: | 약속 시간 변경 |

여러분? 왕핑입니다.

기말시험 준비는 잘 하고 있지요?

이번 시험이 끝난 후에 우리 반 친구들이 모두 모여서 식사를 하기로 했는데 약속 시간이 바뀌어서 메일을 보냅니다. 새로운 약속 시간은 다음과 같습니다.

| | 변경 전 | 변경 후 |
|---|---|---|
| 시간 | 9월 27일(목) 6시 | 9월 28일(금) 6시 |

최 선생님도 오시기로 하셨으니까 한 분도 빠지지 않고 다 오시면 좋겠습니다. 못 오시는 분이 계시면 메일이나 휴대전화 메시지를 저에게 보내 주세요. 그럼, 모두들 시험 잘 보세요.

(1) 며칠 후에 시험이 있습니다. (    )

(2) 왕핑은 기말시험 시간이 달라져서 메일을 보냈습니다. (    )

(3) 반 친구들이 한 명도 빠지지 않고 다 오기로 했습니다. (    )

**2** **여러분은 일이 있어서 반 친구들과 한 약속을 지킬 수 없습니다. 왕핑 씨에게 답장을 써 보십시오.**

假设你有事, 不能参加和同学聚会。请给王平写一封回信。

| 받는 사람 | wangping@abc.com |
|---|---|
| 보내는 사람 | |
| 제목: | Re: 약속 시간 변경 |

生词　기말시험 期末考试　|　변경 变更　|　빠지다 缺席　|　메시지 短信, 留言

◎ 잘 듣고 빈칸에 알맞은 말을 쓰십시오. 仔细听录音，用适当的内容填空。

(1) 승희 씨, 이번 주 금요일 5시에 ____________________

(2) 4시에 회의가 있어서 5시에 ____________________

(3) 7시에 ____________________

(4) 공부를 열심히 ____________________

(5) 요즘 휴가철이어서 비행기 표가 ____________________

(6) 내일 바빠서 ____________________

(7) 내일 일이 있어서 학교에 ____________________

(8) 내일은 약속이 있어서 ____________________

(9) 내일은 일이 많아서 ____________________

(10) ____________________ 만나기로 해요.

## 'ㅢ'의 발음 (3) 'ㅢ'的发音 (3)

# 우리의 → [우리의/우리에]

助词 의 可以发成 [ㅔ] 音。

**例如** 우리의 [우리의/우리에]    민주주의의 [민주주의의/민주주이에]

---

**1** **잘 듣고 다음 단어를 따라하십시오.** 仔细听录音, 跟读下面单词。

한국의 [한국의/한국에]

친구의 [친구의/친구에]

우리나라의 [우리나라의/우리나라에]

**2** **잘 듣고 다음 문장을 따라하십시오.** 仔细听录音, 跟读下面句子。

한국의 가을은 아름답습니다.

우리 고향의 경치가 생각납니다.

친구의 마음을 이해할 수 있었습니다.

**3** **잘 듣고 다음 대화를 완성하십시오.** 仔细听录音, 完成下面对话。

(1) A 이 사람이 누구예요?

  B _________ 여동생이에요.

(2) A 제주도 여행 잘하셨어요?

  B 네, 잘했어요. _________ 경치가 정말 아름다웠어요.

# 인기 있는 약속 장소 高人气的见面场所

最有人气的见面场所是哪里呢？韩国人见面时，一般都约在学校正门前、百货商场的入口处、地铁的几号出口处、咖啡厅、有名的大厦前等地方。

在众多的见面场所中，在年轻人中最近很有人气的见面场所要数大型图书城了。人们把见面地点定在大型书店的理由主要有以下几点。首先，大型书店一般都和地铁站相连接，因此交通十分便利。第二，大型书店在室内，不管天气炎热或是寒冷、下不下雨都没关系。第三，在书店里，可以不用看别人的脸色，随便等多久。如果和朋友约在咖啡厅见面，假设和你约的人迟到的话，在咖啡厅里不点咖啡一直坐着，自己心里会觉得不好意思。如果约定在书店见面的话，迟到的人也不用很着急。第四，如果在书店里见面的话，即使要等的人还没来，也可以看书不至于无聊。

这可以说是现代人不愿意白白浪费宝贵时间的生活写照。

---

**1**    **최근 한국 사람과 만난 적이 있습니까? 어디에서 만났습니까?**
你最近有和韩国人见面吗？是约在哪里见面的？

**2**    **여러분 나라에서는 사람들이 주로 어디에서 만납니까?**
你们国家的人约定见面的话，一般约在哪里见面？

**3**    **여러분 나라에서 가장 인기 있는 약속 장소는 어디입니까? 그곳이 인기 있는 이유는 무엇입니까?** 在你的国家里，最有人气的见面场所是哪里？理由是什么？

**1** **다음에서 알맞은 말을 골라 고쳐 쓰십시오.** 选择适当的单词改写后填空。

> 지키다         어기다         취소하다         연기하다         정하다

(1) 약속 장소는 학교 앞 커피숍으로 ___________ (-았/었/였습니다)

(2) 메이 씨는 약속 시간에 늦지 않습니다. 약속을 잘 ___________ (-(스)ㅂ니다)

(3) 승희 씨를 오늘 만나려고 했는데 일이 생겨서 약속을 내일로 ___________
　　　　　　　　　　　　　　　　　　　　　　　　　　 (-았/었/였습니다)

(4) 오늘도 미정 씨가 약속을 _________ (-아/어/여서) 나는 화가 났습니다.

**2** **다음에서 알맞은 말을 골라 고쳐 쓰십시오.** 选择适当的单词改写后填空。

> -기로 하다         이나         -(으)ㄹ지 모르겠다         -(으)ㄹ 것 같다

(1) 다음 주 토요일에 반 친구들이 우리 집에 ______________ (오다)

(2) 시험 준비를 열심히 해서 이번 시험은 ____________________
　　　　　　　　　　　　　　　　　　　　 (잘 볼 수 있다)

(3) 저는 토요일에 시간이 있는데 사토루 씨는 시간이 ______________ (있다)

(4) 저는 ______________에 시간이 있는데 승희 씨는 언제 시간이 있으세요?
　　 (화요일, 목요일)

**3** **빈칸에 알맞은 대답을 쓰십시오.** 填空完成对话。

(1) A 언제 고향에 갈 거예요?

　　 B ____________________ (-기로 했어요)

(2) A 시험 잘 봤어요?

　　 B 이번에는 성적이 ____________________ (-(으)ㄹ 것 같아요)

(3) A 내일 어디에서 만날까요?

　　 B ____________(이)나 ____________에서 만나면 좋겠어요.

🍃 生词　　화가 나다 生气

# 第 **14** 课

本课讲了韩国的生活。

## 한국에 온 지 5개월이 되었어요.

- 여러분은 언제 한국에 왔습니까? 你是什么时候来韩国的?

- 한국 생활이 어떻습니까? 韩国生活怎么样?

## 한국어 공부 관련 어휘 与学习韩国语有关的单词

| | |
|---|---|
| 따라하다 | 跟(读) |
| 외우다 | 背诵 |
| 이해하다 | 理解 |
| 알아듣다 | 听懂 |
| 예습하다 | 预习 |
| 복습하다 | 复习 |
| 성적 | 成绩 |
| 성적표 | 成绩表 |
| 장학금을 받다 | 获得奖学金 |

## 유학 관련 어휘 与留学有关的单词

| | |
|---|---|
| 유학하다 | 留学 |
| 유학생 | 留学生 |
| 유학 생활 | 留学生活 |
| 자비 유학 | 自费留学 |
| 국비 유학 | 公费留学 |
| 유학 비용 | 留学费用 |

민수 　노민 씨, 한국에 온 지 얼마나 됐어요?

노민 　한국에 온 지 5개월 됐어요. 정말 시간이 빨라요.

민수 　벌써 그렇게 됐어요? 이제 한국말 실력이 많이 늘었지요?

노민 　아니요, 열심히 공부하는데 한국어 실력이 좋아지지 않아서
　　　걱정이에요. 지난번에는 길에서 어떤 아주머니가 길을 물어
　　　보셨는데 대답을 못 해서 당황한 적이 있어요.

민수 　길을 설명하는 것은 한국 사람도 어려워요. 우리 일주일에
　　　한 번씩 만나서 차를 마시거나 식사를 하면서 말하기 연습
　　　을 하면 어때요?

노민 　유학 생활이 어려운데 도와 주셔서 고마워요.

| | |
|---|---|
| 民洙 | 卢民，你来韩国多久了？ |
| 卢民 | 来韩国已经5个月了，时间过得真快啊。 |
| 民洙 | 已经那么久了吗？现在韩语实力提高了不少吧？ |
| 卢民 | 没呢。虽然很努力，但实力不见长进，所以很担心。上次在街上碰到一个大婶问路，但我没法回答，很惊慌。 |
| 民洙 | 指路对韩国人来说都很难。我们每周见一次面，一边喝茶或是吃饭，然后一边练习韩语口语，怎么样？ |
| 卢民 | 留学生活很艰难，谢谢你帮助我。 |

**生词**　　당황하다 惊慌, 紧张

186

# -(으)ㄴ 지 N이/가 되다

表示某事从开始到现在所经过的时间。接在动词词干后面，动词的词干以元音结尾时后接 -ㄴ 지 N이/가 되다，以辅音结尾时后接 -은 지 N이/가 되다。

하(다) + ㄴ 지 1년이 되다 → 한 지 1년이 되다

먹(다) + 은 지 1시간이 되다 → 먹은 지 1시간이 되다

- 고등학교를 졸업한 지 1년이 되었어요.
  高中毕业已经一年了。

- 한국에 온 지 한 달이 되었습니다.
  来韩国已经一个月了。

- 장맛비가 내리기 시작한 지 일주일이 되었어요.
  梅雨下一个星期了。

**练习**

**〈보기〉와 같이 바꾸십시오.** 仿照例句，改写下面句子。

〈보기〉 5개월 전에 한국에 왔습니다. → 한국에 온 지 5개월이 되었어요.

(1) 1년 전에 결혼했습니다. → ______________________

(2) 한 달 전부터 이 집에 살았습니다. → ______________________

(3) 3개월 전부터 한국말을 배웠습니다.
→ ______________________

(4) 2년 전부터 여자 친구를 사귀었습니다.
→ ______________________

**生词**   졸업하다 毕业

# –(으)ㄴ 적이 있다/없다

表示过去经历过某事。有经历时用 –(으)ㄴ 적이 있다, 无经历时用 –(으)ㄴ 적이 없다。动词的词干以元音结尾时后接 –ㄴ 적이 있다/없다, 以辅音结尾时后接 –은 적이 있다/ 없다。

배우(다) + ㄴ 적이 있다 → 배운 적이 있다
먹(다) + 은 적이 있다 → 먹은 적이 있다

- 중국어를 배운 적이 있어요.
  学过中文。

- 대학교 때 아르바이트를 한 적이 있어요.
  大学时打过工。

- 아직까지 한국 음식을 먹은 적이 없어요.
  还没吃过韩国料理。

## 练习

〈보기〉와 같이 바꾸십시오. 仿照例句, 改写下面句子。

〈보기〉 중국에 가 보다 ( ○ ) → 중국에 가 본 적이 있어요.

(1) 일본어를 배우다 ( ○ )　　　　→ ________________________

(2) 학교에서 교복을 입다 ( ○ )　　→ ________________________

(3) 한국 회사에 다니다 ( × )　　　→ ________________________

(4) 한국 음식을 만들어 보다 ( × ) → ________________________

生词　아르바이트 打工, 兼职

# –거나

表示在罗列的两个对象中选择其中一个，动词和形容词后均可使用。

듣(다) + **거나** + 보다 → 듣거나 보다

- 저는 주말에 음악을 듣거나 영화를 봐요.
  休息日我听音乐或看电影。
- 가족에게 편지를 쓰거나 전화를 해요.
  给家人写信或打电话。
- 시간이 있으면 운동을 하거나 책을 읽어요.
  有时间的话，运动或读书。

**练习**

〈보기〉와 같이 다음에서 알맞은 말을 골라 고쳐 쓰십시오. 仿照例句, 选择适当的内容改写后完成句子。

> 친구를 만나다, 집에 있다 　　 늦게 일어나다, 바쁘다
> 등산을 하다, 그림을 그리다 　　 영화를 보다, 식사를 하다 　　 늦게 오다, 못 오다

〈보기〉 주말에는 보통 <u>친구를 만나거나 집에 있어요.</u> (–아/어/여요)

(1) 친구를 만나면 보통 _________________________ (–아/어/여요)

(2) 시간이 있으면 _________________________ (–아/어/여요)

(3) 아침에 _________________________ (–(으)면) 빵을 먹어요.

(4) 모임에 _________________________ (–(으)면) 미리 전화해 주세요.

# 语法 4

# –(으)면 어때요?

接在动词的词干后，就对方的问题提出解决的方案或是提出自己的忠告。动词的词干以元音结尾时后接 **–면 어때요?**，以辅音结尾时后接 **–으면 어때요?**

가(다) + **면 어때요?** → 가면 어때요?

먹(다) + **으면 어때요?** → 먹으면 어때요?

- 오늘은 일찍 집에 가면 어때요?
  今天早点回家怎么样?

- 시간이 있을 때 운전을 배우면 어때요?
  时间多余的话，学开车怎么样?

- 그 사람을 보고 싶으면 먼저 전화하면 어때요?
  想他的话，先打个电话，怎么样?

## 练习

〈보기〉와 같이 대화를 완성하십시오. 仿照例句, 完成下面句子。

> 〈보기〉 A 한국어 듣기가 너무 어려운데 어떻게 하지요?
> B <u>한국 영화를 자주 보면 어때요?</u> (한국 영화를 자주 보다)

(1) A 한국어 읽기 실력이 좋지 않은데 어떻게 하지요?

　　B 쉬운 한국 이야기책을 ＿＿＿＿＿＿＿＿＿＿ (읽어 보다)

(2) A 시험 장소를 모르는데 어떻게 하지요?

　　B 선생님께 전화해서 ＿＿＿＿＿＿＿＿＿＿ (물어보다)

(3) A 일이 많아서 혼자서 다 할 수 없을 것 같은데 어떻게 하지요?

　　B 승희 씨에게 ＿＿＿＿＿＿＿＿＿＿ (부탁해 보다)

(4) A 고향에서 친구가 오는데 어디를 구경하면 좋을까요?

　　B 인터넷에서 ＿＿＿＿＿＿＿＿＿＿ (찾아보다)

**1**　**잘 듣고 이어질 말을 고르십시오.** 仔细听录音, 选择适当的内容连接。

(1)　ⓐ 네, 만날 수 있어요.

　　　ⓑ 아니요, 만난 지 오래 됐어요.

　　　ⓒ 네, 이번 토요일에 만나기로 했어요.

　　　ⓓ 네, 노민 씨를 만날 수 있을지 모르겠어요.

(2)　ⓐ 반 년 쯤 됐어요.

　　　ⓑ 저는 오늘 사토루 씨를 안 만나요.

　　　ⓒ 왕핑 씨와 사토루 씨는 서로 몰라요.

　　　ⓓ 사토루 씨가 출발한 지 30분 쯤 됐어요.

**2**　**다음 대화를 듣고 맞으면 ○, 틀리면 × 하십시오.** 听对话, 在正确的内容后画 ○, 在错误的内容后画 ×。

(1) 남자는 5개월 전부터 한국말을 배우기 시작했습니다.　　　　(　　　)

(2) 남자는 고향에 있을 때 한국 회사에서 일했습니다.　　　　　(　　　)

(3) 남자는 회사에 있는 한국 사람에게서 한국말을 배웠습니다.　(　　　)

**1**  다음 그림을 보고 이야기하십시오. 看图回答问题。

(1)  여러분은 한국에 온 지 얼마나 됐습니까?

(2)  한국말을 배운 지 얼마나 됐습니까?

(3)  여러분은 한국에서 길을 잃어버린 적이 있습니까?

**2**  다음 대화를 읽고 질문에 답하십시오. 阅读下面对话, 回答问题。

| | |
|---|---|
| 민수 | 메이 씨, 한국말을 배운 지 얼마나 됐어요? |
| 메이 | 한국말을 배운 지 5개월 됐어요. 정말 시간이 빨라요. |
| 민수 | 벌써 그렇게 됐어요? 이제 한국 생활에 많이 익숙해졌지요? |
| 메이 | 네, 많이 익숙해졌지만 아직도 실수를 많이 해요. 지난번에는 길에서 어떤 아저씨하고 이야기를 했는데 아저씨가 제 말을 잘 못 알아들어서 당황한 적이 있어요. |
| 민수 | 한국말 발음이 많이 어려워요? 그럼, 우리 일주일에 한 번씩 만나서 차를 마시거나 식사를 하면서 말하기 연습을 하면 어때요? |
| 메이 | 정말요? 도와주셔서 고마워요. |

(1)  메이 씨는 한국말을 배운 지 얼마나 됐습니까?  ____________________

(2)  메이 씨는 무슨 일 때문에 당황했습니까?

____________________

**3**  위의 대화와 같이 친구와 한국 생활에 대해서 이야기하십시오.
仿照上面对话, 和朋友一起谈论韩国生活。

**1**　다음 글을 읽고 질문에 답하십시오. 阅读下面短文, 回答问题。

〈가장 보고 싶은 사람〉

　제가 지금 가장 보고 싶은 사람은 우리 어머니입니다. 고향에서는 어머니하고 같이 살았는데 지금은 한국에서 저 혼자 삽니다. 저는 작년 12월에 한국에 왔습니다. 한국에 온 지 6개월이 되었습니다. 어머니를 못 만난 지 6개월이 되었습니다. 그래서 어머니가 너무 보고 싶습니다.

　우리 어머니는 요리하는 것을 아주 좋아하십니다. 그리고 저는 어머니가 만드신 음식을 제일 좋아합니다. 어머니 사진을 보면 어머니가 더 보고 싶어집니다.

　지금은 한국어 공부 때문에 고향에 돌아갈 수 없습니다. 어머니를 빨리 만나면 좋겠습니다.

(1) 여러분은 지금 가장 보고 싶은 사람이 누구입니까?

(2) 그 사람을 못 만난 지 얼마나 되었습니까?

**2**　여러분이 가장 보고 싶은 사람에 대해 써 보십시오. 写一篇主题为 '你最想念的人' 的短文。

◎ 잘 듣고 빈칸에 알맞은 말을 쓰십시오. 　仔细听录音, 用适当的内容填空。

(1) 한국에 ＿＿＿＿＿＿＿＿＿＿ 됐어요?

(2) 한국에 ＿＿＿＿＿＿＿＿＿ 됐어요.

(3) 열심히 ＿＿＿＿＿＿＿＿ 한국어 실력이 ＿＿＿＿＿＿＿＿＿ 걱정이에요.

(4) 대답을 못 해서 ＿＿＿＿＿＿＿＿＿＿＿

(5) 우리 일주일에 한 번씩 만나서 차를 ＿＿＿＿＿＿＿＿＿ 식사를 하면서 이야기합시다.

(6) 고등학교를 ＿＿＿＿＿＿＿＿ 1년이 되었어요.

(7) 한국어를 ＿＿＿＿＿ 5개월 되었어요.

(8) 한국에 ＿＿＿＿＿ 1년 되었어요.

(9) 저는 휴일에 음악을 ＿＿＿＿＿ 영화를 봐요.

(10) 한국 영화를 자주 ＿＿＿＿＿＿＿＿＿＿

## 사이시옷 　ㅅ的发音

# 칫솔 → [치쏠/칟쏠]

以 ㄱ, ㄷ, ㅂ, ㅅ, ㅈ 开始的单词前添加 ㅅ 时, 原则上该单词的首音发出其相对应的紧音, 但韵尾 ㅅ 也可以发出 [ㄷ] 音。

**例如**　냇가 [내까/낻까]　　콧등 [코뜽/콛뜽]

---

**1**　잘 듣고 다음 단어를 따라하십시오. 　仔细听录音, 跟读下面单词。

칫솔 [치쏠/칟쏠]

장맛비 [장마삐/장맏삐]

빨랫줄 [빨래쭐/빨랟쭐]

**2**　잘 듣고 다음 문장을 따라하십시오. 　仔细听录音, 跟读下面句子。

치약과 칫솔을 준비하세요.

오늘은 장맛비가 내리고 있습니다.

빨랫줄에 널어 놓은 빨래가 다 말랐어요?

**3**　잘 듣고 다음 대화를 완성하십시오. 　仔细听录音, 完成下面对话。

(1)　A ________ 가지고 왔는데 치약을 안 가지고 왔네요.

　　B 그럼, 제 것을 쓰세요.

(2)　A 우산 가지고 왔지요?

　　B 그럼요, 요즘 날마다 ________ 내리는데 늘 가지고 다녀야지요.

# 미니홈피 博客; 个人主页

网络极大地改变了人们的生活，甚至我们很难想像以前没有网络的生活。随着高速网络的普及，在首尔，不仅是在市区，而且在小区里也很容易找到网吧。

随着高速网络的普及，个人主页也进入了人们的生活。所谓的个人主页就是指在网上宣传自己的一个小小的空间，你可以在这里上传文字和照片，向网友或者生活中的朋友，甚至是所有的人公开自己的想法或是日常生活。写个人主页的话，兴趣相同或是有共同点的人可以成为新的朋友，中断联络的朋友也可以重新取得联系。

有人说，因为网络的发展，人与人之间的关系变得更远了，但是看到以上的好处，也可以说网络拉近了人与人之间的距离。

**1** 여러분은 미니홈피나 블로그를 가지고 있습니까? 你有个人主页或是博客吗?

**2** 여러분이 미니홈피를 운영한다면, 미니홈피에는 주로 어떤 내용의 글과 사진을 올립니까?
如果你有个人主页的话，会在上面传哪些内容和照片呢?

**1** 다음에서 알맞은 말을 골라 고쳐 쓰십시오. 选择适当的单词改写后填空。

> 예습하다　　　복습하다　　　알아듣다　　　따라하다　　　외우다

(1) 노민 씨는 수업이 끝난 후에 ＿＿＿＿＿＿ (−(스)ㅂ니다)

(2) 왕핑 씨는 날마다 단어를 20개씩 ＿＿＿＿＿ (−(스)ㅂ니다)

(3) 한국 뉴스를 듣지만 ＿＿＿＿＿ (−(으)ㄹ 수) 없습니다.

(4) 메이 씨는 날마다 학교에 오기 전에 ＿＿＿＿＿ (−(스)ㅂ니다)

**2** 〈보기〉와 같이 대화를 완성하십시오. 仿照例句, 完成下面对话。

> 〈보기〉 A 한국에 언제 오셨어요?
>
> 　　　 B 한국에 온 지 4개월 됐어요. (4개월)

(1) A 언제 출발하셨어요?　　　　 B ＿＿＿＿＿＿＿＿ (10분)

(2) A 이 컴퓨터를 언제 사셨어요?　 B ＿＿＿＿＿＿＿＿ (2주)

(3) A 언제 결혼하셨어요?　　　　 B ＿＿＿＿＿＿＿＿ (2년)

(4) A 메이 씨를 언제부터 알았어요?　 B ＿＿＿＿＿＿＿ (6개월)

**3** 〈보기〉와 같이 대화를 완성하십시오. 仿照例句, 完成下面对话。

> 〈보기〉 A 제주도에 가 보셨지요?
>
> 　　　 B 아니요, 제주도에 가 본 적이 없어요. (가 보다)

(1) A 메이 씨를 아시지요?

　　 B 네, 전에 한 번 ＿＿＿＿＿＿＿ (만나다)

(2) A 태권도를 할 수 있으세요?

　　 B 네, 전에 ＿＿＿＿＿＿＿ (배우다)

(3) A 프랑스 음식을 드셔 보셨어요?

　　 B 아니요, ＿＿＿＿＿＿＿ (먹어 보다)

# 第15课 复习 11~14

复习第11课到第14课的内容。

단어

**1** 다음에서 알맞은 말을 골라 고쳐 쓰십시오. 选择适当的单词改写后填空。

| 미루다 | 어기다 | 지키다 | 취소하다 |
|---|---|---|---|

(1) 약속을 꼭 ＿＿＿＿＿＿＿ (−아/어/여야 합니다)

(2) 약속을 ＿＿＿＿＿＿＿ (−(으)면 안 됩니다)

(3) 급한 일이 생겨서 약속을 내일로 ＿＿＿＿＿＿＿ (−았/었/였습니다)

**2** 다음에서 알맞은 말을 골라 쓰십시오. 选择适当的单词填空。

| 장학금 | 복습 | 예습 | 성적 |
|---|---|---|---|

(1) 저는 날마다 다음 날 배울 것을 ＿＿＿＿＿ 합니다.

(2) 이번 학기에는 ＿＿＿＿＿이/가 좋습니다.

(3) 지난 학기에 ＿＿＿＿＿을/를 받았습니다.

**3** 다음 그림에 알맞은 단어를 쓰십시오. 写出和图片相符的单词。

＿＿＿＿＿ (1)　　　　(3) ＿＿＿＿＿

＿＿＿＿＿ (2)　　　　(4) ＿＿＿＿＿

**4** **관계있는 것끼리 알맞게 연결하십시오.** 连接左右两边相互搭配的句子。

(1) 메이 씨가 새 집으로 이사를 해서 •          • ⓐ 집에 초대했습니다.

(2) 메이 씨가 친구들을          •          • ⓑ 방문할 겁니다.

(3) 우리는 오늘 메이 씨 집을          •          • ⓒ 집들이를 했습니다.


**5** **다음에서 알맞은 말을 골라 쓰십시오.** 选择适当的单词填空。

| 약속 | 초대 | 집들이 | 약속 장소 |
|---|---|---|---|

(1)

| (     ) | 을/를 하다 |
|---|---|
| | 을/를 받다 |

(2)

| (     ) | 을/를 지키다 |
|---|---|
| | 을/를 어기다 |

(3)

| (     ) | 을/를 정하다 |
|---|---|
| | 을/를 바꾸다 |


## 语法

**6** **빈칸에 알맞은 말을 쓰십시오.** 完成下面表格。

| | –는데 | –았/었/였는데 |
|---|---|---|
| 가다 | (1) | (4) |
| 읽다 | (2) | (5) |
| 하다 | (3) | (6) |


**7** **다음에서 알맞은 말을 골라 고쳐 쓰십시오.** 选择适当的内容改写后填空。

| –(으)ㄴ/는 것 같아요 | –(으)ㄹ 것 같아요 |
|---|---|
| –(으)ㄹ지 모르겠어요 | –(으)면 좋겠어요 |

(1) 왕핑 씨가 학교에 안 왔는데 많이 _______________ (아프다)

(2) 요즘 일이 많아서 메이 씨 생일 파티에 _______________ (갈 수 있다)

(3) 이번에는 시험을 못 봐서 장학금을 _______________ (못 받다)

**8** 그림을 보고 〈보기〉와 같이 문장을 완성하십시오. 仿照例句, 看图后造句。

(1) _______________________________________

(2) _______________________________________

(3) _______________________________________

**9** 그림을 보고 〈보기〉와 같이 문장을 완성하십시오. 仿照例句, 看图后完成下面句子。

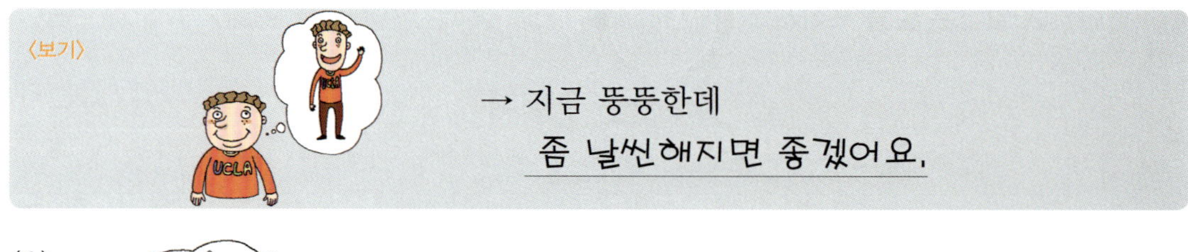


(1)
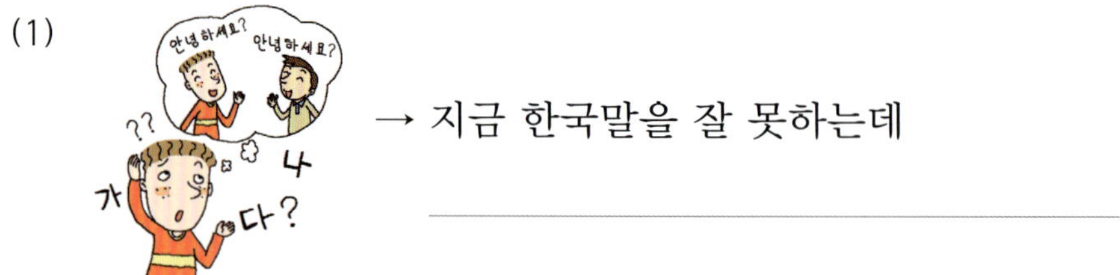


→ 지금 한국말을 잘 못하는데

_______________________________________

(2)
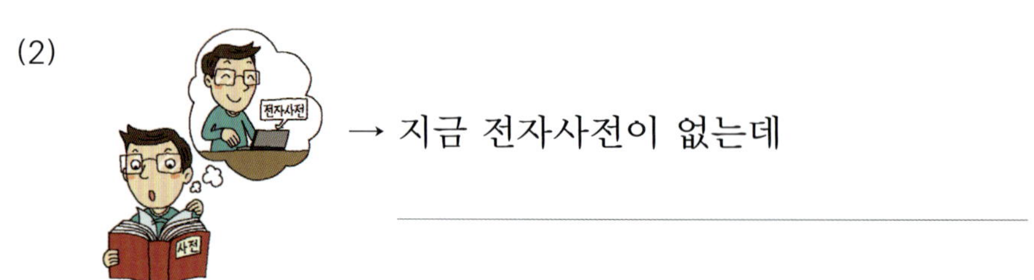


→ 지금 전자사전이 없는데

_______________________________________

(3) 

→ 지금 심심한데

_________________________________________

**10** 빈칸에 알맞은 말을 자유롭게 쓰십시오. 完成下面句子。

(1) 저는 지금 ___________ 이/가 없는데 _____________________________

(2) 한국에 온 지 ___________________________________________

生词 전자사전 电子词典

---

听力练习 CD2 音轨 **17**

**11** 다음 그림과 맞는 대화를 고르십시오. 听录音, 选择和下面图片相符的对话选项。

ⓐ        ⓑ

ⓒ        ⓓ

**12** 잘 듣고 이어질 말을 고르십시오. 仔细听录音, 选择适当的内容连接。

(1) ⓐ 저는 아직 이사한 적이 없어요.

ⓑ 왕핑 씨는 얼마 전에 이사한 것 같아요.

ⓒ 이사한 지 3주쯤 되었는데 집이 참 좋아요.

ⓓ 저는 갈 수 있는데 왕핑 씨는 어떨지 모르겠어요.

(2) ⓐ 한국말을 배운 일이 없어요.

　　ⓑ 저는 영어를 배운 적이 있어요.

　　ⓒ 한국 영화나 드라마를 좀 보면 어때요?

　　ⓓ 저는 한국말을 배우면서 친구도 사귀어요.

**13** 다음 대화를 듣고 맞으면 ○, 틀리면 ✕ 하십시오. 听对话, 在正确的内容后画 ○, 在错误的内容后画 ✕。

(1) 남자는 먼저 한국어를 배우고 한국에 왔습니다. 　　　　( 　　　 )

(2) 남자를 도와주는 한국 친구가 있습니다. 　　　　( 　　　 )

(3) 남자는 아직 모르는 것이 많아서 불편한 것이 많습니다. ( 　　　 )

**14** 다음 대화를 듣고 질문에 답하십시오. 听对话, 回答下面问题。

(1) 무엇에 대해 이야기합니까?

　　ⓐ 환자　　　　　ⓑ 입원　　　　　ⓒ 병문안　　　　　ⓓ 환자와 음식

(2) 들은 내용과 <u>다른</u> 것을 고르십시오.

　　ⓐ 병문안은 아픈 사람을 방문하는 것입니다.

　　ⓑ 환자들은 몸이 아프기 때문에 꽃을 보면 기분이 안 좋아집니다.

　　ⓒ 한국에서 병문안을 갈 때 꽃을 가지고 가는 것은 좋지 않습니다.

　　ⓓ 한국 사람들은 병문안을 갈 때 마실 것이나 먹을 것을 가지고 갑니다.

阅读练习

**15** 다음 글을 읽고 맞으면 ○, 틀리면 ✕ 하십시오. 阅读下面短文, 在正确的内容后画 ○, 在错误的内容后画 ✕。

§ **집들이에 초대합니다** §

안녕하세요? 메이입니다. 저와 승희가 이사를 했습니다. 이번 주 금요일에 집들이를 하려고 합니다. 오실 수 있는 분들은 5월 11일(금) 5시까지 학교 앞 버스 정류장으로 오세요. 정류장에서 만나서 우리 집으로 같이 출발할 겁니다. 따로 오실 분은 승희(010-123-4567)에게 말씀해 주세요. 약도를 그려 드리겠습니다.

(1) 집들이에 가고 싶은 사람은 5월 11일 5시까지 승희의 집으로 갈 겁니다.

(     )

(2) 따로 집들이에 갈 사람은 승희에게 연락을 하면 약도를 그려 줄 겁니다.

(     )

**16** 다음 글을 읽고 질문에 답하십시오. 阅读下面邮件后, 回答问题。

| | |
|---|---|
| 받는 사람 | wangping@abc.com |
| 보내는 사람 | sho1@smu.ac.kr |
| 제목: | 안녕하세요, 왕핑 씨? |

왕핑 씨에게

안녕하세요, 왕핑 씨? 저 승희예요,

내일 만나기로 했는데 약속을 이번 주말로 미룰 수 있어요? 내일 중요한 회의가 있어서 약속을 못 지킬 것 같아요, 주말에는 토요일이나 일요일 모두 좋아요, 왕핑 씨가 편한 시간으로 정하세요, 메이 씨에게는 제가 연락할게요,

그럼, 답장 기다릴게요,

승희가

(1) 승희는 왜 이메일을 보냈습니까?

ⓐ 메이가 연락을 해서 　　　　ⓑ 왕핑을 만나고 싶어서

ⓒ 주말에 시간이 있어서 　　　　ⓓ 약속 시간을 바꾸고 싶어서

(2) 위 글의 내용과 같으면 O, 다르면 × 하십시오.

① 승희는 약속 시간을 왕핑에게 연락할 겁니다. (     )

② 승희는 주말에 왕핑과 메이를 같이 만날 겁니다. (     )

**17** 다음 글을 읽고 질문에 답하십시오. 阅读下面短文, 回答问题。

여러분은 다른 사람이 어려운 부탁을 할 때 어떻게 합니까? 싫지만 그 부탁을 들어줍니까? 아니면 거절합니까? 그리고 거절을 할 때는 어떻게 합니까? 한국 사람들은 보통 "싫어요", "안 돼요"라는 말을 잘 하지 않습니다. 그래서 거절을 할 때는 "좀 힘들 것 같아요."나 "글쎄요, 그렇게 할 수 있을지 모르겠습니다."라고 합니다. 이때는 "그럼 좀 노력해 주세요."나 "그럼, 언제 알 수 있어요?"라고 물어보면 안 됩니다.

(1) 무엇에 대한 글입니까?

    ⓐ 어려운 부탁을 하는 방법

    ⓑ 자신이 없을 때 말하는 방법

    ⓒ 한국 사람들이 거절을 하는 방법

    ⓓ 기분 나쁘지 않게 거절하는 방법

(2) 위의 글에 대한 내용으로 맞으면 ○, 틀리면 × 하십시오.

    ① 한국 사람들은 거절을 잘 합니다.        (    )

    ② 한국 사람들은 직접적으로 거절을 하지 않습니다.   (    )

**生词**    따로 单独  |  약도 略图  |  중요하다 重要  |  직접적 直接的

## 书写练习

**18**   〈보기〉와 같이 대화를 완성하십시오.   仿照例句, 完成下面对话。

> 〈보기〉 A 휴가 때 뭐 할래요?
>
>       B 휴가 때 <u>고향에 가면 좋겠어요.</u> (고향에 가다)

(1) A 이번 주말에 뭐 할 거예요?

    B 주말에 _________________________ (영화를 보다)

(2) A 내일 뭐 할 거예요?

    B 내일은 _________________________ (집에서 쉬다)

(3) A 방학 때 뭐 할 거예요?

    B 제주도로 _________________________ (여행을 가다)

**19**   〈보기〉와 같이 대화를 완성하십시오.   仿照例句, 完成下面对话。

> 〈보기〉 한국에 오다 (1년)
>
>       A <u>한국에 온 지 얼마나 됐어요?</u>
>       B <u>한국에 온 지 1년 됐어요.</u>

(1) 한국말을 공부하다 (5개월)

    A ____________________________________

    B ____________________________________

(2) 왕핑 씨를 기다리다 (20분)

    A ____________________________________

    B ____________________________________

(3) 그 사람을 알다 (1년)

    A ____________________________________

    B ____________________________________

**20** **다음 글을 읽고 대화를 완성하십시오.** 阅读下面短文, 完成下面对话。

> 왕핑 씨는 1년 전에 한국에 왔습니다. 10개월 전부터 한국말을 배웠습니다.
> 고향에 있을 때 한국 회사에서 일했습니다.

왕핑    안녕하십니까? 왕핑입니다.

사장님  안녕하세요, 왕핑 씨? 왕핑 씨는 한국에 온 지 얼마나 됐어요?

왕핑    (1) ____________________________________

사장님  한국말을 잘 하시네요. 한국말을 배운 지 얼마나 됐어요?

왕핑    (2) ____________________________________

사장님  한국 회사에서 일해 본 일이 있어요?

왕핑    네, (3) ________________________________

사장님  이 일을 잘할 수 있어요?

왕핑    일을 잘할 수 있을지 모르겠지만 열심히 노력하겠습니다.

사장님  네, 그럼 다음 월요일부터 출근하십시오.

生词    출근하다 上班

# 附录

## 答案 | 索引

# 答案

## 第 1 课

**语法 1** 练习

(1) 가 봤어요?, 만리장성에 가 봤어요.
(2) 들어 봤어요?, 이 노래를 들어 봤어요.
(3) 입어 봤어요?, 한복을 못 입어 봤어요.

**语法 2** 练习

(1) 온 　　　　　　　　(2) 먹은
(3) 튀긴 　　　　　　　(4) 찍은

**语法 3** 练习

(1) 가서 　　　　　　　(2) 먹어서
(3) 만들어서 　　　　　(4) 만나서

**语法 4** 练习

(1) 만듭시다 　　　　　(2) 만드세요
(3) 만들 수 있어요 　　(4) 만들고 싶어요
(5) 사는 　　　　　　　(6) 삽시다
(7) 사세요 　　　　　　(8) 살고 싶어요
(9) 아는 　　　　　　　(10) 압시다
(11) 알 수 있어요 　　 (12) 알고 싶어요
(13) 여는 　　　　　　　(14) 여세요
(15) 열 수 있어요

**作业 1　听力**

> **1** (1) 여자 왕핑 씨, 비빔밥을 먹어 봤어요?
> 　　(2) 남자 노민 씨, 주말에 친구를 만났어요?

**1** (1) ⓐ 　　　　　(2) ⓑ

> **2**
> 여자 사토루 씨, 떡국을 드셔 보셨어요?
> 남자 아니요, 아직 못 먹어 봤어요. 떡국이 어떤
> 　　 음식이에요?
> 여자 쇠고깃국에 떡을 넣어서 끓인 음식이에요. 한국
> 　　 사람들이 설날 아침에 먹는 음식이에요.
> 남자 그래요? 떡국이 매워요?
> 여자 아니요, 떡국은 맵지 않아요.
> 남자 그래요? 한번 먹어 보고 싶어요.

**2** (1) ✕　　　　(2) ✕　　　　(3) ○

**作业 2　写和说**

**2** (1) 삼계탕
　　(2) 닭고기, 인삼, 마늘, 대추
　　(3) 재료를 넣고 끓입니다.

**作业 3　读和写**

**1** (1) 쇠고기와 여러 가지 채소

(2) 쇠고기와 여러 가지 채소, 간장과 여러 가지 양
　　 념을 섞어서 만듭니다.
(3) 약간 달고 맵지 않습니다.

**作业 4　听和写**

> (1) 저는 일본에서 온 사토루입니다.
> (2) 고향에 가서 친구들을 만날 겁니다.
> (3) 이 노래를 들어 봤어요?
> (4) 이 노래를 못 들어 봤어요.
> (5) 잡채를 먹어 봤어요?
> (6) 무엇으로 만든 음식이에요?
> (7) 잡채는 여러 가지 채소와 고기를 넣어서 만든 음
> 　　 식이에요.
> (8) 잡채를 만들 수 있어요?
> (9) 만드는 방법을 배우고 싶어요.
> (10) 저도 집에서 만들어 보고 싶어요.

(1) 온 　　　　　　　　(2) 가서
(3) 들어 봤어요? 　　　(4) 못 들어 봤어요.
(5) 먹어 봤어요? 　　　(6) 만든
(7) 넣어서 만든 　　　　(8) 만들 수 있어요?
(9) 만드는 　　　　　　(10) 만들어 보고 싶어요.

**发音**

**3** (1) 종로 　　　　　(2) 경로석

**自习**

**1** (1) ⓓ 　　　　　(2) ⓑ
**2** (1) 온 　　　　　(2) 쉬는
**3** (1) 일어나서 　 　(2) 만들어서
**4** (1) 아는 　　　　(2) 여세요.
　　(3) 만든 　　　　(4) 사는

## 第 2 课

**语法 1** 练习

(1) 그림 그리기 　　　　(2) 영화 보기/감상
(3) 음악 듣기/감상 　　 (4) 사진 찍기

**语法 2** 练习

(1) 큰데 　　　　　　　(2) 한국 사람인데
(3) 죄송한데 　　　　　(4) 했는데

**语法 3** 练习

(1) 교통사고 때문에 　　(2) 단어 때문에
(3) 시험공부 때문에 　　(4) 감기 때문에

语法 4 练习
(1) 갈 (2) 공부할
(3) 먹을 (4) 가르쳐 주실

作业 1 听力

**1**

(1) 남자 제 취미는 음악 감상이에요.
(2) 여자 제 취미는 우표 모으기예요.
(3) 남자 저는 그림 그리는 것을 좋아해요.
(4) 여자 저는 사진 찍는 것을 좋아해요.

1  (1) ⓐ      (2) ⓒ      (3) ⓑ      (4) ⓓ

**2**

여자 왕핑 씨, 왕핑 씨는 취미가 뭐예요?
남자 제 취미는 영화 감상이에요.
여자 무슨 영화를 좋아해요?
남자 저는 한국 영화를 좋아해요. 그래서 집에서 한국 영화를 자주 봐요.
여자 그래요? 저도 한국 영화를 보고 싶은데 말이 너무 빨라요. 그래서 자주 못 봐요.
남자 그럼, 우리 같이 봐요. 같이 보고 이야기해 보면 좀 쉬울 거예요.
여자 네, 좋아요.

2  (1) ⓓ      (2) ⓑ

作业 2 写和说

2  (1) 사진 찍기
   (2) 일 때문에 바빠서

作业 3 读和写

1  (1) 등산
   (2) 같이 등산을 할 친구를 찾고 싶어서
   (3) ⓓ

作业 4 听和写

(1) 요즘 한국말을 배우는데 정말 재미있어요.
(2) 이 옷이 예쁜데 너무 비싸요.
(3) 저는 중국 사람인데 한국말을 공부합니다.
(4) 요즘 일 때문에 바빠요.
(5) 비 때문에 길이 막혀요.
(6) 오늘 만날 사람이 있습니다.
(7) 오늘 할 일이 많습니다.
(8) 제 취미는 그림 그리기입니다.
(9) 제 취미는 사진 찍기예요.
(10) 사진을 자주 찍고 싶은데 요즘은 일 때문에 바빠서 자주 못 찍어요.

(1) 배우는데      (2) 예쁜데
(3) 중국 사람인데  (4) 일 때문에
(5) 비 때문에      (6) 만날

(7) 할 일이      (8) 그림 그리기
(9) 사진 찍기    (10) 찍고 싶은데, 일 때문에

发音

3  (1) 줄넘기      (2) 한라산

自习

1  (1) ⓐ      (2) ⓑ      (3) ⓒ      (4) ⓓ
2  (1) 저는 수영을 잘하는데 동생은 수영을 못합니다.
   (2) 우리 고향에는 산이 많이 없는데 한국에는 산이 많습니다.
   (3) 전에는 여행을 자주 했는데 요즘은 자주 하지 못합니다.
3  (1) 산      (2) 할      (3) 배울

# 第 3 课

语法 1 练习
(1) 일이 많기 때문에    (2) 한국에 오기 때문에
(3) 수업이 없기 때문에  (4) 감기에 걸렸기 때문에

语法 2 练习
(1) 먹어야 해요.    (2) 가야 해요.
(3) 예매해야 해요.  (4) 일어나야 해요.

语法 3 练习
(1) 출발하기 전에    (2) 먹기 전에
(3) 늦기 전에        (4) 가기 전에

语法 4 练习
(1) 공부해야겠어요.    (2) 사야겠어요.
(3) 먹어야겠어요.      (4) 가봐야겠어요.

作业 1 听力

**1**

남자 이번 방학에 고향에 갈 거예요.
여자 고향에 무엇을 타고 가실 거예요?
남자 비행기로 가고 싶은데 표를 못 구했어요. 그래서 기차를 타고 갈 거예요. 다음에는 좀 더 일찍 예매해야겠어요.

1  ⓑ

**2**

여자 거기 여행사예요? 베이징 가는 비행기 표를 예매하고 싶어요.
남자 언제 출발하실 거예요?
여자 이번 주 금요일에 가고 싶은데 표가 있어요?
남자 네, 있습니다.
여자 보통석 왕복 한 장 예매해 주세요.
남자 언제 돌아오실 거예요?

여자 다음 주 토요일에 돌아올 거예요. 그런데 요금
이 얼마예요?
남자 35만 원입니다.
여자 출발하기 며칠 전에 여행사에 가야 해요?
남자 출발하기 사흘 전에 오세요.

**2** (1) ⓐ  (2) ① × ② ○ ③ ○



**2** (1) 메이 씨 고향
(2) 유명한 관광지도 많고 한국에서 가깝기 때문에



**1** (1) 경주  (2) 기차  (3) ⓒ

**2** ① 반 친구들  ② 기차로
③ 경주 시내 구경
④ 한국 역사를 배울 수 있어서
⑤ 안내원의 설명을 잘 이해할 수 없어서



(1) 출발하기 전에 전화하세요.
(2) 학교에 늦기 전에 빨리 가세요.
(3) 내일 시험이 있기 때문에 오늘 영화를 볼 수 없
습니다.
(4) 오늘은 수업이 없기 때문에 학교에 안 갑니다.
(5) 공부를 열심히 해야겠어요.
(6) 내일 부모님이 한국에 오셔서 공항에 가야 해요.
(7) 요즘 휴가철이기 때문에 여행 가기 전에 표를
예매해야 해요.
(8) 오늘 집에 가기 전에 여행사에 가서 기차표를
사야겠어요.
(9) 이제부터 일찍 일어나야겠어요.
(10) 교실에서는 한국말로 이야기해야 합니다.

(1) 출발하기 전에  (2) 늦기 전에
(3) 있기 때문에  (4) 없기 때문에
(5) 해야겠어요.  (6) 가야 해요.
(7) 휴가철이기 때문에, 가기 전에, 예매해야 해요.
(8) 가기 전에, 사야겠어요.  (9) 일어나야겠어요.
(10) 이야기해야 합니다.



**3** (1) 앉지  (2) 닭지



**1** (1) 관광지  (2) 갔다 왔습니다.
(3) 예매했습니다.  (4) 예약할 겁니다.

**2** (1) 잊어버리기 전에 공책에 쓰십시오.
(2) 한국에 오기 전에 무슨 일을 하셨어요?
(3) 늦기 전에 빨리 가십시오.

**3** (1) 한국말을 배울 수 있기 때문에

---

(2) 산이 많기 때문에  (3) 일이 많았기 때문에

# 第 **4** 课

 练习

(1) 만나려고 해요.  (2) 배우려고 해요.
(3) 쉬려고 해요.  (4) 주려고 해요.

 练习

(1) 중국에 오면  (2) 많이 아프면
(3) 바쁘면  (4) 한국말을 잘하면

 练习

(1) 끝난 후에  (2) 본 후에
(3) 졸업한 후에  (4) 읽은 후에

 练习

(1) 들어요  (2) 듣고 싶었어요
(3) 걸으세요  (4) 걷고 싶어요
(5) 닫아요  (6) 닫고 싶어요
(7) 받으세요  (8) 받고 싶어요



**1**
(1) 남자 승희 씨는 공부를 마친 후에 뭐 하실 거예
요?
(2) 여자 내일도 산에 가실 거예요?

**1** (1) ⓒ  (2) ⓐ

**2**
남자 실례합니다. 명동에 가려고 하는데 어디에서
내려야 해요?
여자 이 지하철은 명동에 안 가요. 지하철 4호선을
타야 해요.
남자 그럼, 어디에서 내리면 지하철 4호선을 탈 수
있어요?
여자 다음 역에서 내려서 4호선으로 갈아타세요.
남자 아, 그래요? 알겠습니다. 감사합니다.

**2** (1) ×  (2) ×  (3) ○



**2** (1) 시청
(2) 버스에서 내려서 지하철로 갈아타야 합니다.



**1** (1) 승희 씨  (2) ⓑ

**2** ① 일산  ② 생일 파티 때문에
③ 지하철로  ④ 일산역
⑤ 지하철역 3번 출구 앞에서 전화를 하면 메이 씨
가 나갈 겁니다.

(1) 오후에 도서관에 가려고 해요.
(2) 주말에 친구들을 만나려고 해요.
(3) 식사한 후에 이 약을 드세요.
(4) 학교를 졸업한 후에 고향에 갈 거예요.
(5) 우리 고향에 오면 저에게 전화하세요.
(6) 시간이 있으면 여행을 하고 싶어요.
(7) 집에 걸어서 갑니다.
(8) 제 말을 잘 들으세요.
(9) 인사동에 가려고 하는데 어디에서 내려야 해요?
(10) 어디에서 내리면 지하철 3호선을 탈 수 있어요?

(1) 가려고 해요.　　　(2) 만나려고 해요.
(3) 식사한 후에　　　(4) 졸업한 후에
(5) 고향에 오면　　　(6) 시간이 있으면
(7) 걸어서　　　(8) 들으세요.
(9) 가려고 하는데　　　(10) 내리면

**发音**

3 (1) 갈 거예요.　　　(2) 도와줄 수

**自习**

1 (1) 졸업한 후에　　　(2) 끝난 후에
(3) 한 후에

2 (1) 공부하려고 해요.　　　(2) 읽으려고 해요.
(3) 여행을 가려고 해요.

3 (1) 들으면　　　(2) 먹으면

---

# 第 5 课

**单词**

1 (1) ⓒ　　　(2) ⓐ　　　(3) ⓑ

2 (1) ⓒ　　　(2) ⓑ　　　(3) ⓐ

3 (1) 좌회전　(2) 우회전　(3) 직진

4 (1) 예매하고 싶습니다.　(2) 갔다 왔습니다.
(3) 예약해 주십시오.

5 (1) ⓒ　　　(2) ⓑ　　　(3) ⓒ

**语法**

6 (1) 걸어요, 걸으세요, 걷고 싶어요
(2) 받아요, 받으세요, 받고 싶어요

7 (1) 만든　　(2) 좋아하는　　(3) 할

8 (1) 걸렸기 때문에　(2) 늦어서　　(3) 나서

9 (1) 요즘은 겨울인데 날씨가 따뜻합니다.
(2) 죄송한데 남대문 시장에 어떻게 갑니까?

(3) 우리 고향은 물가가 싼데 서울은 물가가 비쌉니다.

10 (1) 월급을 받으면 컴퓨터를 사려고 합니다.
(2) 주말에 시간이 있으면 등산을 가려고 합니다.
(3) 이 책을 다 읽으면 메이 씨에게 주려고 합니다.

**听力练习**

12

ⓐ 여자 이것은 일 킬로그램에 얼마입니까?
　 남자 일 킬로그램에 삼천 원입니다.
ⓑ 남자 배로 보내실 거예요, 비행기로 보내실
　　　 거예요?
　 여자 배로 보내 주세요.
ⓒ 여자 상자가 어디에 있습니까?
　 남자 상자는 저울 위에 있습니다.
ⓓ 남자 어디에서 왔습니까?
　 여자 중국에서 왔습니다.

12 ⓑ

13

남자 메이씨, 이거 제가 만든 음식인데 한번 드
　　 셔 보세요.
여자 와, 맛있겠어요. 이게 무슨 음식이에요?
남자 우리 고향 음식이에요. 돼지고기와 여러 가
　　 지 채소를 넣어서 만든 음식인데 맛있어요.
　　 한번 드셔 보세요.
여자 네, 잘 먹겠습니다.
남자 이 음식을 드셔 보셨어요?
여자 네, 전에 한번 먹어 봤어요. 그런데 정말 맛
　　 있네요.

13 (1) ×　　　(2) ○

14

남자　　실례합니다. 시청에 가려고 하는데 버
　　　　스를 어디에서 타야 해요?
아주머니 육교를 건너서 왼쪽으로 걸어가면 버스
　　　　정류장이 하나 있어요.
남자　　네, 감사합니다.
아주머니 아니요, 거기에서 버스를 타시면 안 돼
　　　　요. 조금만 더 가면 정류장이 하나 더
　　　　있어요. 거기에서 타셔야 해요.
남자　　아, 네, 알겠습니다. 감사합니다.

14 ⓑ

**阅读练习**

15 (1) ⓐ　　　(2) ⓒ

16 (1) ×　　　(2) ×　　　(3) ○

17 (1) ⓐ　　　(2) ⓓ

**18** (1) 이 게임을 해 봤어요?, 해 봤어요.
　　(2) 한복을 입어 봤어요?, 입어 봤어요.
　　(3) 삼계탕을 먹어 봤어요?, 못 먹어 봤어요.

**19** (1) 수업이 끝난 후에 만납시다.
　　(2) 대학교를 졸업한 후에 한국에 왔습니다.
　　(3) 숙제를 한 후에 게임을 했습니다.

**20** (1) 학교에 일찍 가야겠어요.
　　(2) 사과해야겠어요.
　　(3) 일찍 예매해야겠어요.

# 第 **6** 课

**语法 1** 练习
(1) 춥지요?　　　　　(2) 있지요?
(3) 휴대전화지요?　　(4) 알지요?

**语法 2** 练习
(1) 재미있군요.　　　(2) 피곤하군요.
(3) 잘하는군요.　　　(4) 아는군요.

**语法 3** 练习
(1) 10시 표로 주세요.　　(2) 만 원짜리로 주세요.
(3) 소설책으로 주세요.

**语法 4** 练习
(1) 맛있게　(2) 짧게　(3) 크게　(4) 싸게

**作业 1 听力**

**1**
(1) 커피도 있고 음료수도 있는데 무엇으로 드릴까요?
(2) 어서 오세요. 찾으시는 것이 있으세요?

**1** (1) ⓐ　　　(2) ⓓ

**2**
여자 어서 오십시오. 뭐 찾으십니까?
남자 안녕하세요? 지난주에 여기에서 전자 사전을
　　 샀는데 고장이 나서 왔어요.
여자 어디가 어떻게 안 되십니까?
남자 전에는 단어를 찾으면 발음을 들을 수 있었는
　　 데 지금은 들을 수 없어요.
여자 한번 보여 주시겠어요?
남자 네, 여기 있어요.
여자 여기에서는 고칠 수 없는 고장이군요. 일주일
　　 후에 오시겠어요?
남자 네, 알겠습니다.

**2** (1) ○　　　(2) ×　　　(3) ○

**作业 2 写和说**
**2** (1) 구두　　(2) 작아서

**作业 3 读和写**
**1** 시장

**2** (1) ⓒ　　　(2) ⓐ　　　(3) ⓑ

**3** (1) ×　　　(2) ○

**作业 4 听和写**

(1) 여보세요? 마이클 씨 휴대전화지요?
(2) 요즘 날씨가 춥지요?
(3) 날씨가 정말 덥군요.
(4) 한국말을 정말 잘하시는군요.
(5) 단어를 정말 많이 아는군요.
(6) 머리를 짧게 잘라 주세요.
(7) 글씨를 크게 써 주세요.
(8) 바지가 너무 큰데 한 치수 작은 것으로 바꿔 주
　　 세요.
(9) 이것으로 주세요.
(10) 예쁘게 포장해 주세요.

(1) 지요?　　　　　(2) 춥지요?
(3) 덥군요.　　　　(4) 잘하시는군요.
(5) 아는군요.　　　(6) 짧게
(7) 크게　　　　　(8) 작은 것으로
(9) 이것으로　　　(10) 예쁘게

**发音**
**3** (1) 출장　　　(2) 일시불

**自习**
**1** (1) 세일, 품질　(2) 영수증　　(3) 값

**2** (1) 맞지요?　(2) 바쁘지요?　(3) 건강하지요?

**3** (1) 예쁜　　(2) 크게　　(3) 넓은

**4** (1) 그리는군요.　(2) 덥군요.

# 第 **7** 课

**语法 1** 练习
(1) 작은데요　　　　(2) 계신데요
(3) 아닌데요　　　　(4) 더운데요
(5) 먼데요　　　　　(6) 하는데요
(7) 먹는데요　　　　(8) 있는데요
(9) 없는데요　　　　(10) 아는데요

**语法 2** 练习
(1) 여기에서 명동까지 버스로 1시간쯤 걸려요.
(2) 학교에서 메이 씨 집까지 지하철로 20분쯤 걸려요.

(3) 서울에서 제주도까지 비행기로 1시간쯤 걸려요.
(4) 서울에서 부산까지 버스로 5시간쯤 걸려요.


(1) 비행기로 (2) 지하철로
(3) 배로 (4) 이메일로


(1) 왕핑 씨한테서 (2) 왕핑 씨한테서
(3) 친구한테 (4) 메이 씨한테



**1** (1) 여자 일본에 소포를 보내고 싶은데요.
　　　 남자 어떻게 보내실 거예요?
　　 (2) 여자 이 책을 미국에 보내고 싶은데요.

**1** (1) ⓑ (2) ⓓ

**2**
여자 여보세요?
남자 여보세요?
여자 거기 왕핑 씨 댁이지요?
남자 아닌데요.
여자 987-6543 아니에요?
남자 번호는 맞는데 그런 분은 안 계신데요.
여자 죄송합니다.

**2** (1) × (2) × (3) ○



**2** (1) 책 (2) 사흘 (3) 10일
　　 (4) 배로



(1) 왕핑 씨, 노민 씨한테 이 책 좀 전해 주세요.
(2) 집에서 학교까지 버스로 와요.
(3) 소포를 비행기로 보내 주세요.
(4) 회사에 어떻게 다니세요?
(5) 회사에 지하철로 다녀요.
(6) 지금 밖에 눈이 오는데요.
(7) 이 옷이 좀 큰데요.
(8) 집에서 학교까지 얼마나 걸려요?
(9) 집에서 학교까지 한 시간쯤 걸려요.
(10) 고향에서 서울까지 얼마나 걸렸어요?

(1) 한테 (2) 에서, 까지, 로
(3) 로 (4) 어떻게
(5) 지하철로 (6) 오는데요.
(7) 큰데요. (8) 얼마나 걸려요?
(9) 한 시간쯤 걸려요. (10) 얼마나 걸렸어요?


**3** (1) 식용유 (2) 색연필



**1** (1) ⓐ (2) ⓓ (3) ⓑ

**2** (1) A 고향에서 한국까지 얼마나 걸려요?
　　　 B 비행기로 4시간쯤 걸려요.
　 (2) A 여기에서 시청까지 얼마나 걸려요?
　　　 B 차로 20분쯤 걸려요.
　 (3) A 서울에서 베이징까지 얼마나 걸려요?
　　　 B 비행기로 2시간쯤 걸려요.

**3** (1) 모르는데요. (2) 안 계신데요.
　 (3) 보내러 왔는데요.

# 第 8 课


(1) 많아졌어요. (2) 좋아졌어요.
(3) 추워졌어요. (4) 편해졌어요.


(1) 나으세요 (2) 낫습니다 (3) 지어요
(4) 짓습니다 (5) 부어요 (6) 부으세요
(7) 웃어요 (8) 웃으세요 (9) 씻어요
(10) 씻습니다 (11) 벗으세요 (12) 벗습니다


(1) 한 주에 한 권씩 책을 읽어요.
(2) 하루에 한 번씩 고향에 전화를 합니다.
(3) 아침에 30분씩 운동을 합니다.
(4) 하루에 4시간씩 공부를 합니다.


(1) 잘하려면 (2) 만나려면 (3) 빼려면 (4) 만들려면



**1**
(1)ⓐ 여자 많이 아프세요?
　　　 남자 아니요, 이제 다 나았어요.
　 ⓑ 남자 이 약은 어떻게 먹어요?
　　　 여자 하루에 세 번씩 식사하신 후에 드세요.
　 ⓒ 남자 머리가 많이 아파요.
　　　 여자 잠깐만 기다리세요. 제가 약을 사 올게요.
　 ⓓ 남자 실례합니다. 약국이 어디에 있어요?
　　　 여자 약국요? 저 앞 사거리에 있어요.
(2)ⓐ 여자 많이 아프세요?
　　　 남자 네, 너무 많이 먹어서 배탈이 났어요.
　 ⓑ 여자 요리 연습을 많이 하셨어요?
　　　 남자 아니요, 시간이 없어서 하나도 못 했어요.

ⓒ 여자 괜찮으세요?

　　남자 아, 이거요? 좀 베였는데 괜찮아요.

ⓓ 여자 많이 삐었군요.

　　남자 많이 아프지 않으니까 걱정하지 마세요.

**1** (1) ⓑ　　　(2) ⓒ

**2**

남자 승희 씨, 오래간만이에요. 괜찮아요? 이제 다시 학교에 나올 수 있어요?

여자 네, 이제 많이 좋아졌어요.

남자 어디를 다쳤어요?

여자 계단에서 넘어져서 다리를 좀 다쳤는데 이제는 다 나았어요.

**2** (1) ○　　　(2) ×　　　(3) ○



(1) 약국

(2) 어젯밤부터

(3) 열이 많이 나고 목도 부었습니다.



**1** (1) 사토루　　　　(2) 매 식사 후

　　(3) 3번　　　　　(4) 1개

　　(5) 2일



(1) 감기약 좀 주세요.

(2) 어디가 아프세요?

(3) 어젯밤부터 기침이 심해졌어요.

(4) 목도 많이 부었어요.

(5) 약을 지으려면 병원에 가서 처방전을 받아야 해요.

(6) 이 약을 하루에 한 알씩 드세요.

(7) 한국말 실력이 많이 좋아졌어요.

(8) 요즘 날씨가 많이 추워졌어요.

(9) 시내에 가려면 버스를 타야 해요.

(10) 장학금을 받으려면 공부를 열심히 해야 해요.

(1) 감기약　　　　　(2) 어디가 아프세요?

(3) 심해졌어요.　　　(4) 부었어요.

(5) 지으려면　　　　(6) 하루에 한 알씩

(7) 좋아졌어요.　　　(8) 추워졌어요.

(9) 가려면　　　　　(10) 받으려면



**3** (1) 전화　　　　(2) 열심히



**1** (1) ⓐ　　　(2) ⓑ　　　(3) ⓓ

**2** (1) 아팠어요.　　　(2) 씻은 후에

---

(3) 웃었어요.　　　(4) 지어서

**3** (1) 타면, 타려면　　　(2) 알면, 알려면

　　(3) 잘하려면, 잘하면

# 第 9 课

　练习

(1) 아플 때　　　　(2) 심심할 때

(3) 보고 싶을 때　　(4) 만들 때

　练习

(1) 버리면 안 돼요.　　(2) 보면 안 돼요.

(3) 앉으면 안 돼요.　　(4) 싸우면 안 돼요.

　练习

(1) 가지 마십시오　　　(2) 가지 맙시다

(3) 먹지 마세요　　　　(4) 먹지 맙시다

(5) 듣지 마세요　　　　(6) 듣지 마십시오

(7) 만들지 마세요　　　(8) 만들지 마십시오

(9) 만들지 맙시다　　　(10) 하지 마세요

(11) 하지 마십시오　　　(12) 하지 맙시다

　练习

(1) 봐도 돼요?, 봐도 돼요.

(2) 마셔도 돼요?, 마셔도 돼요.

(3) 열어도 돼요?, 열어도 돼요.

(4) 전화해도 돼요?, 전화해도 돼요.



**1** (1) 남자 실례합니다. 이 사전 좀 잠깐 써도 돼요?

　　(2) 여자 메이 씨는 언제 제일 가족들이 보고 싶어요?

**1** (1) ⓐ　　　(2) ⓓ

**2**

여자 이쪽으로 오세요. 이 방이에요.

남자 방이 넓고 깨끗하군요. 하숙비는 언제 내야 됩니까?

여자 이번 달 하숙비는 오늘 내시고 다음 달부터는 매달 25일에 주세요.

남자 전기요금과 수도요금도 내야 합니까?

여자 아니요, 전기요금과 수도요금은 안 내도 돼요.

**2** (1) ×　　　(2) ○　　　(3) ×



**2** (1) 식사 시간, 요리하는 것

　　(2) 7시부터 8시까지

　　(3) ① ○　② ×

> (1) 다른 사람들이 공부할 때 시끄럽게 떠들면 안 돼요.
> (2) 방에서 담배를 피우면 안 돼요.
> (3) 여기에서 사진을 찍어도 돼요?
> (4) 이것 좀 써도 돼요?
> (5) 이 옷을 입어 봐도 됩니까?
> (6) 이것을 이야기하면 안 됩니다.
> (7) 학교에 늦게 오면 안 됩니다.
> (8) 여기에서 술을 마시지 마십시오.
> (9) 머리가 아플 때 이 약을 드세요.
> (10) 외국인 등록증을 만들 때 사진이 필요해요.

| | |
|---|---|
| (1) 떠들면 | (2) 피우면 |
| (3) 찍어도 | (4) 써도 |
| (5) 입어 봐도 | (6) 이야기하면 |
| (7) 늦게 오면 | (8) 마시지 마십시오. |
| (9) 아플 때 | (10) 만들 때 |



**3** (1) 싫어하는　　　　(2) 많아요



**1** (1) 비　　　　(2) 요금

**2** (1) 읽어도 돼요.
　　(2) 전화해도 돼요.
　　(3) 찍으면 안 돼요.
　　(4) 지우면 안 돼요.

**3** (1) 자면 안 돼요., 출발해야 돼요.
　　(2) 가면 안 돼요., 기다려야 돼요.
　　(3) 이야기하면 안 돼요., 조용히 해야 돼요.
　　(4) 버리면 안 돼요., 버려야 돼요.

# 第 **10** 课



**1** (1) ⓒ　　　(2) ⓐ　　　(3) ⓑ

**2** (1) ⓑ　　　(2) ⓒ　　　(3) ⓐ

**3** (1) ⓑ　　　(2) ⓐ　　　(3) ⓒ

**4** (1) 상처　　(2) 기침　　(3) 열

**5** (1) 교환　　(2) 영수증　　(3) 품질



**6** (1) 지어요, 지으세요, 짓는데요
　　(2) 부어요, 부으세요, 붓는데요

**7** (1) 가는군요　　　　(2) 읽는군요
　　(3) 하는군요　　　　(4) 예쁘군요
　　(5) 춥군요　　　　　(6) 재미있군요

**8** (1) 로　　　(2) 씩　　　(3) 한테

**9** (1) 어느 쪽으로 가야 돼요?
　　(2) 한국 친구를 사귀고 싶어요.
　　(3) 4층으로 가세요.

**10** (1) 많아졌어요.
　　(2) 날씬해졌어요.
　　(3) 작아졌어요.



**12**
ⓐ 여자 그 **빵** 정말 맛있지요?
　 남자 네, 정말 맛있군요.
ⓑ 남자 여기에서 음식을 먹어도 돼요?
　 여자 아니요, 여기에서 음식을 먹으면 안 돼요.
ⓒ 남자 여기 앉아도 돼요?
　 여자 아니요, 친구가 곧 올 거예요.
ⓓ 여자 **빵**과 우유는 어디에서 팔아요?
　 남자 아래층에 가면 가게가 있어요.

**12** ⓑ

**13**
남자 여보세요? 광고 보고 전화했는데요. 하숙방이
　　 아직도 있어요?
여자 네, 있어요.
남자 하숙비가 얼마예요?
여자 방을 혼자 쓰면 한 달에 50만 원이고 둘이 쓰
　　 면 25만 원이에요.
남자 그럼, 둘이 쓰는 방 있어요?
여자 네, 있어요.
남자 그럼, 식사는 어떻게 해요?
여자 아침 식사와 저녁 식사를 할 수 있어요.
남자 거기에 가려면 어떻게 가야 돼요?
여자 지하철 3호선 경복궁역 3번 출구로 나와서 전
　　 화하세요.
남자 네, 그럼 이따 뵙겠습니다.

**13** (1) ⓒ　　　(2) 지하철

**14**
여자 어떻게 오셨어요?
남자 목이 너무 아파서 왔는데요.
여자 '아' 해 보세요.
남자 아
여자 목이 많이 부었군요. 기침도 하세요?
남자 네, 기침도 많이 나고 열도 많이 나요.
여자 네, 처방전을 써 드릴게요. 이틀 동안 약을 드
　　 시고 낫지 않으면 한 번 더 오세요.
남자 네, 알겠습니다.

**14** (1) ○　　　(2) ×

阅读练习

**15** (1) ⓓ (2) ① ○ ② ×

**16** (1) ○ (2) ×

**17** (1) ⓒ (2) ⓐ

书写练习

**18** (1) 내야 돼요? (2) 써도 돼요?
(3) 버리면 안 돼요.

**19** (1) 부었어요. (2) 지으려면
(3) 웃으세요.

**20** (1) 지요? (2) 맞는데요.
(3) 만나려면

# 第 **11** 课

语法 1 练习

(1) 숙제할래요?, 숙제합시다.
(2) 드실래요?, 먹읍시다.
(3) 쓸래요?, 쓸게요.
(4) 기다릴래요?, 기다릴게요.

语法 2 练习

(1) 먹었는데 (2) 먹는데
(3) 좋았는데 (4) 좋은데
(5) 들었는데 (6) 듣는데
(7) 추웠는데 (8) 추운데
(9) 만들었는데 (10) 만드는데
(11) 맛있었는데 (12) 맛있는데
(13) 했는네 (14) 하는데
(15) 친절했는데 (16) 친절한데

语法 3 练习

(1) 보면서 (2) 생각하면서
(3) 하면서 (4) 들으면서

语法 4 练习

(1) 한국말을 잘 하면 좋겠어요.
(2) 제주도에 가 보면 좋겠어요.
(3) 날씨가 따뜻하면 좋겠어요.
(4) 친구가 조용히 하면 좋겠어요.

作业 1 听力

**1**
(1) 여자 친구가 영화표를 두 장 줬는데 같이 보실래요?
(2) 남자 요즘 많이 바쁘세요?

**1** (1) ⓓ (2) ⓒ

**2**
여자 선생님, 다음 수요일 저녁에 시간 있으세요?
남자 네, 시간이 있는데 무슨 일이세요?
여자 다음 수요일은 우리나라 명절이에요. 그래서 우리나라 친구들하고 같이 고향 음식을 만들어서 파티를 할 거예요. 다른 나라 친구들도 초대하고요. 선생님도 시간이 있으시면 오실래요?
남자 네, 갈게요. 수요일 몇 시까지 갈까요?
여자 우리나라 친구들하고 3시쯤 만나서 음식 준비를 할 거니까 선생님은 6시쯤 오세요. 저희 집은 학교 건너편에 있으니까 학교에서 출발하실 때 전화해 주세요.
남자 네, 알겠어요. 고맙습니다.

**2** (1) × (2) × (3) ○

作业 2 说和写

**2** (1) 집들이를 하려고
(2) 토요일 5시까지
(3) ① × ② ○

作业 3 读和写

**1** (1) × (2) ○ (3) ○

作业 4 听和写

(1) 내일 같이 영화 보러 갈래요?
(2) 이것 좀 도와줄래요?
(3) 어제 저녁에 파티를 했는데 아주 재미있었어요.
(4) 숙제를 하면서 친구를 기다렸어요.
(5) 여름에 제주도에 가면 좋겠어요.
(6) 한국말을 잘 하면 좋겠어요.
(7) 요즘 날씨가 추운데 따뜻해지면 좋겠어요.
(8) 그 사진을 보면서 무슨 생각을 하세요?
(9) 초대해 주셔서 감사합니다.
(10) 이번 주말에 시간이 있으면 우리 집에 놀러 올래요?

(1) 보러 갈래요? (2) 도와줄래요?
(3) 했는데 (4) 하면서
(5) 가면 좋겠어요. (6) 하면 좋겠어요.
(7) 따뜻해지면 (8) 보면서
(9) 초대해 (10) 있으면, 올래요?

发音

**3** (1) 줄무늬 (2) 띄어쓰기

自习

**1** (1) 초대 (2) 초대장
(3) 집들이 (4) 손님

**2** (1) 만들었는데 (2) 보면서
(3) 되면 좋겠어요. (4) 할래요?

语法 **1** 练习

(1) 기분이 좋겠군요.　　(2) 속상하겠군요.
(3) 아프겠군요.　　(4) 기쁘겠군요.

语法 **2** 练习

(1) 한국에서 지내는 동안　　(2) 청소를 하는 동안
(3) 여기에 계시는 동안　　(4) 차를 준비하는 동안

语法 **3** 练习

(1) 걸려 있어요.　　(2) 붙어 있어요.
(3) 서 계세요.　　(4) 앉아 있어요.

语法 **4** 练习

(1) 기분이 안 좋은 것 같아요.
(2) 피곤한 것 같아요.
(3) 김치를 정말 좋아하는 것 같아요.
(4) 공부를 열심히 하는 것 같아요.

作业 **1** 听力

**1**
(1) 남자 요즘 메이 씨를 자주 만나세요?
(2) 여자 사토루 씨, 왜 그러세요?
　　남자 계단에서 내려오다가 넘어져서 다리를 다
　　　　쳤어요.

**1**　(1) ⓓ　　　(2) ⓐ

**2**
여자 어제는 승희 씨가 반 친구들을 초대해서 친구
　　들과 승희 씨 집에 갔습니다. 승희 씨는 고향
　　이 지방이어서 서울에서 메이 씨와 함께 삽니
　　다. 집이 정말 깨끗했습니다. 승희 씨 방에는
　　승희 씨 가족사진이 걸려 있었습니다. 그 사진
　　옆에는 승희 씨가 좋아하는 가수의 사진도 붙
　　어 있었습니다. 승희 씨는 그 가수를 정말 좋
　　아하는 것 같았습니다. 승희 씨가 음식 준비를
　　하는 동안 우리는 승희 씨의 앨범을 봤습니다.
　　승희 씨의 사진을 보면서 많이 웃었습니다. 승
　　희 씨가 준비한 맛있는 음식을 먹고 즐겁게 놀
　　았습니다. 참 재미있었습니다. 아주 즐거운 하
　　루였습니다.

**2**　(1) ✕　　(2) ✕　　(3) ○

作业 **2** 说和写

**2**　(1) 과일　　(2) 책　　(3) ⓑ

作业 **3** 读和写

| 〈한국의 식사 예절〉 | |
| --- | --- |
| 식사를<br>시작할 때 | ① 어른이 먼저 수저를 든 다음에 아랫사람이 수저를 듭니다.<br>② "잘 먹겠습니다." 하고 인사를 합니다. |
| 식사를<br>할 때 | ① 숟가락과 젓가락을 한 손에 들지 않습니다.<br>② 밥그릇과 국그릇을 손으로 들고 먹지 않습니다.<br>③ 어른들과 식사를 할 때에는 어른과 비슷한 속도로 먹습니다<br>④ 반찬을 골고루 먹습니다.<br>⑤ 음식을 남기지 않습니다. |
| 식사를<br>마친 후 | ① "잘 먹었습니다." 하고 인사를 합니다. |

作业 **4** 听和写

(1) 먼 길 오셔서 피곤하시겠습니다.
(2) 초대해 주셔서 감사합니다.
(3) 이거 케이크인데 받으십시오.
(4) 빈손으로 오셔도 되는데…….
(5) 차를 가져오는 동안에 여기에 잠깐 앉아 계십
　　시오.
(6) 집에 그림이 참 많군요. 미술관에 온 것 같아요.
(7) 솜씨가 대단하십니다.
(8) 일이 많아서 바쁘시겠습니다.
(9) 한국에 있는 동안 여행을 많이 하고 싶어요.
(10) 노민 씨가 많이 아픈 것 같아요.

(1) 피곤하시겠습니다.　　(2) 초대해 주셔서
(3) 받으십시오.　　(4) 빈손으로
(5) 가져오는 동안에　　(6) 온 것 같아요.
(7) 대단하십니다.　　(8) 바쁘시겠습니다.
(9) 있는 동안　　(10) 아픈 것 같아요.

发音

**3**　(1) 회의　　　(2) 편의점이

自习

**1**　(1) ⓒ　　(2) ⓓ　　(3) ⓐ

**2**　(1) 아픈 것 같아요.　　(2) 바쁜 것 같아요.
　　(3) 어려운 것 같아요.

**3**　(1) 있는　　(2) 서 있는　　(3) 걸려 있는

# 第 13 课

**语法 1** 练习

(1) 학교 앞에서 만나기로 했어요.
(2) 내일 다시 이야기하기로 했어요.
(3) 공부를 열심히 하기로 했어요.
(4) 술을 마시지 않기로 했어요.

**语法 2** 练习

(1) 바쁠 것 같아요.     (2) 피곤할 것 같아요.
(3) 좋을 것 같아요.     (4) 만날 수 없을 것 같아요.

**语法 3** 练习

(1) 나     (2) 에서     (3) 에     (4) 하고

**语法 4** 练习

(1) 있을지 모르겠어요.
(2) 좋아할지 모르겠어요.
(3) 만날 수 있을지 모르겠어요.
(4) 올 수 있을지 모르겠어요.

**作业 1 听力**

**1**

(1) 남자 메이 씨하고 만나기로 하셨어요?
(2) 여자 일이 많아서 퇴근 시간까지 다 할 수 있을지 모르겠어요.

**1** (1) ⓒ     (2) ⓓ

**2**

남자 여보세요? 승희 씨 휴대전화지요? 저 사토루인데요.
여자 안녕하세요, 사토루 씨? 웬일이세요?
남자 내일 약속 때문에 전화했어요. 내일 회사에 중요한 손님이 오셔서 만날 수 없을 것 같아요. 미안해요. 화요일이나 수요일 저녁에는 시간이 있는데 승희 씨는 어때요?
여자 저는 수요일이 좋아요. 그럼 수요일 저녁에 만날까요?
남자 네, 좋아요. 그럼, 수요일 7시까지 제가 승희 씨 회사 근처로 갈게요. 회사 근처에 가서 전화할게요.
여자 네, 알겠어요. 그럼, 그날 보기로 해요. 안녕히 계세요.

**2** (1) ○     (2) ○     (3) ×

**作业 2 说和写**

**2** (1) 이번 주 금요일
(2) 고향 친구가 한국에 와서 공항에 가야 하기 때문에
(3) 메이 씨와 승희 씨

**作业 3 读和写**

**1** (1) ○     (2) ×     (3) ×

**作业 4 听和写**

(1) 승희 씨, 이번 주 금요일 5시에 만나기로 했지요?
(2) 4시에 회의가 있어서 5시에 만날 수 없을 것 같아요.
(3) 7시에 만나기로 해요.
(4) 공부를 열심히 하기로 했어요.
(5) 요즘 휴가철이어서 비행기 표가 있을지 모르겠어요.
(6) 내일 바빠서 만날 수 있을지 모르겠어요.
(7) 내일 일이 있어서 학교에 올 수 있을지 모르겠어요.
(8) 내일은 약속이 있어서 만날 수 없을 것 같아요.
(9) 내일은 일이 많아서 바쁠 것 같아요.
(10) 1시나 2시에 만나기로 해요.

(1) 만나기로 했지요?
(2) 만날 수 없을 것 같아요.
(3) 만나기로 해요.
(4) 하기로 했어요.
(5) 있을지 모르겠어요.
(6) 만날 수 있을지 모르겠어요.
(7) 올 수 있을지 모르겠습니다.
(8) 만날 수 없을 것 같아요.
(9) 바쁠 것 같아요.
(10) 1시나 2시에

**发音**

**3** (1) 제 친구의     (2) 제주도의

**自习**

**1** (1) 정했습니다.     (2) 지킵니다.
(3) 연기했습니다.     (4) 어겨서

**2** (1) 오기로 했습니다.
(2) 잘 볼 수 있을 것 같습니다.
(3) 있을지 모르겠습니다.
(4) 화요일이나 목요일

# 第 14 课

**语法 1** 练习

(1) 결혼한 지 1년이 되었어요.
(2) 이 집에 산 지 한 달이 되었어요.
(3) 한국말을 배운 지 3개월이 되었어요.
(4) 여자 친구를 사귄 지 2년이 되었어요.

语法 2  练习
(1) 일본어를 배운 적이 있어요.
(2) 학교에서 교복을 입은 적이 있어요.
(3) 한국 회사에 다닌 적이 없어요.
(4) 한국 음식을 만들어 본 적이 없어요.

语法 3  练习
(1) 영화를 보거나 식사를 해요.
(2) 등산을 하거나 그림을 그려요.
(3) 늦게 일어나거나 바쁘면
(4) 늦게 오거나 못 오면

语法 4  练习
(1) 읽어 보면 어때요?　　(2) 물어보면 어때요?
(3) 부탁해 보면 어때요?　　(4) 찾아보면 어때요?

作业 1 听力

1
(1) 남자 요즘에 노민 씨를 만난 적이 있어요?
(2) 여자 왕핑 씨, 사토루 씨를 안 지 얼마나 됐어요?

1 (1) ⓑ　　　　　(2) ⓐ

2
여자 사토루 씨, 자기소개를 간단히 해 보세요.
남자 안녕하세요? 저는 일본에서 온 사토루라고 합
　　 니다. 한국에 있는 회사에서 일을 하고 싶어서
　　 한국에 왔습니다.
여자 사토루 씨, 한국에 온 지 얼마나 되셨어요?
남자 한국에 온 지 5개월 됐습니다. 지난 1월에 한
　　 국에 왔습니다.
여자 한국말을 얼마나 배우셨어요?
남자 한국말을 5개월 동안 배웠습니다.
여자 사토루 씨, 한국 회사에서 일해 본 적이 있으
　　 세요?
남자 한국 회사에서 일해 본 적은 없습니다. 하지만,
　　 일본에서 회사에 다녔는데, 저희 회사에 한국
　　 사람들이 많이 있었습니다.

2 (1) ○　　　(2) ×　　　(3) ×

作业 2 说和写
2 (1) 5개월
　 (2) 한국 사람이 메이 씨의 말을 잘 못 알아들어서

作业 4 听和写

(1) 한국에 온 지 얼마나 됐어요?
(2) 한국에 온 지 5개월 됐어요
(3) 열심히 공부하는데 한국어 실력이 좋아지지
　　 않아서 걱정이에요.
(4) 대답을 못 해서 당황한 적이 있어요.

(5) 우리 일 주일에 한 번씩 만나서 차를 마시거나
　　 식사를 하면서 이야기합시다.
(6) 고등학교를 졸업한 지 1년이 되었어요.
(7) 한국어를 배운 지 5개월 되었어요.
(8) 한국에 산 지 1년 되었어요.
(9) 저는 휴일에 음악을 듣거나 영화를 봐요.
(10) 한국 영화를 자주 보면 어때요?

(1) 온 지 얼마나　　　　(2) 온 지 5개월
(3) 공부하는데, 좋아지지 않아서
(4) 당황한 적이 있어요.
(5) 마시거나　　　　　　(6) 졸업한 지
(7) 배운 지　　　　　　(8) 산 지
(9) 듣거나　　　　　　(10) 보면 어때요?

发音
3 (1) 칫솔은　　　　　　(2) 장맛비가

自习
1 (1) 복습합니다.　　　　(2) 외웁니다.
　 (3) 알아들을 수　　　　(4) 예습합니다.
2 (1) 출발한 지 10분 됐어요
　 (2) 컴퓨터를 산 지 2주 됐어요.
　 (3) 결혼한 지 2년 됐어요.
　 (4) 메이 씨를 안 지 6개월 됐어요.

3 (1) 만난 적이 있어요.　　(2) 배운 적이 있어요.
　 (3) 먹어 본 적이 없어요.

# 第 15 课

单词
1 (1) 지켜야 합니다.　　　(2) 어기면 안 됩니다.
　 (3) 미뤘습니다.
2 (1) 예습　　(2) 성적　　(3) 장학금
3 (1) 숟가락　(2) 젓가락　(3) 밥그릇　(4) 접시
4 (1) ⓒ　　　(2) ⓐ　　　(3) ⓑ
5 (1) 초대　　(2) 약속　　(3) 약속 장소

语法
6 (1) 가는데　(2) 읽는데　(3) 하는데
　 (4) 갔는데　(5) 읽었는데 (6) 했는데

7 (1) 아픈 것 같아요.
　 (2) 갈 수 있을지 모르겠어요.
　 (3) 못 받을 것 같아요.

8 (1) 음악을 들으면서 청소를 해요.
　 (2) 과자를 먹으면서 텔레비전을 봐요.
　 (3) 노래를 부르면서 춤을 춰요.

**9** (1) 한국말을 잘하면 좋겠어요.
　 (2) 전자사전이 있으면 좋겠어요.
　 (3) 친구들을 만나면 좋겠어요.



**11**
ⓐ 남자 소파는 어디에서 팔아요?
　 여자 소파를 파는 곳은 저기예요.
ⓑ 남자 박 선생님 계십니까?
　 여자 지금 안 계시는데 잠시만 여기에 앉아 계세
　　　　요.
ⓒ 남자 박 선생님을 기다리는 동안 저는 소파에서
　　　　책을 읽었어요.
　 여자 얼마나 기다리셨어요?
ⓓ 남자 집이 참 넓고 좋네요.
　 여자 저도 이렇게 큰 집에 살면 좋겠어요.

**11** ⓑ

**12**
(1) 이번 주 토요일에 이사하는데 왕핑 씨와 같이
　　와서 좀 도와 줄 수 있어요?
(2) 한국말을 아직 잘하지 못하는데 한국말을 잘하
　　면 좋겠어요.

**12** (1) ⓓ　　　　(2) ⓒ

**13**
여자 안녕하세요, 사토루 씨?
남자 안녕하십니까?
여자 사토루 씨, 한국에 오신 지 얼마나 되셨어요?
남자 한국에 온 지 6개월쯤 됐습니다.
여자 한국말을 아주 잘하시는데 한국말을 배운 지
　　　얼마나 되셨어요?
남자 한국말을 배운 지는 2년쯤 됐습니다. 한국에
　　　오기 전부터 한국말을 배웠습니다.
여자 아, 그렇군요. 한국에 사시면서 불편한 것은
　　　없어요?
남자 아직 모르는 것이 많지만 한국 친구들이 많이
　　　도와줘서 불편한 것이 별로 없습니다.

**13** (1) ○　　　(2) ○　　　(3) ×

**14**
　여러분은 아파서 병원에 입원한 적이 있습니까?
병원에 입원해서 침대에 누워 있으면 정말 답답하
고 심심합니다. 이럴 때 친구들이 찾아오면 참 좋
겠지요? 이렇게 아픈 사람을 방문하는 것을 병문
안이라고 합니다. 그런데 여러분 나라에서는 병문
안을 갈 때 보통 무엇을 가지고 갑니까? 한국에서
는 보통 음료수나 환자가 간단히 먹을 수 있는 것을
사 갑니다. 그럼, 병문안을 갈 때 사 가면 안 되는
것이 있습니까? 한국에서는 병원에 병문안을 갈 때
꽃을 가지고 가면 안 됩니다. 꽃을 보면 환자의 기
분이 좋아질 수 있지만 꽃이 환자 건강에 안 좋을지
모르기 때문에 꽃을 사 가는 것은 좋지 않습니다.

**14** (1) ⓒ　　　　(2) ⓑ



**15** (1) ×　　　(2) ○

**16** (1) ⓓ　　　(2) ① ×　② ○

**17** (1) ⓒ　　　(2) ① ×　② ○



**18** (1) 영화를 보면 좋겠어요.
　 (2) 집에서 쉬면 좋겠어요.
　 (3) 여행을 가면 좋겠어요.

**19** (1) 한국말을 공부한 지 얼마나 됐어요?
　　　한국말을 공부한 지 5개월 됐어요.
　 (2) 왕핑 씨를 기다린 지 얼마나 됐어요?
　　　왕핑 씨를 기다린 지 20분 됐어요.
　 (3) 그 사람을 안 지 얼마나 됐어요?
　　　그 사람을 안 지 1년 됐어요.

**20** (1) 한국에 온 지 1년 됐습니다.
　 (2) 한국말을 배운 지 10개월 됐습니다.
　 (3) 고향에 있을 때 한국 회사에서 일한 적이 있습
　　　니다.

# 索引

## ㄱ

가격 价格 ............ 79
가끔 偶尔 ............ 29
(N(으)로) 가다 去N ............ 43
가스요금 燃气费 ............ 121
갈비 排骨 ............ 15
감기에 걸리다 患感冒 ............ 107
감자 土豆 ............ 15
값이 내리다 降价 ............ 79
값이 오르다 涨价 ............ 79
(N에) 갔다 오다 去N地回 ............ 43
갖다 주다 带来 ............ 169
거의 (-지 않다) 几乎不 ............ 29
걱정하다 担心 ............ 32
고기 肉 ............ 15
고등어 鲅鱼 ............ 15
고시원 考试院 ............ 121
고치다 修理 ............ 85
골고루 均匀 ............ 165
관광 观光 ............ 43
관광객 游客 ............ 43
관광지 观光地 ............ 43
관리비 管理费 ............ 121
광화문 光化门 ............ 81
교통비 交通费 ............ 121
교통사고 交通事故 ............ 33
교환하다 交换 ............ 79
구하다 寻求 ............ 37
국그릇 汤碗 ............ 157
국내 여행 国内旅行 ............ 43
국비 유학 公费留学 ............ 185
굽다 烤 ............ 15
그냥 오셔도 되는데…… 空手来就行了…… ............ 157
그림 그리기 绘画 ............ 29
급 级 ............ 30
기말시험 期末考试 ............ 179
기숙사 宿舍 ............ 121
기침이 나다 咳嗽 ............ 107
길을 묻다 预习 ............ 57
길을 잃어버리다 迷路 ............ 57
길을 찾다 找路 ............ 57
꽁치 秋刀鱼 ............ 15
끓이다 煮, 烧 ............ 15

## ㄴ

나누다 分享 ............ 165
나흘 四天 ............ 93
낫다 (病)愈 ............ 110
낮잠 午睡 ............ 160
((돈, 숙제)을/를) 내다 交(钱, 作业) ............ 127
내용물 内装物品 ............ 94
냉면 冷面 ............ 15
넘어지다 摔倒 ............ 107
넣다 放 ............ 16
농구 篮球 ............ 29
눈물이 나다 流泪 ............ 74
느끼다 感觉 ............ 87

## ㄷ

(N을/를) 다치다 N受伤 ............ 107
단어 单词 ............ 33
달러 美元 ............ 83
닭고기 鸡肉 ............ 15
담배를 피우다 抽(烟) ............ 124
답장 回信 ............ 60
당근 胡萝卜 ............ 15
당황하다 惊慌, 紧张 ............ 186
대단하다 伟大, 了不起 ............ 158
대신 代替 ............ 140
대학원 研究生院 ............ 69
대형할인매장 大型打折卖场 ............ 87
대화 对话 ............ 62
데려오다 带回来 ............ 129
돼지고기 猪肉 ............ 15
두통약 头痛药 ............ 107
드릴까요? 要吗? ............ 83
들다 装有 ............ 161
디자인 款式 ............ 79
따라하다 跟(读) ............ 185
따로 单独 ............ 204
떡국 年糕汤 ............ 15
(N에서) 떨어지다 从N摔倒 ............ 107
똑바로 가다 直走 ............ 57

## ㄹ

라면 方便面 ............ 74

ㅁ

마음 心灵 ......... 87
만리장성 万里长城 ......... 17
메시지 短信, 留言 ......... 179
멸치 海蜒 ......... 15
몸살이 나다 恶寒身痛 ......... 107
몸이 붓다 身体浮肿 ......... 107
물건이 마음에 들다 商品满意 ......... 79
물건이 마음에 들지 않다 商品不满意 ......... 79
물약 药水, (口服)溶液 ......... 107
뭘 이런 걸 다 사 오셨어요. 还买这些来干什么呀。 ......... 157
뭘 이렇게 많이 준비하셨어요. 准备这么多! ......... 157
미리 提前 ......... 75
미리 事先 ......... 151
민박 农家院 ......... 43

ㅂ

바르다 擦 ......... 107
반송하다 返送 ......... 140
반창고 橡皮膏 ......... 107
밥그릇 饭碗 ......... 157
방문 访问 ......... 143
방문을 하다 拜访 ......... 143
(요리) 방법 方法 ......... 16
배구 排球 ......... 29
배달하다 配送 ......... 140
배탈이 나다 拉肚子 ......... 107
버리다 扔 ......... 124
버스 정류장 公交车站 ......... 57
벗다 脱 ......... 110
변경 变更 ......... 179
별거 아닙니다. 不是什么起眼的东西。 ......... 157
보통 一般 ......... 29
보통석 经济舱 ......... 43
복습하다 复习 ......... 185
볶다 炒 ......... 15
(N이/가) 부러지다 折了N ......... 107
불고기 烤肉 ......... 15
붓다 身体浮肿 ......... 110
붙이다 贴 ......... 107
비즈니스석 商务舱 ......... 43
빈손 空手 ......... 158
빠지다 缺席 ......... 179
(N을/를) 삐다 扭伤N ......... 107

ㅅ

사거리 十字路口 ......... 57
사진 찍기 摄影 ......... 29
사흘 三天 ......... 93
삼거리 三叉路口 ......... 57
새우 虾 ......... 15
생선 鱼 ......... 15
생활 生活 ......... 36
생활규칙 生活规则 ......... 129
생활비 生活费 ......... 121
샤워 淋浴 ......... 61
서투르다 不熟练 ......... 51
섞다 搅拌 ......... 15
설명 说明, 解释 ......... 51
성적 成绩 ......... 185
성적표 成绩表 ......... 185
세일 减价 ......... 79
소독약 消毒药 ......... 107
소설책 小说 ......... 83
소포 包裹 ......... 93
소화제 消化剂 ......... 107
손님 客人 ......... 143
솜씨 手艺 ......... 158
쇠고기 牛肉 ......... 15
수도요금 水费 ......... 121
수료식 结业式 ......... 151
수영 游泳 ......... 29
수저 勺和筷子 ......... 157
숟가락 勺子 ......... 157
스키 滑雪 ......... 29
시내 市内 ......... 112
시집 诗集 ......... 83
식후 饭后, 餐后 ......... 108
신기하다 好奇, 新奇 ......... 75
실력 实力 ......... 109
쓰레기 垃圾 ......... 129
쓰레기통 垃圾桶 ......... 129
씻다 洗 ......... 47

ㅇ

아가씨 小姐 ......... 87
아껴 쓰다 节约用 ......... 129
아르바이트 打工, 兼职 ......... 188
아마 也许 ......... 74
아무것 什么 ......... 159

아파트 公寓 .................... 121
안내원 导游 .................... 51
안약 眼药 .................... 107
알 粒, 颗 .................... 114
알아듣다 听懂 .................... 185
알약 药丸, 胶囊 .................... 107
야구 帮求 .................... 29
약도 简图 .................... 57, 204
약속 시간/장소를 바꾸다 改变约会时间/地点 .................... 171
약속 시간/장소를 정하다 定约会时间/地点 .................... 171
약속 시간에 늦다 比约定时间迟到 .................... 171
약속 장소를 예약하다 预约见面地点 .................... 171
약속을 어기다 违约 .................... 171
약속을 연기하다 推迟约定 .................... 171
약속을 지키다 守约 .................... 171
약속을 취소하다 取消约定 .................... 171
약속을 하다 约定 .................... 171
약속이 있다/없다 有/无约定 .................... 171
양파 洋葱 .................... 15
어서 들어오세요. 快请进。 .................... 157
어치 (用在金额后面)表示相当于此金额的货物量 .................... 87
여관 旅馆 .................... 43
여행 旅行 .................... 29
여행을 가다 去旅游 .................... 43
여행을 하다 旅游 .................... 43
역사 历史 .................... 51
연고 软膏 .................... 107
연어 三文鱼 .................... 15
열이 나다 发烧 .................... 107
영수증 发票 .................... 79
영화 보기/감상 看电影 .................... 29
예매하다 订购 .................... 43
예습하다 预习 .................... 185
예약하다 预订 .................... 43
예절 礼节 .................... 165
오른쪽으로 가다 向右走 .................... 57
오징어 鱿鱼 .................... 15
왕복 往返 .................... 43
외국 여행 海外旅行 .................... 43
외국인 등록증 外国人身份证 .................... 123
외우다 背诵 .................... 185
왼쪽으로 가다 向左走 .................... 57
우표 邮票 .................... 93
우표 모으기 集邮 .................... 29
우회전 右转弯 .................... 57

유명하다 有名, 著名 .................... 22
유학 비용 留学费用 .................... 185
유학 생활 留学生活 .................... 185
유학생 留学生 .................... 185
유학하다 留学 .................... 185
육교 天桥 .................... 57
음식 솜씨가 참 좋으시네요. 你的做菜手艺真好。 .................... 157
음식이 참 맛있네요. 饭菜真好吃。 .................... 157
음악 듣기/감상 欣赏音乐 .................... 29
이거 받으십시오. 请收下吧。 .................... 157
이렇게 와 주셔서 감사합니다. 谢谢你能来。 .................... 143
이쪽으로 앉으세요. 请坐这里。 .................... 157
이틀 两天 .................... 93
이해하다 理解, 了解 .................... 51, 185
이후 以后 .................... 140
일등석 头等舱 .................... 43
일시 时间 .................... 151
일시불 一次性结清 .................... 80


ㅈ


자비 유학 自费留学 .................... 185
자주 经常 .................... 29
자취 租房自炊 .................... 121
자판기(=자동판매기) 自动售货机 .................... 101
잡채 杂菜 .................... 15
장학금 奖学金 .................... 112
장학금을 받다 获得奖学金 .................... 185
저울 称 .................... 94
전기요금 电费 .................... 121
전자사전 电子词典 .................... 201
전하다 转达, 传达 .................... 136
전화요금 电话费 .................... 121
절 寺庙 .................... 51
점원 店员 .................... 87
접시 碟字 .................... 157
젓가락 筷子 .................... 157
조개 贝 .................... 15
졸리다 困 .................... 69
졸업하다 毕业 .................... 187
좌회전 左转弯 .................... 57
주변 周边 .................... 140
주의하다 注意 .................... 165
주택 住宅 .................... 121
중에 中 .................... 87
중요하다 重要 .................... 204

즐겁다 高兴, 愉快 … 75
증세 症状 … 114
지우다 擦掉 … 133
(규칙을) 지키다 遵守 … 129
지하도 地下通道 … 57
지하철역 地铁站 … 57
직접 直接 … 140
직접적 直接的 … 204
직진 直行 … 57
진통제 镇痛剂 … 107
집들이를 하다 办乔迁宴 … 143
집이 참 깨끗하네요. 你的房子真干净啊。 … 157
집이 참 예쁘네요. 你的房子真漂亮啊。 … 157
집이 참 좋네요. 你的房子真好啊。 … 157
집이 참 크네요. 你的房子真大啊。 … 157
짓다 配(药), 盖(房子) … 110
짜리 (接在数量或价值的名词后)表示有相当数量或价值的 … 83
(N이/가) 찢어지다 N破裂 … 107

## ㅊ

참치 金枪鱼 … 15
채소 蔬菜 … 15
책읽기 读书 … 29
처방전 处方笺 … 108
초대 招待 … 143
초대를 받다 受邀请 … 143
초대를 하다 邀请, 招待 … 143
초대장 请柬 … 143
초대해 주셔서 감사합니다. 谢谢你邀请我。 … 143
최근에 最近 … 86
추천하다 推荐 … 50
축구 足球 … 29
출구 出口 … 57
출근하다 上班 … 205
치수 尺码 … 79
치수가 작다 尺码小 … 79
치수가 크다 尺码大 … 79

## ㅋ

카드 卡片 … 93
컴퓨터 게임하기 电脑游戏 … 29
컵라면 碗装方便面 … 110
케이크 蛋糕 … 158
콘도 度假村 … 43
콧물이 나다 流鼻涕 … 107

## ㅌ

(N을/를) 타고 가다/오다 乘坐N（火车、飞机）去/来 … 43
(N을/를) 타다 乘坐N … 43
탁구 乒乓球 … 29
태권도 跆拳道 … 29
튀기다 油炸 … 15

## ㅍ

펜션 租赁木屋 … 43
편도 单程 … 43
편지 봉투 信封 … 93
편지 书信 … 93
편지지 信纸 … 93
표를 사다 买票 … 43
품질 质量 … 79
품질이 나쁘다 质量差 … 79
품질이 좋다 质量好 … 79
피가 나다 流血 … 107

## ㅎ

하루 一天 … 93
하숙 寄宿 … 121
하숙비 寄宿费 … 121
하품 哈欠 … 162
학기 学期 … 151
한 번도 (-지 않다) 决不 … 29
한복 韩服 … 17
할인 折扣 … 79
항상 总是 … 29
해열제 消热剂 … 107
호박 南瓜 … 15
호텔 酒店, 宾馆 … 43
화가 나다 生气 … 183
환불하다 退货 … 79
회의 会议 … 33
횡단보도 人行横道 … 57
흡수 吸收 … 140
희망차다 充满希望 … 151

## 기타

1박 2일 两天一夜 … 43

全面涵盖韩国语日常生活用语！

# Practical Korean

## 实用生活韩国语 2

赵恒録 李志荣 著
朴文子 译

练习册

## Basic 2

DARAKWON

# 저자 서문

　　"Practical Korean 2 Workbook"은 "Practical Korean 2"에서 학습한 내용을 자습을 통해 심화할 수 있도록 하는 데 목적을 두고 있다. 이 책에는 "Practical Korean 2"에 제시된 문법을 연습할 수 있는 다양한 연습 문제를 제공하였으며, "Practical Korean 2"에서 학습한 어휘를 다양한 문맥에서 활용해 볼 수 있게 구성하였다.

　　이 책은 총 15과로 구성되었으며, 각 과마다 Vocabulary, Grammar, Reading, Listening, Writing, Vocabulary Expansion, Additional Expressions로 나누어서 문제를 제시하고 있다. 단, 5과, 10과, 15과는 한국어능력시험(TOPIK)의 형태를 반영하여, 한국어능력시험을 치루고자 하는 학습자에게 한국어능력시험의 유형에 대비할 수 있도록 특별히 배려하였다.

　　이 책이 담고 있는 내용은 단지 "Practical Korean 2"의 워크북으로서만의 의미를 갖는 것은 아니다. 다른 교재를 사용하는 학습자라도 초급 단계의 한국어 학습 과정에서 충분한 연습 기회를 원한다면 이 책을 활용할 수 있을 것이다.

　　이 책의 집필에는 많은 분들의 도움이 있었다. 상명대 부총장과 국제한국어교육학회장을 역임하신 신현숙 교수님의 격려가 큰 힘이 되었고, 중국어권 학습자들의 입장에서 좋은 의견을 내주시고 번역을 맡아 주신 중국 중앙민족대학의 박문자 교수님께 감사드린다. 아울러 수준 높은 한국어 교재를 개발하고자 하는 다락원 정규도 사장님의 의지가 이 책의 출판을 가능하게 하였음을 밝히고 싶다. 또한 이 책을 집필하는 내내 옆에서 같이 수고해 준 상명대학교 한국언어문화교육원의 김은경 선생님에게 고마움을 전하고 싶다. 마지막으로 기획과 출판 과정에서 좋은 의견을 많이 내고 궂은 일을 도맡아 주신 다락원 한국어 출판부의 이숙희 차장님과 오정민 선생님에게도 감사의 마음을 전한다.

2009년 11월

조항록, 이지영

# 前言

　　著作《实用生活韩国语 2》练习册的目的在于通过指导学习者自习来深化主教材的学习内容。本书由丰富多样的练习题构成，以便于练习教材中出现的语法，并在不同的语境中运用所学的词汇。

　　本书共15课，每课由单词，语法，阅读，听力，写作，词汇应用，补充内容等七部分构成，由于考虑到参加韩国语能力考试（TOPIK）的学习者，特别安排了第5课，第10课，第15课的以韩国语能力考试的题型。

　　本书不仅仅是《实用生活韩国语 2》的练习册，学习其他教材的学习者，在韩国语学习初级阶段，如果需要更充分的训练，也可以使用。

　　这本书从编写到出版得到了很多人的帮助，借此机会，深表谢意！ 感谢连任祥明大学企划副校长和国际韩国语教育学会会长申铉淑教授的鼓励，感谢中国中央民族大学朴文子教授从中国人学习者的角度提供宝贵意见并承担翻译工作，同时感谢致力于开发高水平韩国语教材的多乐园郑圭道社长为本书出版所给予的大力支持，忠心感谢在本书完成期间一如既往付出辛勤劳动的祥明大学韩国语言文化教育院金银卿老师，最后，感谢本书策划和编辑过程中不辞辛劳，提供良好建议的多乐园的韩国语出版部编辑部李淑姬次长和吴净旻老师，感谢大家的支持与帮助！

2009年 11月

赵恒錄，李志荣

# 目录


前言 ................................................ 2

第1课　잡채를 먹어 봤어요? ................................ 6
你吃过杂菜吗?

第2课　제 취미는 그림 그리기예요. .......................... 12
我的爱好是画画。

第3课　여행을 가기 전에 표를 예매해야 해요. ................ 18
去旅行之前，一定要预订。

第4课　5분쯤 걸으면 지하철역이 있어요. .................... 25
走五分钟就有地铁站了。

第5课　복습 1~4 .......................................... 32

第6课　한 치수 작은 것으로 바꿔 주세요. .................... 37
给我换小一号的。

第7课　소포를 부치려고 하는데요. .......................... 44
我想寄包裹。

第8课　어젯밤부터 기침이 심해졌어요. ...................... 51
从昨天晚上开始咳得厉害。

第9课　방에서 담배를 피우면 안 돼요. ...................... 58
不可以在房间里抽烟。

第10课　복습 6~9 ......................................... 65

第11课　시간이 있으면 우리 집에 놀러 올래요? ............... 72
如果有时间的话，来我家玩吧?

第12课　초대해 주셔서 감사합니다. ......................... 80
谢谢您邀请我。

第13课　5시에 만날 수 없을 것 같아요. ..................... 87
五点可能见不了了。

第14课　한국에 온 지 5개월이 되었어요. .................... 94
来韩国已经五个月了。

第15课　복습 11~14 ....................................... 101

答案 .................................................... 110

# 实用生活韩国语2
## 练习册

# 第 1 课  잡채를 먹어 봤어요?



**1** 그림을 보고 〈보기〉와 같이 알맞은 단어를 쓰십시오. 仿照例句, 填写与图片相符的单词。

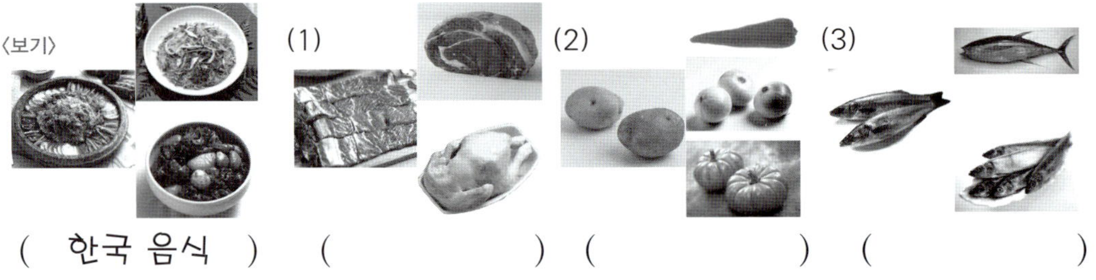

　〈보기〉　　　　　(1)　　　　　　(2)　　　　　　(3)

( 　한국 음식　 ) 　(　　　　　　 ) 　(　　　　　　 ) 　(　　　　　　 )

**2** 〈보기〉와 같이 그림과 맞는 표현을 연결하십시오. 仿照例句, 连接与图片相符的单词。

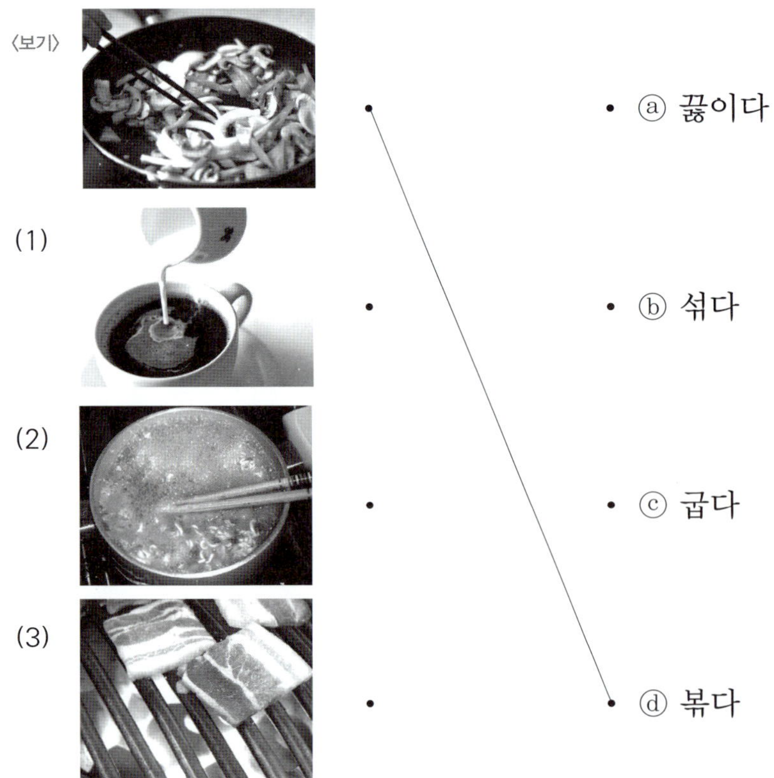

　〈보기〉

(1)

(2)

(3)

- ⓐ 끓이다

- ⓑ 섞다

- ⓒ 굽다

- ⓓ 볶다

**3**　표를 보고 〈보기〉와 같이 문장을 완성하십시오. 根据表格内容，仿照例句，完成下面句子。

| | | |
|---|---|---|
| 승희 | 중국, 가다 | × |
| 사토루 | 배낭여행, 하다 | ○ |
| 왕핑 | 이 책, 읽다 | × |
| 노민 | 이 노래, 듣다 | ○ |

〈보기〉 승희 씨는 ___중국에 못 가 봤어요.___

(1) 사토루 씨는 ___________________________

(2) 왕핑 씨는 ___________________________

(3) 노민 씨는 ___________________________

 **배낭여행** 背包旅行

**4**　〈보기〉와 같이 문장을 완성하십시오. 仿照例句，完成下面句子。

〈보기〉 어제 ___먹은___ (먹다) 음식이 맛있었습니다.

(1) 지난 주말에 _________(보다) 영화는 한국 영화입니다.

(2) 이것은 전에 한번 _________(배우다) 문법이에요.

(3) 한국말로 _________(말하다) 연습을 많이 하십시오.

**5**　〈보기〉와 같이 문장을 완성하십시오. 仿照例句，完成下面句子。

〈보기〉 극장에 갑니다, 극장에서 영화를 봅니다

　　→ ___극장에 가서 영화를 봅니다.___

(1) 음식을 만듭니다, 음식을 먹습니다

　　→ ___________________________

(2) 친구를 만납니다, 친구와 이야기를 합니다

　　→ ___________________________

(3) 집에 갑니다, 집에서 쉬고 싶습니다

　　→ ___________________________

**6** 〈보기〉와 같이 다음에서 알맞은 말을 골라 고쳐 쓰십시오. 仿照例句，选择适当的单词改写后填空。

| 놀다 | 알다 | 만들다 | 살다 | 팔다 | 열다 |

〈보기〉 고향에 가서 친구들과 같이 __놀고 싶어요.__ (-고 싶어요)

(1) 제 옆방에 ________ (-는) 친구예요.

(2) 저 분을 잘 ________ (-(으)세요?)

(3) 교실이 더우니까 창문을 좀 ________ (-(으)ㅂ시다)

**7** 다음 표를 완성하십시오. 完成下面表格。

| | -아/어/여서 | -니까 | -ㅂ니다 |
|---|---|---|---|
| 놀다 | 놀아서 | | |
| 멀다 | | 머니까 | |
| 만들다 | | | 만듭니다 |
| 살다 | | 사니까 | |
| 팔다 | 팔아서 | | |

## 读和写

**8** 다음 글을 읽고 질문에 답하십시오. 阅读下面短文，回答问题。

여러분은 김치찌개를 드셔 보셨어요?
저는 김치찌개를 좋아해서 자주 먹어요. 김치찌개는 맵지만 맛있어요. 김치찌개를 끓이는 방법은 어렵지 않아요. 먼저 물을 끓이고 그 다음에 김치와 돼지고기를 썰어서 넣으세요. 그리고 양파와 파도 썰어서 넣으세요. 조금 더 끓인 후에 맛을 보고 소금을 넣으세요. 두부를 넣는 사람도 있고 안 넣는 사람도 있어요. 그렇지만 저는 두부를 넣지 않아요.

(1) 위 글은 무엇에 대한 글입니까?

  ⓐ 김치찌개의 맛      ⓑ 김치찌개의 재료

  ⓒ 내가 좋아하는 음식     ⓓ 김치찌개를 만드는 방법

(2) 위 글의 내용과 <u>다른</u> 것을 고르십시오.

  ⓐ 김치찌개를 만드는 방법은 쉽습니다.

  ⓑ 저는 김치찌개 만드는 방법을 압니다.

  ⓒ 김치찌개에 김치와 돼지고기, 양파, 파를 넣습니다.

  ⓓ 저는 두부를 좋아해서 김치찌개에 두부를 많이 넣습니다.

**9** **그림을 보고 떡볶이를 만드는 방법에 대해 간단히 쓰십시오.** 据图片内容，简单写出做辣炒年糕的方法。

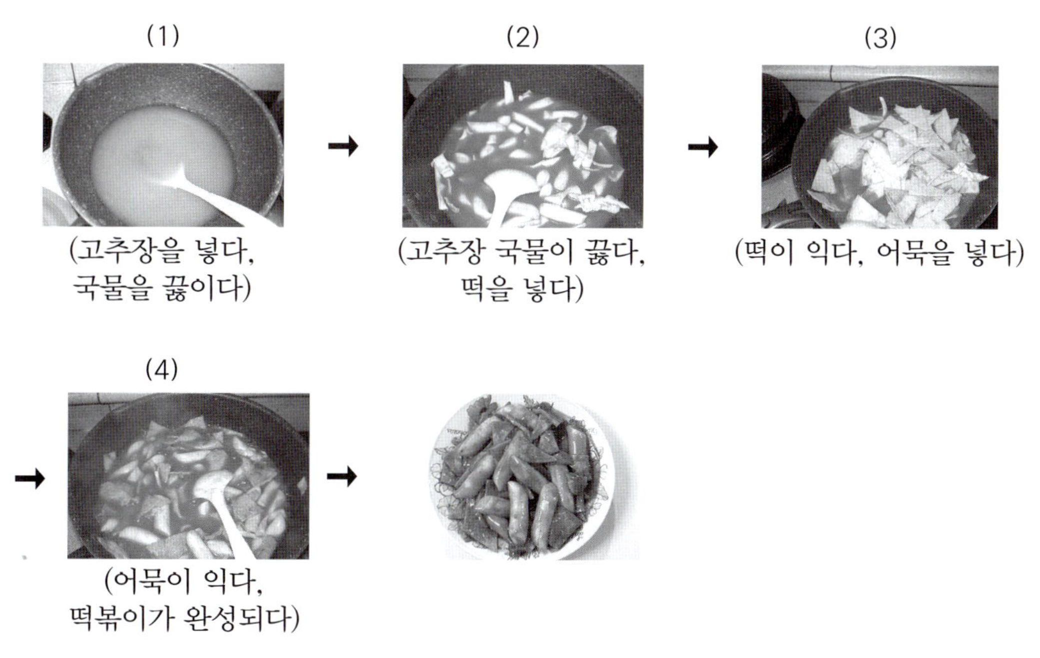

CD2 音轨 **18**

**10** 잘 듣고 이어질 말을 고르십시오. 仔细听录音，选择适当的内容连接。

ⓐ 드셔 보세요.　　　　　　　ⓑ 먹어 봤어요.

ⓒ 못 먹어 봤어요.　　　　　　ⓓ 드셨어요.

**11** 다음 대화를 듣고 맞으면 ○, 틀리면 ✕ 하십시오. 听对话，在正确的内容后画 ○，在错误的内容后画 ✕。

(1) 왕핑 씨는 서울에 사는 친구를 만났습니다.　　　（　　　）

(2) 왕핑 씨는 명동에 가서 삼계탕을 먹었습니다.　　（　　　）

(3) 메이 씨도 삼계탕을 먹어 봤습니다.　　　　　　（　　　）



**12** 그림을 보고 〈보기〉와 같이 알맞은 표현을 쓰십시오. 仿照例句，根据图片内容写出正确的表达。

〈보기〉

달걀을 삶습니다.

(달걀, 삶다)

달걀을 삶아서 먹습니다.

(달걀, 삶다, 먹다)

(1)

_______________

(양파, 썰다)

_______________

(양파, 썰다, 된장찌개에 넣다)

(2)

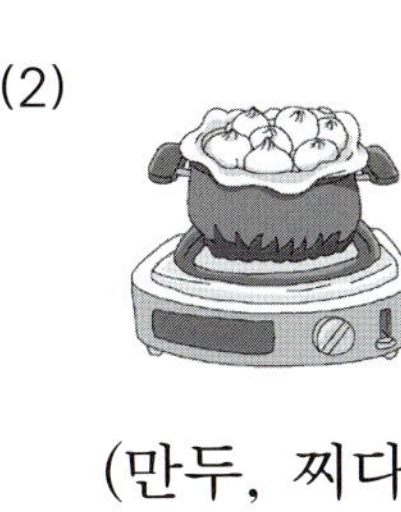

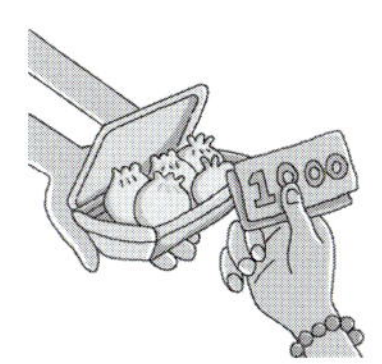

(만두, 찌다)

(만두, 찌다, 팔다)

(3)

(김치전, 부치다)

(김치전, 부치다, 먹다)

## 补充内容

### 韩国饮食

삼계탕
参鸡汤

불고기
烤肉

파전
葱饼

칼국수
刀切面

삼겹살 구이
烤五花肉

### 有关吃饭的词汇

찍다
蘸(调料)

덜다
盛(饭)

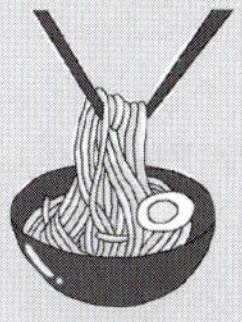

비비다
拌(饭, 面)

말다
泡(饭)

# 第2课　제 취미는 그림 그리기예요.



单词

**1** 〈보기〉와 같이 그림과 맞는 단어를 연결하십시오. 仿照例句，连接与图片相符的单词。

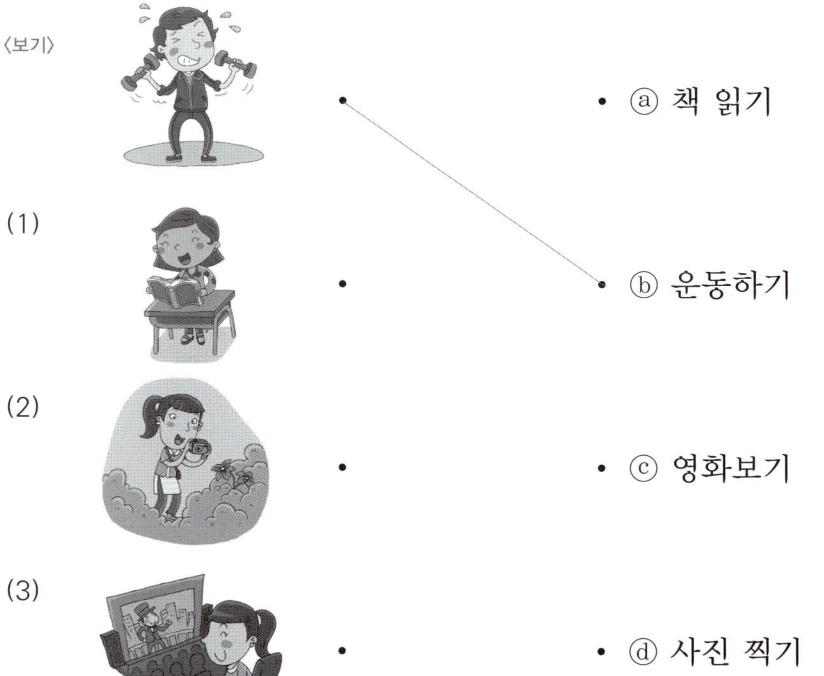

〈보기〉

(1)

(2)

(3)

- ⓐ 책 읽기
- ⓑ 운동하기
- ⓒ 영화보기
- ⓓ 사진 찍기

**2** 〈보기〉와 같이 문장을 완성하십시오. 仿照例句，完成下面句子。

> 〈보기〉 운동, 자주 → 저는 <u>운동을 자주 해요.</u>
>
> 운동, 거의 → 저는 <u>운동을 거의 안 해요.</u>

(1) 수영, 가끔 　 → 저는 _______________________

(2) 술, 거의 　　 → 왕핑은 _______________________

(3) 담배, 전혀 　 → 사토루는 _______________________

**3** 〈보기〉와 같이 연결하여 문장을 완성하십시오. 仿照例句，连接左右两边相符的句子。

〈보기〉 여름은 덥습니다. •

(1) 저는 키가 큽니다. •

(2) 민수 씨는 한국 사람입니다. •

(3) 비빔밥은 맵습니다. •

• ⓐ 삼계탕은 맵지 않습니다.

• ⓑ 영어를 잘합니다.

• ⓒ 겨울은 춥습니다.

• ⓓ 동생은 키가 작습니다.

〈보기〉 <u>여름은 더운데 겨울은 춥습니다.</u>

(1) _______________________________________

(2) _______________________________________

(3) _______________________________________

**4** 〈보기〉와 같이 문장을 완성하십시오. 仿照例句，完成下面句子。

〈보기〉 제 취미는 <u>그림 그리기</u> 입니다. (그림, 그리다)

(1) 집 근처에 영화관이 있어서 __________가 편합니다. (영화, 보다)

(2) 다음 주 수요일에 ________와 __________시험이 있습니다. (듣다, 말하다)

(3) 요즘에는 __________를 좋아하는 사람이 많습니다. (사진, 찍다)

**5** 〈보기〉와 같이 알맞은 말에 동그라미 하십시오. 仿照例句，选择正确的用法后画圈。

〈보기〉 A 내일 일찍 일어나야 해요?

B 네, 내일 (한, 하는, ⓗ할) 일이 많으니까 일찍 주무세요.

(1) A 아까 (만난, 만나는, 만날) 사람이 누구입니까?

　　B 우리 반 친구예요.

(2) A 어디에서 (찍은, 찍는, 찍을) 사진이에요?

　　B 고향에서 (찍은, 찍는, 찍을) 사진이에요.

(3) A 죄송합니다만 신문을 (판, 파는, 팔) 곳이 어디입니까?

   B 저기 육교 밑에 있어요.

**6** 그림을 보고 〈보기〉와 같이 문장을 완성하십시오. 仿照例句，完成下面句子。

| 〈보기〉 | 저 | 책 읽기 | 일 | 많이 못 읽다 |
|---|---|---|---|---|
| (1) | 메이 | 스키 | 아르바이트 | 가끔 타다 |
| (2) | 사토루 | 축구 | 날씨 | 거의 못 하다 |
| (3) | 왕핑 | 여행 | 공부 | 자주 못 하다 |

〈보기〉 제 취미는 <u>책 읽기인데 요즘은 일 때문에 많이 못 읽습니다</u>.

(1) 메이 씨 취미는 ________________________

(2) 사토루 씨 취미는 ________________________

(3) 왕핑 씨 취미는 ________________________

**7** 〈보기〉와 같이 문장을 완성하십시오. 仿照例句，完成下面句子。

> 〈보기〉 저는 김치를 좋아합니다. / 동생은 김치를 잘 못 먹습니다.
>
> → <u>저는 김치를 좋아하는데 동생은 김치를 잘 못 먹습니다.</u>

(1) 사토루 씨는 여자 친구가 있습니다. / 왕핑 씨는 여자 친구가 없습니다.

   → ________________________

(2) 시골은 공기가 맑습니다. / 도시는 맑지 않습니다.

   → ________________________

(3) 저는 클래식 음악을 좋아합니다. / 동생은 가요를 좋아합니다.

   → ________________________

生词   시골 乡下 | 공기 空气 | 도시 都市 | 클래식 음악 古典音乐

**8** 다음 글을 읽고 맞으면 ○, 틀리면 ✕ 하십시오.

读下面短文回答问题，在正确的句子后画 ○，在错误的句子后画 ✕。

제 취미는 영화 감상입니다. 저는 특히 공포 영화를 좋아합니다. 가끔 친구들과 같이 영화관에 가서 영화를 봅니다.
지난 주말에도 메이 씨와 같이 공포 영화를 봤습니다. 사실 메이 씨는 공포 영화를 좋아하지 않는데 이번에 저 때문에 공포 영화를 봤습니다. 이번에 메이 씨와 같이 본 영화는 정말 재미있었습니다. 하지만 메이 씨는 너무 무서워서 울었습니다. 메이 씨에게 미안했습니다. 다음에는 다른 영화를 볼 겁니다.

(1) 저는 영화 보는 것을 좋아합니다.      (　　　)

(2) 메이 씨도 공포 영화를 좋아합니다.      (　　　)

(3) 메이 씨는 영화 때문에 울었습니다.      (　　　)

**9** 여러분의 취미는 무엇입니까? 친구들과 같이 이야기하고 표를 채우십시오.

请问大家的爱好是什么？ 和朋友对话后，完成下面表格。

| 이름 | | 민수 | 친구 1(　　) | 친구 2(　　) |
|---|---|---|---|---|
| 취미가 뭐예요? | | 영화 감상 | | |
| 언제부터 좋아했어요? | | 고등학생 때 | | |
| 보통 누구하고 같이 해요? | | 친구 | | |
| 얼마나 자주 봅니까? | 항상 | | | |
| | 자주 | ○ | | |
| | 가끔 | | | |
| | 거의 | | | |
| | 전혀 | | | |

生词　　특히 特别 ｜ 공포 영화 恐怖电影 ｜ 사실 事实

**10**　잘 듣고 질문에 답하십시오. 仔细听录音, 回答下面问题。

(1) 메이 씨 취미는 무엇입니까? ______________________

(2) 민수 씨는 왜 수영장에 자주 못 갑니까? ______________________

**11**　다음 대화를 듣고 맞으면 ○, 틀리면 ✕ 하십시오. 听对话, 在正确的内容后画 ○, 在错误的内容后画 ✕。

(1) 남자의 취미는 등산하기인데 바빠서 거의 못 갑니다. （　　）

(2) 여자는 내일 산에 갈 겁니다. （　　）

(3) 등산을 하면 맑은 공기도 마실 수 있습니다. （　　）

### 词汇应用

**12**　다음을 보고 표를 완성하십시오. 根据图片内容, 完成空白处。

축구/야구/농구/배구/수영/태권도/등산 ➡ 하다

스키/스케이트/자전거 ➡ 타다

골프/배드민턴/테니스/당구/볼링/탁구 ➡ 치다

| 이름 | 취미 | |
|---|---|---|
| 노민 | 스키 | 〈보기〉 노민 씨 취미는 스키 타기예요. |
| 사토루 | 탁구 | (1) |
| 민수 | 태권도 | (2) |
| 메이 | 등산 | (3) |

生词　볼링 保龄球 ｜ 스케이트 滑冰 ｜ 테니스 网球 ｜ 배드민턴 羽毛球 ｜ 당구 台球 ｜ 골프 高尔夫

## 爱好活动的种类

| **영화 감상**<br>欣赏电影 |  | |  |  | |
|---|---|---|---|---|---|
| | 액션 영화<br>动作片 | 공포 영화<br>恐怖片 | 애정 영화<br>爱情片 | 코미디 영화<br>喜剧片 | 공상 과학 영화<br>科幻片 |
| **독서**<br>读书 |  |  |  |  | |
| | 소설<br>小说 | 추리 소설<br>推理小说 | 애정 소설<br>爱情小说 | 위인전<br>伟人传 | 잡지<br>杂志 |
| **운동**<br>运动 |  |  |  |  |  |
| | 스노보드<br>滑板滑雪 | 요가<br>瑜珈 | 벨리 댄스<br>芭蕾 | 권투<br>拳击 | 검도<br>剑道 |

## 与爱好有关的各种表达法

제 취미는 ○○입니다.  　　我的爱好是○○。
→ 저는 취미로 ○○을/를 합니다.  　　我以○○作为爱好。
→ 저는 ○○에 취미가 있습니다.  　　我对○○有兴趣。

〈예〉

제 취미는 여행입니다.  　　我的爱好是旅游。
→ 저는 취미로 여행을 합니다.  　　我以旅游作为爱好。
→ 저는 여행에 취미가 있습니다.  　　我对旅游很有兴趣。

# 第3课 여행을 가기 전에 표를 예매해야 해요.



**1** 그림을 보고 〈보기〉와 같이 알맞은 단어를 쓰십시오. 仿照例句, 填写与图片相符的单词。

| 표 | 외국 여행 | 호텔 | 민박 |
|---|---|---|---|

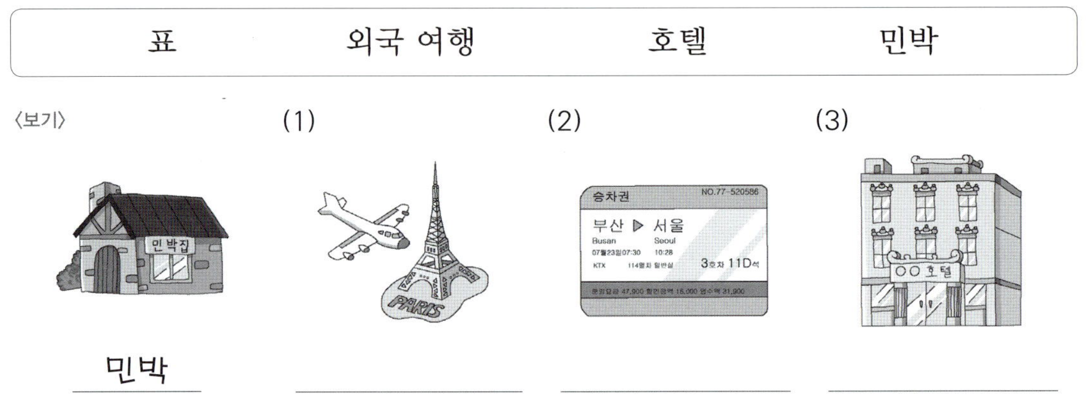

〈보기〉      (1)      (2)      (3)

민박      ________      ________      ________

**2** 〈보기〉와 같이 다음을 연결하여 문장을 완성하십시오. 仿照例句, 连接左右两边相符的单词完成句子。

〈보기〉 여행   •　　•　ⓐ 예약하다    ________

(1) 기차표   •　　•　ⓑ 가다    여행을 갑니다.

(2) 호텔   •　　•　ⓒ 예매하다    ________

(3) 기차   •　　•　ⓓ 타다

**表达·语法**

**3**  〈보기〉와 같이 대화를 완성하십시오.  仿照例句，完成下面对话。

> 〈보기〉 A 밥을 먹기 전에 뭘 해야 해요?
>
> B 밥을 먹기 전에 <u>손을 씻어야 해요,</u> (손을 씻다)

(1) A 지하철을 타기 전에 뭘 해야 해요?

  B 지하철을 타기 전에 ______________________________ (교통카드를 충전하다)

(2) A 생일 파티에 가기 전에 뭘 해야 해요?

  B 생일 파티에 가기 전에 ______________________________ (케이크를 사다)

(3) A 여행을 가기 전에 뭘 해야 해요?

  B 여행을 가기 전에 ______________________________ (호텔을 예약하다)

生词  충전하다 充电

**4**  〈보기〉와 같이 대화를 완성하십시오.  仿照例句，完成下面对话。

> 〈보기〉 A 왜 주말에 여행을 갈 수 없습니까? (시험이 있다)
>
> B <u>시험이 있기 때문에 갈 수 없습니다,</u>

(1) A 왜 오늘 모임에 못 갑니까? (일이 많다)

  B ______________________________

(2) A 왜 학교에 가지 않습니까? (아프다)

  B ______________________________

(3) A 왜 기차표를 미리 예매해야 합니까? (명절이다)

  B ______________________________

(4) A 왜 메이 씨는 한국말을 잘합니까? (한국에서 오래 살았다)

  B ______________________________

**5** 표를 보고 〈보기〉와 같이 질문에 답하십시오. 根据表格内容，仿照例句，回答下面问题。

| | |
|---|---|
| 오전 7시 | 신문을 읽습니다. |
| 오전 8시 | 아침을 먹습니다. |
| 오전 10시 | 한국어를 공부합니다. |
| 오후 3시 | 친구를 만납니다. |
| 오후 5시 | 서점에 갑니다. |
| 오후 6시 | 영화를 봅니다. |

〈보기〉 아침을 먹기 전에 무엇을 합니까?

→ 아침을 먹기 전에 신문을 읽습니다.

(1) 친구를 만나기 전에 무엇을 합니까?

→ ___________________________

(2) 서점에 가기 전에 무엇을 합니까?

→ ___________________________

(3) 영화를 보기 전에 무엇을 합니까?

→ ___________________________

**6** 그림을 보고 〈보기〉와 같이 문장을 완성하십시오. 仿照例句，完成下面对话。

〈보기〉

A 감기에 걸려서 아파요.

B 푹 쉬어야겠어요. (푹 쉬다)

(1) 

A 방이 지저분해요.

B ___________________________ (청소를 하다)

(2) 

A 요즘 살이 많이 쪘어요.

B ___________________________ (다이어트를 하다)

(3) 

A 날씨가 너무 추워요.

B ___________________________ (두꺼운 옷을 입다)

**7** 〈보기〉와 같이 문장을 완성하십시오. 仿照例句，完成下面句子。

〈보기〉 감기에 __걸렸기 때문에__ 병원에 __가야겠어요.__ (걸리다, 가다)

(1) _______________ 도서관에 가서 _______________ (시험이 있다, 공부하다)

(2) 주말에 고향에서 _______________ 공항에 _________ (친구가 오다, 가다)

(3) 내일은 _______________ 선물을 _______________

(어머니 생신이다, 사다)

(4) 휴가철에는 여행을 가는 _______________ 기차표를 빨리

_______________ (사람들이 많다, 예매하다)

### 读和写

**8** 다음을 읽고 질문에 답하십시오. 阅读下面短文，回答问题。

> 제 취미는 여행입니다. 그래서 이번 주 토요일에 친구들과 1박 2일로 부산 여행을 할 겁니다. 주말에는 사람들이 많기 때문에 미리 기차표를 예매해야 합니다. 그래서 어제 인터넷으로 예매를 했습니다.
>
> 부산에는 유명한 관광지가 많습니다. 저는 자갈치시장에 가보고 싶습니다. 자갈치시장에 가서 회도 먹고 싶습니다. 밤에는 친구들과 콘도에서 음식도 만들어서 먹고 게임도 할 겁니다. 서울로 돌아오기 전에 해운대 바닷가에 가서 사진도 찍을 겁니다.

(1) 언제, 어디로 여행을 갈 것입니까?

언제: _______________

어디: _______________

(2) 왜 미리 기차표를 예매해야 합니까?

ⓐ 명절이기 때문에

ⓑ 1박 2일로 가기 때문에

ⓒ 주말에 여행을 가기 때문에

ⓓ 부산이 유명한 관광지이기 때문에

(3) 위 글의 내용과 <u>다른</u> 것을 고르십시오.

    ⓐ 어제 인터넷으로 호텔을 예약했습니다.

    ⓑ 저는 바닷가에서 사진을 찍고 올 겁니다.

    ⓒ 저는 부산에 가서 유명한 시장을 구경하고 싶습니다.

    ⓓ 저는 주말에 부산에 가서 하룻밤을 자고 올 겁니다.

**자갈치시장** 渔市(位于釜山南浦洞和忠武洞间之间的海鲜市场，是釜山代表性的传统市场) | **회** 生鱼片
**바닷가** 海边 | **하룻밤** 一晚上

## 听力

CD 2　音轨 20

**9**　다음 대화를 듣고 맞으면 ○, 틀리면 ✕ 하십시오. 听对话，在正确的内容后画 ○，在错误的内容后画 ✕。

(1) 남자는 고속버스를 타고 여행을 갈 겁니다.　　　(　　　)

(2) 여자는 오늘 버스표를 예매할 겁니다.　　　(　　　)

(3) 여자는 호텔을 예약했습니다.　　　(　　　)

**10**　잘 듣고 질문에 답하십시오. 仔细听录音，回答下面问题。

(1) 왜 표를 미리 예매해야 합니까?

_______________________________

(2) 위의 내용과 같은 것을 찾으십시오.

    ⓐ 제주도에 배를 타고 갈 겁니다.

    ⓑ 2박 3일 동안 여행을 할 겁니다.

    ⓒ 한국에서 제일 높은 산은 한라산입니다.

    ⓓ 사진을 찍어서 친구에게 보낼 겁니다.

**11** 다음 가로, 세로를 읽고 알맞은 말을 쓰십시오. 阅读下面横排和竖列的内容,填空完成。

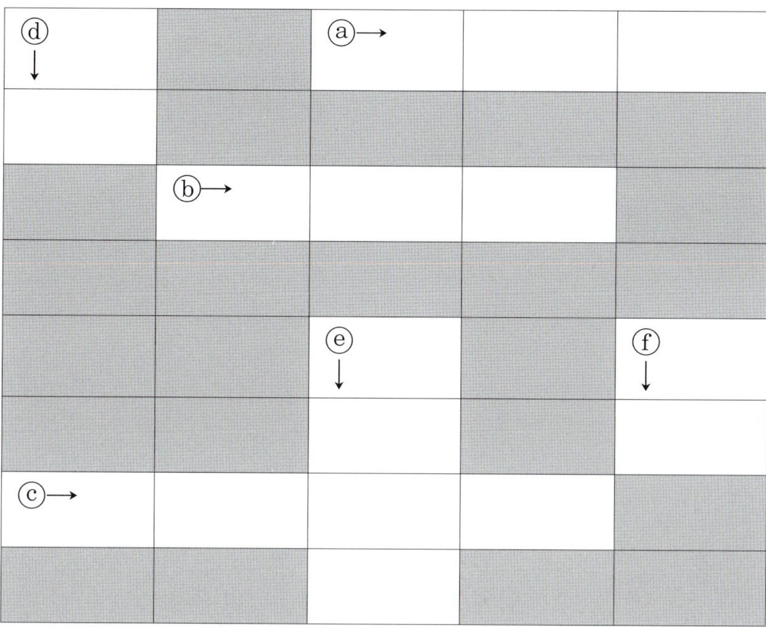

···▶ 가로

ⓐ 관광하는 사람들입니다.

ⓑ 기차를 타기 전에 이것을 사야 합니다.

ⓒ 다른 나라로 여행을 갑니다.
　　(↔ 국내 여행)

⋮ 세로

ⓓ 여행가기 전에 호텔을 ○○합니다.

ⓔ 토요일이나 일요일에 가는 여행

ⓕ 요리도 하고 잠도 잘 수 있는 곳입니다.

**12** 〈보기〉와 같이 서로 관계있는 것을 연결하십시오. 仿照例句,连接左右相符的内容。

〈보기〉 기차표　　　•

(1) 여권　　　•

(2) 국제선　　　•

(3) 국내선　　　•

(4) 국제 학생증　　　•

　　　•　ⓐ 국내 여행

　　　•　ⓑ 외국 여행

## 与旅游有关的表达法

| **여행의 종류**<br>旅游的种类 | 교통편<br>交通手段 | 도보 여행 徒步旅行　기차 여행 火车旅行<br>자전거 여행 自行车旅行 |
| --- | --- | --- |
| | 여행지<br>旅游地 | 국내 여행 国内旅行　외국 여행 海外旅行<br>우주여행 宇宙旅行 |
| | 여행목적<br>旅游目的 | 수학여행 修学旅行　졸업 여행 毕业旅行<br>신혼여행 新婚旅行　효도 관광 孝道旅行<br>자유 여행 自由观光　단체 관광 团体观光 |
| **여행의 목적**<br>旅游的目的 | | 관광 旅游, 观光　휴양 疗养　학습 学习 |
| **교통수단**<br>交通工具 | | 비행기 飞机　배 船　버스 公交车　차 车　자전거 自行车<br>도보 徒步　기차 火车　지하철 地铁 |
| **숙박**<br>住宿 | | 민박 农家院　여관 旅馆　콘도 度假村　펜션 租赁木屋<br>호텔(침대방, 온돌방) 宾馆(有床房间, 暖炕房间)　텐트 帐篷 |

---

**文化卡片!**　**旅游准备**

去旅游时，我们可以去旅行社选择旅游产品和买飞机票，也可以在网上购买旅游产品、机票或船票。如果网上合购游商品的话，价格更便宜。但是，我们在网上购买商品时，一定要认真地看清楚。

# 第4课　5분쯤 걸으면 지하철역이 있어요.

单词

**1**　그림을 보고 〈보기〉와 같이 알맞은 단어를 쓰십시오. 仿照例句, 填写与图片相符的单词。

〈보기〉　　　　　　(1)　　　　　　(2)　　　　　　(3)

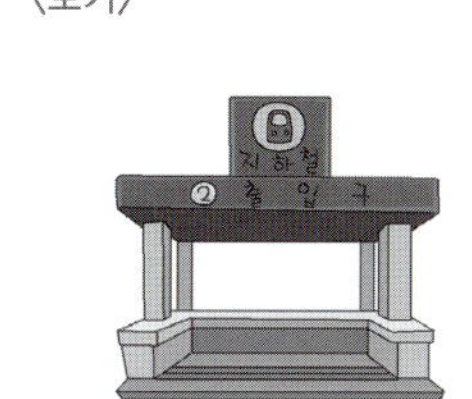

지하철역

**2**　그림을 보고 〈보기〉와 같이 다음에서 알맞은 말을 골라 쓰십시오. 看图, 填写与图片相符的内容。

| 좌회전 | 우회전 | 직진 | 삼거리 | 사거리 |
|---|---|---|---|---|
| 똑바로 가다 | | 왼쪽으로 가다 | | 오른쪽으로 가다 |

〈보기〉　　　　　　(1)　　　　　　(2)　　　　　　(3)

좌회전

왼쪽으로 가다

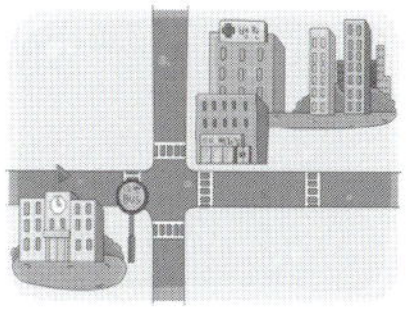

**3** 〈보기〉와 같이 문장을 바꾸십시오. 仿照例句，改写下面句子。

> 〈보기〉 시험공부를 하다 → <u>시험공부를 하려고 해요,</u>

(1) 냉면을 먹다　　　　　→ _______________________________

(2) 친구를 만나다　　　　→ _______________________________

(3) 중국 음식을 만들다　 → _______________________________

(4) 음악을 듣다　　　　　→ _______________________________

**4** 〈보기〉와 같이 관계있는 것끼리 연결한 후 문장을 완성하십시오.
仿照例句，连接左右相符的单词完成句子。

〈보기〉 배가 고픕니다. •　　　　• ⓐ 도서관에 가서 공부하다

_______________________________

(1) 머리가 아픕니다. •　　　　• ⓑ 지금 택시를 타다

_______________________________

(2) 늦었습니다. •　　　　• ⓒ 밥을 먹다

<u>배가 고파서 밥을 먹으려고 합니다,</u>

(3) 친구 생일입니다. •　　　　• ⓓ 병원에 가다

_______________________________

(4) 시험이 있습니다. •　　　　• ⓔ 선물을 사다

_______________________________

**5** 〈보기〉와 같이 문장을 완성하십시오. 仿照例句，完成下面句子。

> 〈보기〉 시간이 있습니다. / 영화를 보고 싶습니다.
>
> → <u>시간이 있으면 영화를 보고 싶습니다.</u>

(1) 값이 쌉니다. / 가방을 사겠습니다.

→ ___________________________________

(2) 많이 피곤합니다. / 집에 가서 쉬세요.

→ ___________________________________

(3) 고향에 도착합니다. / 전화할게요.

→ ___________________________________

(4) 춥습니다. / 창문을 닫아 드릴까요?

→ ___________________________________


**6** 표를 보고 〈보기〉와 같이 문장을 완성하십시오. 根据表格内容，仿照例句，完成下面句子。

| 오후 1시 | 식당에서 점심을 먹습니다. |
|---|---|
| 오후 2시 | 도서관에서 시험공부를 합니다. |
| 오후 4시 | 인사동에서 친구를 만납니다. |
| 오후 5시 30분 | 서울극장에서 영화를 봅니다. |
| 오후 7시 | 명동에서 저녁을 먹습니다. |

> 〈보기〉 <u>점심을 먹은 후에</u> 도서관에서 시험공부를 합니다.

(1) 도서관에서 _______________________ 인사동에서 친구를 만납니다.

(2) 인사동에서 _______________________ 서울극장에서 영화를 봅니다.

(3) 서울극장에서 _______________________ 명동에서 저녁을 먹습니다.

**7** 다음 표를 완성하십시오. 完成下面表格。

|      | –(으)세요 | –아/어/여요 | –(으)ㄹ까요? | –았/었/였어요 | –(으)니까 |
|------|----------|------------|------------|-------------|----------|
| 듣다 | 들으세요 |            |            |             |          |
| 걷다 |          | 걸어요     |            |             |          |
| 묻다 |          |            |            | 물었어요    |          |
| 닫다 | 닫으세요 |            |            |             |          |
| 받다 |          |            |            |             | 받으니까 |



**8** 다음 글을 읽고 질문에 답하십시오. 读下面短文,回答问题。

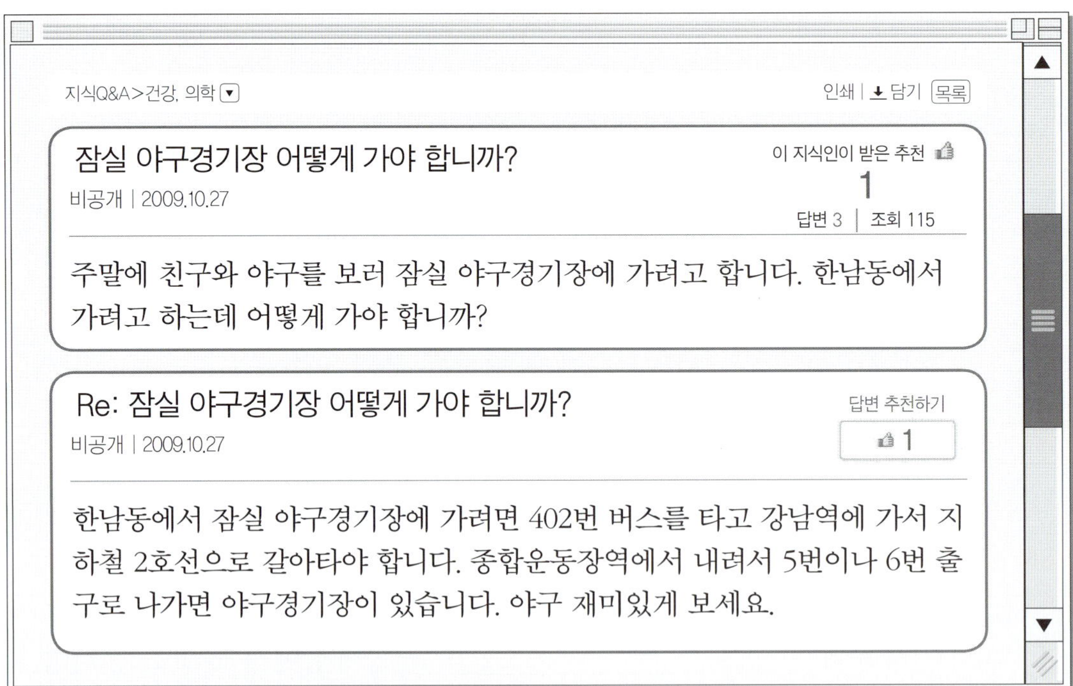



(1) 다음 빈칸에 알맞은 말을 쓰십시오.

한남동에서 ① _______ 번 버스 → ② _________ 에서 지하철 2호선 → ③ _________ 에서 내려서 ④ ___ 번이나 ⑤ ___ 번 출구로 나갑니다.

(2) 위의 내용과 같으면 ○, 다르면 × 하십시오.

① 한남동에서는 잠실로 바로 가는 버스가 없습니다.　　　　　（　　　）

② 잠실야구 경기장에 가려면 지하철 5호선을 타야 합니다.（　　　）



**9**　다음 대화를 듣고 맞으면 ○, 틀리면 × 하십시오. 听对话，在正确的内容后画 ○，在错误的内容后画 ×。

(1) 메이 씨는 한국말을 잘 들을 수 있습니다.　　　　（　　　）

(2) 4호선으로 갈아타려면 지금 내려야 합니다.　　　　（　　　）

(3) 왕핑 씨는 혜화역에 가려고 합니다.　　　　　　　（　　　）

**10**　잘 듣고 맞는 그림을 찾으십시오. 仔细听录音，找出正确的图片。

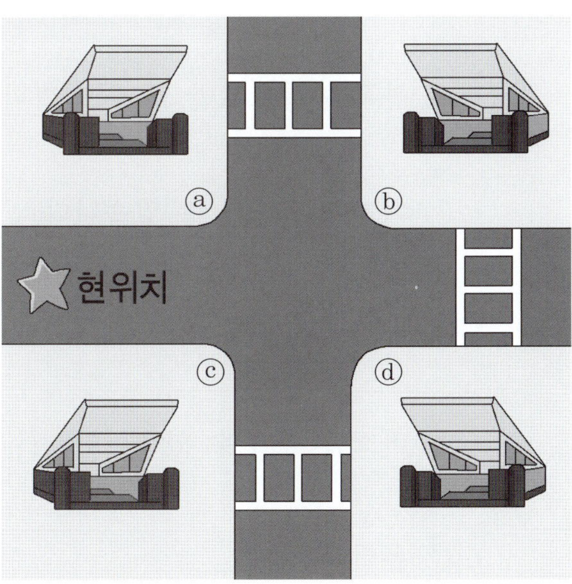

**11**  〈보기〉와 같이 다음에서 알맞은 말을 골라 쓰십시오. 仿照例句，根据所给的内容选择适当的单词。

> 대중교통　　충전하다　　속도위반　　운전면허증　　중고자동차

> 〈보기〉 교통카드에 돈이 없어서 돈을 넣어야 합니다.　　( **충전하다** )

(1) 버스, 지하철처럼 많은 사람들이 이것을 이용합니다.　　(　　　　　)

(2) 다른 사람이 이 자동차를 오랫동안 탔습니다.　　(　　　　　)

(3) 80㎞로 가야 하는데 120㎞로 갔습니다.　　(　　　　　)

(4) 운전을 하고 싶은데 이것이 없어서 못 합니다.　　(　　　　　)

**12**  〈보기〉와 같이 그림과 맞는 표현을 연결하십시오. 仿照例句，连接与图片相符的句子。

〈보기〉

ⓐ 주차하지 마십시오.

(1)

ⓑ 한쪽 방향으로만 갈 수 있습니다.

(2)

ⓒ 여기에서 건널 수 있습니다.

(3)

ⓓ 앞으로 갈 수 있습니다.

(4)

ⓔ 버스만 다닐 수 있습니다.

(5)

ⓕ 유턴하십시오.

(6)

ⓖ 여기로 갈 수 없습니다.

生词　대중교통 公共交通 ｜ 속도위반 超速 ｜ 운전면허증 驾驶证 ｜ 중고자동차 二手车 ｜ 유턴 掉头

## 地铁路线图

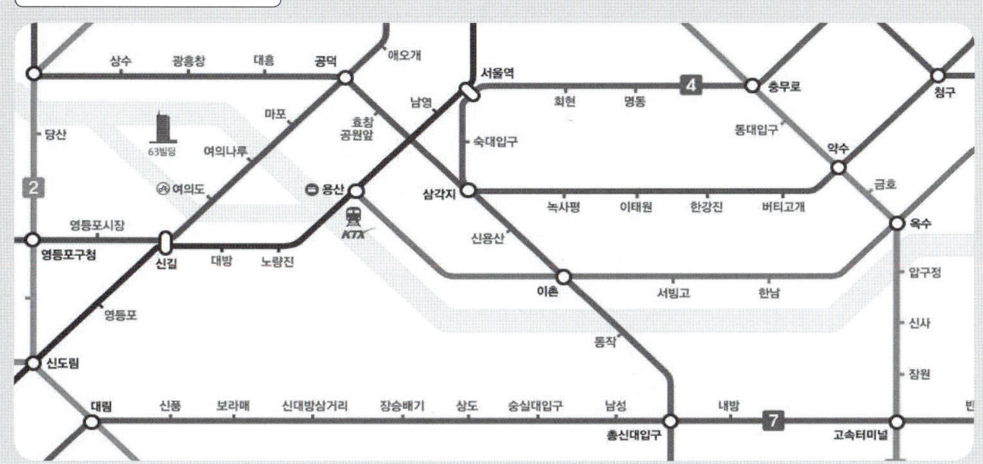


## 公交手段

**버스**
公交车

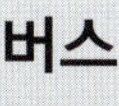

고속버스
长途汽车

시내버스
市内公交车

마을버스
小区公交车

**기차**
火车

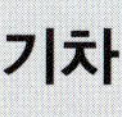

KTX
KTX

새마을호
新村号

무궁화호
无穷花号

**택시**
出租车

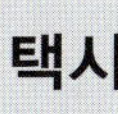

일반택시
一般出租车

모범택시
模范出租车

개인택시
个人出租车

**비행기**
飞机

국내선
国内航线

국제선
国际航线

# 第5课 复习 1~4



[1~2] 〈보기〉와 같이 (    ) 안에 밑줄 친 부분과 반대되는 말을 고르십시오.
仿照例句，选出和画线部分意思相反的选项。

> 〈보기〉 A 아침에 <u>항상 운동을 하세요</u>?
> B 아니요, 저는 운동을 (                )
> ⓐ 해요.  ✔전혀 안 해요.  ⓒ 가끔 해요.  ⓓ 자주 해요.

**1** A 비행기 표를 <u>편도</u>로 하셨어요?

B 아니요, (          )(으)로 했어요.

ⓐ 내일　　　　ⓑ 1박 2일　　　　ⓒ 왕복　　　　ⓓ 예약

**2** A 사거리에서 <u>우회전</u>하면 돼요?

B 아니요, (                    )

ⓐ 유턴하세요.　　　　　　　　ⓑ 직진하세요.

ⓒ 오른쪽으로 가세요.　　　　　ⓓ 좌회전하세요.

[3~4] 〈보기〉와 같이 (    ) 안에 알맞은 단어를 고르십시오. 仿照例句，选择正确选项。

> 〈보기〉 저는 가끔 친구들과 탁구를 (          )
> ⓐ 봅니다.　　ⓑ 탑니다.　　✔칩니다.　　ⓓ 합니다.

**3** 명절이어서 빨리 기차표를 (          ) 합니다.

ⓐ 대야　　　　ⓑ 예매해야　　　　ⓒ 타야　　　　ⓓ 예약해야

**4** 떡국을 만들고 싶으면 먼저 물을 (          ) 합니다.

ⓐ 볶아야　　　　ⓑ 튀겨야　　　　ⓒ 썰어야　　　　ⓓ 끓여야

〔5~6〕〈보기〉와 같이 대화를 완성하십시오. 仿照例句，完成下面对话。

> 〈보기〉 A 살을 빼고 싶어요.
>
> B __튀긴 음식__ 을 많이 먹지 마세요. (튀기다, 음식)

**5** A 언제 친구들과 영화를 볼 거예요?

　　B __________에 영화를 볼 거예요. (쉬다, 날)

**6** A 어제 __________ 이름이 뭐예요? (먹다, 음식)

　　B 삼계탕이에요.

〔7~8〕〈보기〉와 같이 대화를 완성하십시오. 仿照例句，完成下面对话。

> 〈보기〉 된장찌개를 먹다 (✕)
>
> A 된장찌개를 먹어 봤어요?
>
> B 아니요, 못 먹어 봤어요.

**7** 이 노래를 듣다 (✕)

　　A __________________________

　　B 아니요, __________________

**8** 한복을 입다 (✕)

　　A __________________________

　　B 아니요, __________________

〔9~10〕〈보기〉와 같이 알맞은 말에 동그라미 하십시오. 仿照例句，在正确的用法后画圈。

> 〈보기〉 내일 (만난, 만나는, (만날)) 사람이 있습니다.

**9** 지난 여름방학에 (찍은, 찍는, 찍을) 사진이에요.

**10** 어제 (산, 사는, 살) 운동화가 아주 편해요.

〔11~12〕 〈보기〉와 같이 문장을 완성하십시오. 仿照例句，完成下面句子。

〈보기〉 오후에 종로에 가다 → 오후에 종로에 가려고 해요.

**11** 피곤해서 집에서 쉬다 → ______________________

**12** 한국에서 살다 → ______________________

〔13~14〕 〈보기〉와 같이 문장을 완성하십시오. 仿照例句，完成下面句子。

〈보기〉 단어는 쉽다 / 문법은 어렵다 → 단어는 쉬운데 문법은 어렵습니다.

**13** 죄송하다 / 대학로에 어떻게 갑니까?

→ ______________________

**14** 요즘 공부를 열심히 하다 / 성적이 안 좋습니다

→ ______________________

## 听力

CD2 音轨 **22**

〔15~18〕 잘 듣고 이어질 말을 고르십시오. 仔细听录音，选择适当的内容连接。

〈보기〉 메이 씨 취미가 뭐예요?
ⓐ 주말에 등산을 갔어요.　　ⓑ 제 취미는 사진 찍기예요.
ⓒ 저는 요리를 배우고 싶어요.　　☑ 게임도 하고 이야기도 했어요.

**15**　ⓐ 영화를 볼 거예요.　　ⓑ 도서관에서 숙제를 해요.
　　ⓒ 자기 전에 이를 닦아요.　　ⓓ 피곤해서 집에 가서 쉬었어요.

**16**　ⓐ 마이클 씨는 한국말을 배우고 싶어 해요.

　　ⓑ 마이클 씨는 3년 동안 한국에서 살 거예요.

　　ⓒ 마이클 씨는 미국에서 영어 선생님이었어요.

　　ⓓ 마이클 씨는 2년 동안 한국에서 살았기 때문에 한국말을 잘해요.

**17**　　ⓐ 학교에 가야 해요.　　　　　　ⓑ 네, 좀 쉬어야겠어요.

　　　　ⓒ 친구를 만나야겠어요.　　　　ⓓ 네, 약을 먹지 마세요.

**18**　　ⓐ 여행을 갔어요.　　　　　　　ⓑ 여행을 가려고 해요.

　　　　ⓒ 여행을 다녀온 후에 만날 거예요.　ⓓ 여행을 갔기 때문에 바빴어요.

〔19~20〕잘 듣고 맞는 답을 고르십시오. 仔细听录音，回答下面问题。

**19**　　여자는 왜 영화를 이해할 수 없었습니까?

　　　　ⓐ 발음이 나빠서　　　　　　　ⓑ 소리가 작아서

　　　　ⓒ 한국말을 몰라서　　　　　　ⓓ 한국말이 너무 빨라서

**20**　　이 사람은 언제 출발해서 언제 돌아올까요?

　　　　ⓐ 금요일, 일요일　　　　　　　ⓑ 토요일, 화요일

　　　　ⓒ 일요일, 화요일　　　　　　　ⓓ 토요일, 일요일

 이해하다 理解, 了解

读和写

〔21~22〕다음 글을 읽고 질문에 답하십시오. 阅读下面短文，回答问题。

> 　승희 씨는 서점에 가려고 지하철을 탔습니다. 2호선 지하철을 타고 강남역에서 내려서 6번 출구로 나왔습니다. 100m쯤 쭉 걸어가니까 왼쪽에 서점이 있었습니다. 승희 씨는 읽어야 할 책을 빨리 산 후에 밖으로 나와서 횡단보도를 건넜습니다. 그리고 버스를 탔습니다. 왜냐하면 지하철에서 내린 후 다시 지하철을 타면 환승할인이 되지 않는데 버스를 타면 환승할인이 되기 때문입니다.

**21**　　승희 씨는 서점에 어떻게 갔습니까?

　　　　ⓐ 자가용을 타고　　　　　　　ⓑ 지하철 6호선을 타고

　　　　ⓒ 지하철 2호선을 타고　　　　ⓓ 버스를 타고

**22** 승희 씨는 돌아갈 때 왜 버스를 탔습니까?

   ⓐ 버스 정류장이 가깝기 때문에    ⓑ 지하철 요금이 비싸기 때문에

   ⓒ 빨리 책을 읽어야 하기 때문에    ⓓ 버스 요금이 할인이 되기 때문에

生词   환승할인 换乘优惠

〔23~25〕 다음 글을 읽고 질문에 답하십시오. 阅读下面短文，回答问题。

> 〈마이클 씨의 하루〉
>
> 　마이클 씨는 오늘 하루 아주 바빴습니다. 아침에 9시부터 1시까지 한국어 수업을 들은 후에 친구들과 점심을 먹었습니다. 보통 점심을 먹은 후에 도서관에 가서 2시부터 5시까지 공부를 하는데 오늘은 도서관에 가지 않고 종로에 갔습니다. 다음 달에 있는 어머니 생신 선물을 사러 갔습니다. 종로에는 반지와 목걸이를 파는 가게들이 많았습니다. 한 가게에서 어머니가 좋아하시는 파란색 목걸이를 하나 샀습니다. 조금 비쌌지만 아주 마음에 들어서 그 목걸이를 샀습니다. 내일은 이 목걸이를 어머니께 보내려고 합니다. 아마 어머니께서 아주 기뻐하실 겁니다.

**23** 마이클 씨는 오늘 ①어디에 가서 ②무엇을 샀습니까?

   ① ________________________    ② ________________________

**24** 마이클 씨는 왜 그것을 샀습니까?

   ________________________________________

**25** 마이클 씨는 오늘 무엇을 <u>하지 않았습니까?</u>

   ⓐ 학교에서 공부를 했습니다.

   ⓑ 종로에 가서 선물을 샀습니다.

   ⓒ 친구들과 같이 점심 식사를 했습니다.

   ⓓ 우체국에 가서 어머니께 선물을 부쳤습니다.

# 第**6**课　한 치수 작은 것으로 바꿔 주세요.





**1**　〈보기〉와 같이 알맞은 단어를 쓰십시오. 仿照例句，看图选择适当的单词。

| 세일 | 환불 | 교환 | 가격 |

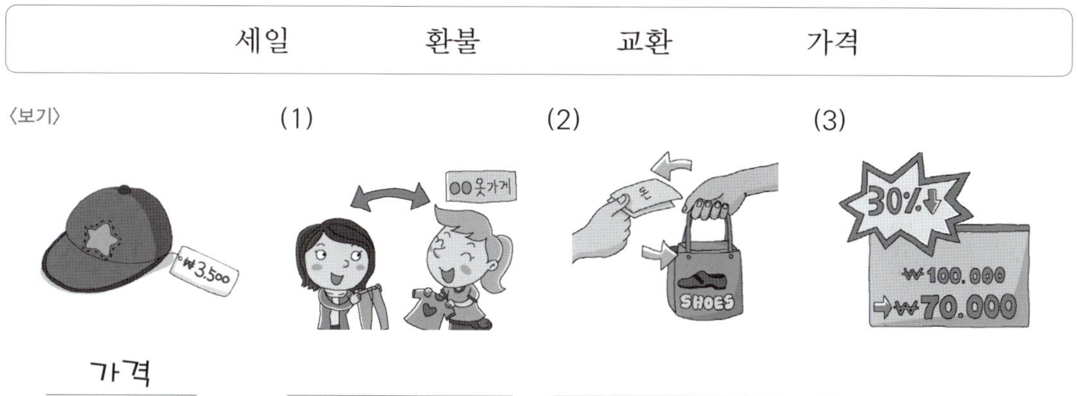



〈보기〉　　(1)　　(2)　　(3)

가격

**2**　〈보기〉와 같이 반대말을 연결하십시오. 仿照例句，连接意思相反的两边内容。

〈보기〉 값이 오르다　·　　·　ⓐ 마음에 들지 않다

(1) 품질이 좋다　·　　·　ⓑ 치수가 작다

(2) 치수가 크다　·　　·　ⓒ 값이 내리다

(3) 마음에 들다　·　　·　ⓓ 품질이 나쁘다

**3** 〈보기〉와 같이 대화를 완성하십시오. 仿照例句，完成下面对话。

> 〈보기〉 A 이 디자인이 ___예쁘지요?___ (예쁘다)
>
> B 네, 예뻐요.

(1) A 시험이 _____________ (어렵다)

B 네, _____________

(2) A 죄송합니다만 여기가 _____________ (한국대학교)

B 네, _____________

(3) A 메이 씨가 종로에서 _____________ (살다)

B 네, 종로에서 _____________

(4) A 백화점에서 오늘부터 _____________ (세일을 하다)

B 네, _____________

**4** 다음 표를 완성하십시오. 完成下面表格。

| | (이)군요 | | -는군요 |
|---|---|---|---|
| 승희 씨 친구 | 승희 씨 친구군요 | 가다 | |
| 학생 | | 읽다 | 읽는군요 |
| 중국 사람 | | 공부하다 | |

| | -군요 | | 이었/였군요 |
|---|---|---|---|
| 좋다 | 좋군요 | 새 컴퓨터 | |
| 나쁘다 | | 휴일 | 휴일이었군요 |
| 따뜻하다 | | 선생님 | |

| | -았/었/였군요 | | -았/었/였군요 |
|---|---|---|---|
| 가다 | 갔군요 | 좋다 | |
| 읽다 | | 나쁘다 | |
| 공부하다 | | 따뜻하다 | 따뜻했군요 |

**5** 그림을 보고 〈보기〉와 같이 대화를 완성하십시오. 仿照例句，完成下面对话。

〈보기〉
노란색 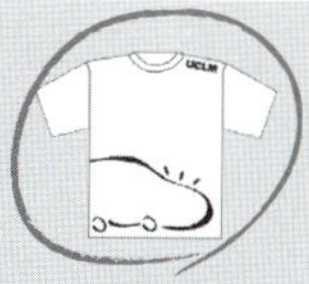　하얀색 

A 이 티셔츠는 <u>노란색과 하얀색이 있는데</u> 무엇으로 드릴까요?

B <u>하얀색으로 주세요.</u>

(1) (치수가 큰 것) 　(치수가 작은 것)

A 이 바지는 ________________ 무엇으로 드릴까요?

B ________________

(2) (굽이 높은 것) 　(굽이 낮은 것)

A 구두는 ________________ 무엇으로 드릴까요?

B ________________

(3) (일반석) 　(일등석)

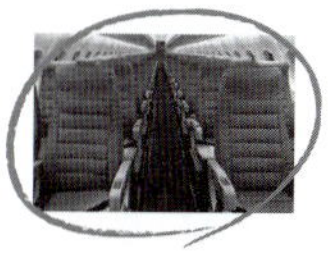

A 비행기 표가 ________________ 무엇으로 드릴까요?

B ________________

(4) (된장찌개) 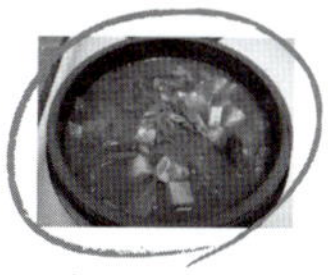　(김치찌개)

A ________________ 무엇으로 드릴까요?

B ________________

 生词　굽 鞋跟

**6** 〈보기〉와 같이 문장을 완성하십시오. 仿照例句，完成下面句子。

〈보기〉 A 머리를 어떻게 해 드릴까요?

B <u>짧게</u> 잘라 주세요. (짧다)

(1) A 머리를 어떻게 잘라 드릴까요?

B __________ (예쁘다) 잘라 주세요.

(2) A 어제 집에서 뭐했어요?

　　B 집을 ＿＿＿＿＿＿ (깨끗하다) 청소했어요.

(3) A 음식을 왜 못 먹었어요?

　　B 왕핑 씨가 음식을 ＿＿＿＿ (맵다) 만들어서 못 먹었어요.

(4) A 어제 쇼핑 잘 했어요?

　　B 네, 동대문 시장에 가서 청바지를 ＿＿＿＿ (싸다) 샀어요.



**7**　다음 글을 읽고 질문에 답하십시오. 阅读下面短文，回答问题。

> 　저는 보통 동대문 시장에서 옷을 삽니다. 백화점 옷이 품질도 좋고 예쁘지만 값이 너무 비싸서 시장에 가서 삽니다. 시장에 가면 예쁜 옷들이 정말 많이 있습니다. 하지만 시장에서 옷을 사면 조금 불편합니다. 시장에서 옷을 사면 가끔 옷을 입어 볼 수 없어서 불편합니다.
>
> 　어제도 친구와 같이 동대문 시장에 옷을 사러 갔습니다. 청바지와 티셔츠가 마음에 들어서 사고 싶었습니다. 한국 옷의 치수와 우리나라 옷의 치수가 다르기 때문에 입어 보고 싶었지만 입어 볼 수 없었습니다. 옷을 파는 아주머니께서 "청바지는 입어 봐도 되지만 티셔츠는 입어 볼 수 없어요."라고 말씀하셨습니다. 그래서 할 수 없이 티셔츠를 입어 보지 않고 샀습니다. 집에 와서 입어 보니까 티셔츠가 컸습니다. 그래서 내일 작은 치수로 교환을 하러 가야겠습니다.

(1) 왜 시장에서 옷을 사는 것이 불편합니까?

　　ⓐ 값이 너무 비싸서

　　ⓑ 옷을 입어 볼 수 없어서

　　ⓒ 나에게 맞는 옷이 없어서

　　ⓓ 한국 옷의 치수와 우리나라 옷의 치수가 달라서

(2) 내일 왜 다시 동대문 시장에 가야 합니까?

　　ⓐ 옷을 더 사고 싶어서　　　　　ⓑ 오늘 산 옷이 잘 맞지 않아서

　　ⓒ 친구 생일 선물을 사기 위해서　　ⓓ 오늘 산 옷이 마음에 안 들어서

(3) 위의 내용에 대해 맞으면 ○, 틀리면 × 하십시오.

   ⓐ 티셔츠와 청바지를 샀습니다.　　　　　( 　　 )

   ⓑ 시장에서 옷을 입어보고 샀습니다.　　　( 　　 )

生词　할 수 없이 没办法，不得不

**8**　여러분들은 한국에서 옷을 사 보셨습니까? 이야기해 보십시오. 你在韩国买过衣服吗? 请谈谈你的经历。

(1) 언제 샀습니까?　　　　　　　　　　＿＿＿＿＿＿＿＿＿＿

(2) 어디에서 샀습니까?　　　　　　　　＿＿＿＿＿＿＿＿＿＿

(3) 무슨 옷을 샀습니까?　　　　　　　　＿＿＿＿＿＿＿＿＿＿

(4) 가격과 품질은 어땠습니까?　　　　　＿＿＿＿＿＿＿＿＿＿

(5) 여러분 나라와 다른 점은 무엇이었습니까?　＿＿＿＿＿＿＿＿＿＿

## 听力

CD2　音轨 23

**9**　무엇에 대한 이야기입니까? 这篇文章的主题是什么?

   ⓐ 유행 정보　　　　　　　ⓑ 친구의 회사

   ⓒ 백화점 세일 광고　　　　ⓓ 옷을 예쁘게 입는 방법

**10**　잘 듣고 질문에 답하십시오. 仔细听录音，回答下面问题。

(1) 여자 손님은 어떤 옷을 샀습니까?

   ＿＿＿＿＿＿＿＿＿＿＿＿

(2) 여자가 산 치마는 얼마입니까?

   ＿＿＿＿＿＿＿＿＿＿＿＿

**11** 〈보기〉와 같이 그림과 맞는 단어를 연결하십시오. 仿照例句，连接与图片相符的单词。

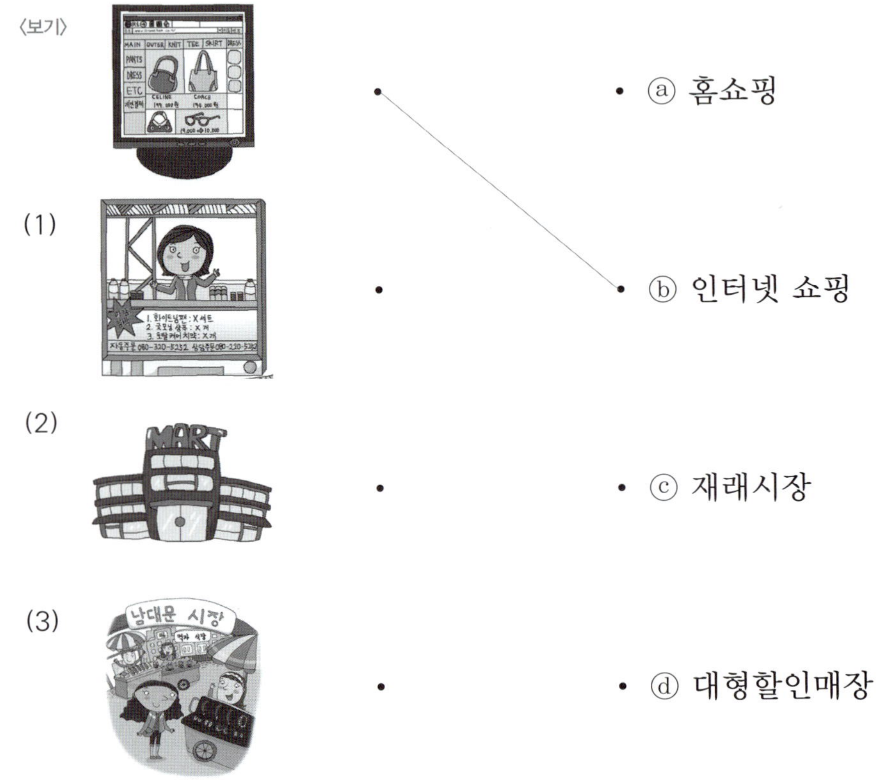

〈보기〉

(1)

(2)

(3)

- ⓐ 홈쇼핑
- ⓑ 인터넷 쇼핑
- ⓒ 재래시장
- ⓓ 대형할인매장

 生词　홈쇼핑 电视购物　｜　인터넷 쇼핑 网上购物　｜　재래시장 农贸市场

**12** 다음에서 알맞은 말을 골라 쓰십시오. 选择适当的单词填空。

| 교환하다 | 수리하다 | 고장이다 | 환불하다 |
|---|---|---|---|

(1) 물건이 마음에 들지 않아서 다른 물건으로 바꾸었습니다. (　　　　)

(2) 품질이 좋지 않아서 물건을 주고 다시 돈으로 받았습니다. (　　　　)

(3) 휴대전화가 고장이 나서 다시 고쳤습니다. (　　　　)

## 尺码和花纹

**몸에 맞다**
合身

**치수가 크다**
尺码大

**치수가 작다**
尺码小

**줄무늬**
条纹

**꽃무늬**
花纹

## 服装种类

**한복**
韩服

**양복**
西服

**신사복**
男装

**숙녀복**
女装

**아동복**
童装

**정장**
正装

**평상복**
便装

**티셔츠**
T恤衫

**바지**
裤子

**치마**
裙子

**점퍼**
夹克

**청바지**
牛仔裤

# 第7课  소포를 부치려고 하는데요.



**1**  〈보기〉와 같이 알맞은 단어를 골라 쓰십시오. 仿照例句，看图填写适当的单词。

| 편지 | 우표 | 편지 봉투 | 편지지 | 카드 |
|---|---|---|---|---|

〈보기〉　　　　　　(1)　　　　　　(2)　　　　　　(3)

편지　　　　　　＿＿＿＿＿＿　　　　　　＿＿＿＿＿＿　　　　　　＿＿＿＿＿＿

**2**  빈칸에 알맞은 말을 쓰십시오. 在括号中填写适当的单词。

〈보기〉 1일　　　　(1) 2일　　　　(2) 3일　　　　(3) 4일

　　하루　　　　＿＿＿＿＿＿　　　　＿＿＿＿＿＿　　　　＿＿＿＿＿＿



**3**  그림을 보고 〈보기〉와 같이 대화를 완성하십시오. 仿照例句，看图完成下面对话。

〈보기〉

A 메이 씨, 어디에 가세요?

B ＿우체국에 가는데요.＿ (가다)

(1)



A 왕핑 씨 계세요?

B ________________ (안 계시다)

(2)

A 노민 씨도 노래를 불러 보세요.

B 저는 노래를 ________________ (잘 못 부르다)

(3)



A 박 선생님을 아세요?

B 아니요, ________________ (모르다)

**4** 〈보기〉와 같이 문장을 완성하십시오. 仿照例句，完成下面句子。

> 〈보기〉 (집 → 학교, 버스, 1시간)　　집에서 학교까지 버스로 1시간쯤 걸려요.

(1) 혜화역 → 사당역, 지하철, 25분

________________________________________

(2) 강남 → 종로, 버스, 30분

________________________________________

(3) 인천 → 중국 청도, 비행기, 1시간 20분

________________________________________

(4) 서울 → 부산, 고속버스, 5시간

________________________________________

**5** 〈보기〉와 같이 대화를 완성하십시오. 仿照例句，完成下面对话。

> 〈보기〉 A 학교에서 집까지 어떻게 가세요?
>
> 　　　 B ___버스로___ 가요. (버스)

(1) A 이 소포를 어떻게 보내실 거예요?

  B ＿＿＿＿＿＿ 보낼 거예요. (비행기)

(2) A 민수 씨, 인천까지 어떻게 가셨어요?

  B ＿＿＿＿＿＿ 갔어요. (지하철)

(3) A 약속 장소까지 어떻게 가실 거예요?

  B ＿＿＿＿＿＿ 갈 거예요. (자가용)

(4) A 선물을 어떻게 부치실 거예요?

  B ＿＿＿＿＿＿ 부칠 거예요. (택배)

生词　　자가용 私车 ｜ 택배 送货

**6** 그림을 보고 〈보기〉와 같이 문장을 완성하십시오. 仿照例句，看图完成下面句子。

〈보기〉

저 ——→ 오빠

어제 제가 ＿＿오빠한테＿＿ 소포를 보냈어요.

(1)

왕핑 ——→ 메이

왕핑 씨가 ＿＿＿＿＿＿ 꽃을 주었어요.

(2)

왕핑 ←—— 민수

왕핑 씨가 ＿＿＿＿＿＿ 선물을 받았어요.

(3)

노민 ←—— 메이

노민 씨가 ＿＿＿＿＿＿ 편지를 받았어요.

**7** 〈보기〉와 같이 알맞은 말에 동그라미 하십시오. 仿照例句，在正确的用法后画圈。

(1) 어머니께서 동생(한테, 한테서) 우유를 주십니다.

(2) 저는 언니(한테, 한테서) 생일 선물을 받았습니다.

(3) 친구가 저(한테, 한테서) 이메일을 보냈습니다.

(4) 어제 저는 고향에 있는 형(한테, 한테서) 전화를 받았습니다.

## 读和写

**8** 다음을 읽고 순서에 맞게 그림의 번호를 쓰십시오. 阅读下面内容后排序。

〈소포를 부치시는 분들께 알립니다〉

**1** 보내고 싶은 내용물을 상자 안에 넣으십시오.
**2** 보내는 사람 주소와 받는 사람 주소를 쓰십시오. (※우편번호도 쓰십시오.)
**3** 번호표를 뽑고 기다리십시오.
**4** 저울 위에 올려놓으십시오.

| 중량(크기) | 2kg까지<br>(60cm까지) | 5kg까지<br>(80cm까지) | 10kg까지<br>(120cm까지) | 20kg까지<br>(140cm까지) | 30kg까지<br>(160cm까지) |
|---|---|---|---|---|---|
| 서울 → 서울 | 4,000 원 | 5,000 원 | 6,000 원 | 7,000 원 | 8,000 원 |
| 서울 → 다른 지역 | 5,000 원 | 6,000 원 | 7,000 원 | 8,000 원 | 9,000 원 |
| 제주도 (비행기) | 6,000 원 | 7,000 원 | 8,000 원 | 9,000 원 | 11,000 원 |
| 제주도 (배) | 5,000 원 | 6,000 원 | 7,000 원 | 8,000 원 | 9,000원 |

**5** 소포를 보내는 방법에는 보통 소포와 등기 소포가 있는데 선택하십시오.
**6** 요금을 내고 영수증을 받아 가십시오.

( ⓕ ) – (　　　) – (　　　) – (　　　) – (　　　) – ( ⓓ )

소포 包裹 │ 내용물 内裝物品 │ 우편번호 邮编 │ 번호표 排序号 │ 뽑다 取号 │ 저울 称 │ 중량 重量
크기 大小 │ 방법 方法, 手段 │ 등기 (소포) 挂号邮件 │ 선택하다 选择

**9**　친구에게 보낼 엽서를 쓰십시오. 填写寄给朋友的明信片内容。

우 편 엽 서

우 표

보내는 사람

___________

□□□ - □□□

받는 사람

___________

□□□ - □□□

**10** 잘 듣고 내용과 같은 것을 고르십시오. 仔细听录音，选择和听到的内容相同的选项。

ⓐ 남자는 친구에게 편지를 보냅니다.

ⓑ 남자는 소포로 책가방을 보낼 겁니다.

ⓒ 남자는 보통 우편으로 소포를 보냅니다.

ⓓ 남자가 오늘 보내는 소포는 내일 도착할 겁니다.

**11** 다음 대화를 듣고 맞으면 ○, 틀리면 ✕ 하십시오. 听对话，在正确的内容后画 ○，在错误的内容后画 ✕。

(1) 노민 씨는 지금 집에 없습니다.　　　　　　　　　( 　 )

(2) 노민 씨와 메이 씨는 오늘 만날 겁니다.　　　　　( 　 )

(3) 메이 씨는 버스로 명동에 갈 겁니다.　　　　　　( 　 )

(4) 노민 씨는 5시 20분에 지하철을 탈 겁니다.　　　( 　 )



**12** 〈보기〉와 같이 그림과 맞는 단어를 연결하십시오. 仿照例句，连接与图片相符的单词。

〈보기〉 　　　•　　　•　ⓐ 카드

(1) 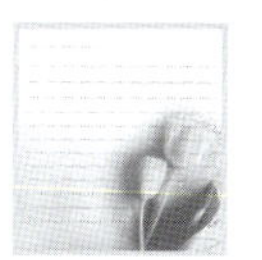　　　•　　　•　ⓑ 편지 봉투

(2) 　　　•　　　•　ⓒ 편지지

(3) 　　　•　　　•　ⓓ 우표

## 与邮局相关的表达

| | | |
|---|---|---|
| **우체통**<br>邮箱 | | 편지를 우체통에 넣으십시오.<br>请把信件放进邮箱。 |
| **저울**<br>称 | | 편지를 저울 위에 올려놓으십시오.<br>请把信件放在称上。 |
| **우표**<br>邮票 | | 우표를 사서 여기에 붙이십시오.<br>请买张邮票贴在这里。 |
| **우편번호**<br>邮编 | | 우편번호를 쓰십시오.<br>请写下邮编。 |
| **상자**<br>箱子 | | 물건을 상자에 넣으십시오.<br>请把物品放进箱子里。 |
| **끈**<br>带子 | | 소포를 끈으로 묶으십시오.<br>请把包裹用带子绑好。 |

# 第**8**课  어젯밤부터 기침이 심해졌어요.

## 单词

**1**  〈보기〉와 같이 그림과 맞는 표현을 연결하십시오. 仿照例句，连接与图片相符的表达后连线。

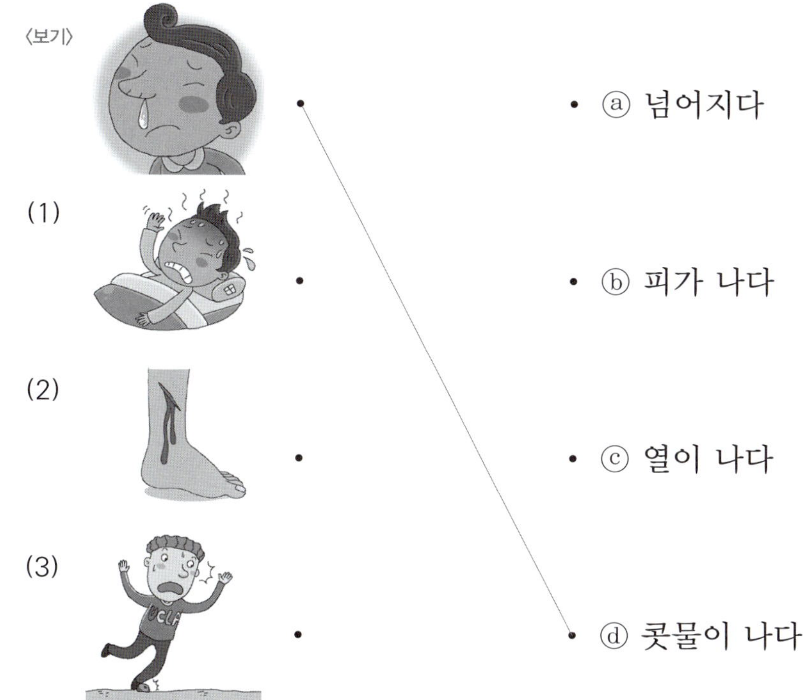

〈보기〉

(1)

(2)

(3)

- ⓐ 넘어지다

- ⓑ 피가 나다

- ⓒ 열이 나다

- ⓓ 콧물이 나다

**2**  관계있는 것끼리 연결하여 〈보기〉와 같이 쓰십시오. 仿照例句，连接相关的内容造句。

〈보기〉 머리가 아파요 •　　• ⓐ 연고, 바르다 ___________________________

(1) 눈이 아파요 •　　• ⓑ 소화제, 먹다 ___________________________

(2) 과식을 했어요 •　　• ⓒ 두통약, 먹다　머리가 아프면 두통약을 드세요.

(3) 손을 다쳤어요 •　　• ⓓ 안약, 넣다 ___________________________

**3** 다음 빈칸에 공통으로 들어갈 단어를 쓰십시오. 选择适当的单词填写。

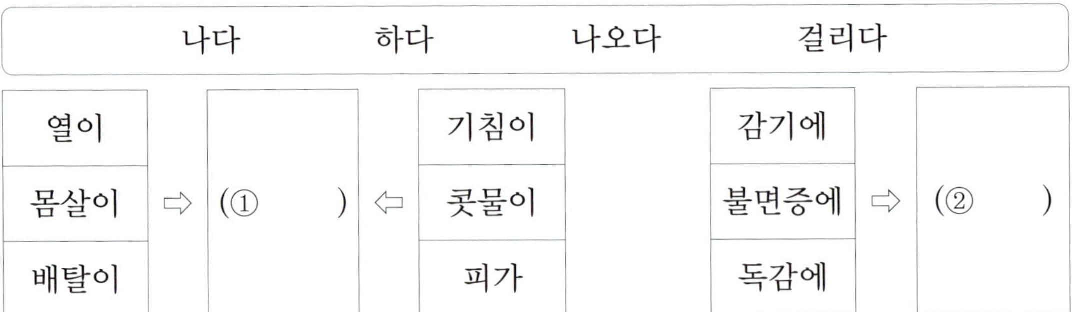

生词   불면증 失眠症

---

## 表达 · 语法

**4** 그림을 보고 〈보기〉와 같이 문장을 완성하십시오. 仿照例句，看图完成下面句子。

(1)

전보다 친구가 더 _______________

(2)

머리를 잘라서 머리가 _______________

(3)

운동을 많이 해서 _______________

(4)

비가 와서 날씨가 _______________

**5** 다음 표를 완성하십시오. 完成下面表格。

| | –아/어/여요 | –(으)세요 |
|---|---|---|
| 낫다 | 나아요 | 나으세요 |
| 짓다 | | |
| 붓다 | | |
| 젓다 | | |
| 웃다 | | |
| 씻다 | | |
| 벗다 | | |

**6** 〈보기〉와 같이 문장을 완성하십시오. 仿照例句，完成下面句子。

> 〈보기〉 이 약은 식후에 <u>두 알씩</u> 드세요. (두 알)

(1) 한 달에 __________ 영화를 봅니다. (세 번)

(2) 하루에 __________ 운동을 합니다. (한 시간)

(3) 일 년에 __________ 외국 여행을 갑니다. (두 번)

(4) 매일 아침 우유를 __________ 마십니다. (한 잔)

(5) 매주 __________ 부모님께 전화를 합니다. (한 번)

**7** 〈보기〉와 같이 문장을 완성하십시오. 仿照例句，完成下面句子。

> 〈보기〉 한국말을 잘하다, 한국 친구를 많이 만나다
>
> → <u>한국말을 잘하려면 한국 친구를 많이 만나세요.</u>

(1) 김 선생님을 만나다, 사무실로 가다

    → __________________________________

(2) 컴퓨터를 싸게 사다, 용산으로 가다

    → __________________________________

(3) 강남역에 가다, 2호선을 타다

→ ______________________________

**8** 〈보기〉와 같이 알맞은 말에 동그라미 하십시오. 仿照例句，在正确的用法后画圈。

> 〈보기〉 광화문에 (가면, 가려면) 402번 버스를 타야 해요.

(1) 민수 씨 집 주소를 (알면, 알려면) 가르쳐 주세요.

(2) 부산으로 가는 기차표를 (예매하면, 예매하려면) 어떻게 해야 해요?

(3) 편지를 (보내면, 보내려면) 우표를 붙여야 해요.

(4) 약국에서 약을 (지으면, 지으려면) 처방전이 필요해요.

(5) 감기에 (걸리면, 걸리려면) 열이 나고 머리가 많이 아파요.

## 读和写

**9** 다음 내용을 읽고 맞으면 ○, 틀리면 ✕ 하십시오. 阅读下面内容，在正确的内容后画 ○，在错误的内容后画 ✕。

| | | | |
|---|---|---|---|
| | | _______ 메이 _______ 님 | |
| | | ( 22 세 남·여 ) | |

| 용법 | 용량 | | | |
|---|---|---|---|---|
| 1일 | 3회 | 2일분 | 1회 | 1포 |

☑ 식후 30분 　　□ 식 간 　　□ 식후 즉시

□ 식전 30분 　　□ 자기 전에 　　□ 식(전·후) 시간

□ 아침·점심·저녁

2009년 2월 5일

대표 약사 　 송 현 석

한 국 약 국

전화 : 02) 9876 − 7890

FAX : 02) 9876 − 7892

서울특별시 종로구 혜화동

(1) 식사를 하기 전에 약을 먹어야 합니다.　　　　　　(　　　)

(2) 하루에 두 번 약을 먹습니다.　　　　　　　　　　(　　　)

(3) 이틀 동안 약을 먹습니다.　　　　　　　　　　　(　　　)

(4) 약을 먹을 때 한 포씩 먹어야 합니다.　　　　　　(　　　)

 **生词**　　용법 服用方法　|　용량 用量　|　포(봉지) 包　|　즉시 马上

**10**　다음 글을 읽고 질문에 답하십시오. 阅读下面短文，回答问题。

> 　　어제는 친구 생일이어서 친구가 준비한 한국 음식을 많이 먹었습니다. 그런데 너무 많이 먹어서 배탈이 났습니다. 어제 밤부터 계속 토하고 설사를 해서 약국에 가서 약을 사서 먹었습니다. 하루에 두 알씩 이틀 동안 먹었는데 낫지 않았습니다. 그래서 병원에 가서 주사를 맞았습니다.

(1) 여러분은 최근 어디가 아팠습니까?　_______________________

(2) 그 때 어떻게 했습니까?

| | |
|---|---|
| 머리가 아픕니다. | ⇨ |
| 열이 납니다. | ⇨ |
| 소화가 안 됩니다. | ⇨ |

**听力**　　CD2 音轨 **25**

**11**　잘 듣고 이어질 말을 고르십시오. 仔细听录音，选择适当的内容连接。

(1) ⓐ 열이 많이 나요.

　　ⓑ 약국에 가야 해요.

　　ⓒ 병원에서 처방전을 받아야 해요.

　　ⓓ 하루에 세 번 한 개씩 먹어야 해요.

(2) ⓐ 따뜻한 물을 자주 드십시오.

　　ⓑ 하루에 한 알씩 먹어야 합니다.

　　ⓒ 주사를 맞아야 하니까 이쪽으로 오세요.

　　ⓓ 약국에서 약을 지으려면 병원에서 처방전을 받아와야 합니다.



**12** 어느 병원에 가야 할까요? 다음에서 찾아 쓰십시오. 应该去医院的哪个科室? 选出适当的单词填写。

| 정형외과 | 치과 | 이비인후과 | 내과 | 피부과 | 안과 |
| --- | --- | --- | --- | --- | --- |

(1) 이가 썩어서 아픕니다. (　　　　)

(2) 코가 막히고 귀도 아픕니다. (　　　　)

(3) 배가 아프고 설사를 자주 합니다. (　　　　)

(4) 여드름이 많습니다. (　　　　)

(5) 발목을 삐었습니다. (　　　　)

(6) 눈이 아프고 자주 충혈이 됩니다. (　　　　)

生词
정형외과 整形外科 ｜ 치과 牙科 ｜ 이비인후과 耳鼻喉科 ｜ 내과 内科 ｜ 피부과 皮肤科
안과 眼科 ｜ (이가) 썩다 蛀牙 ｜ 여드름 粉刺 ｜ 충혈이 되다 充血

## 与药相关的单词

**가루약** 粉剂, 药粉

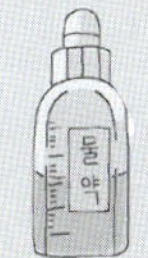

**물약** 口服液

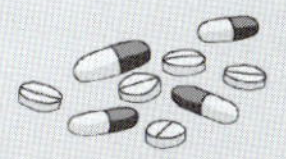

**알약** 药丸, 胶囊

## 和药品相关的单词

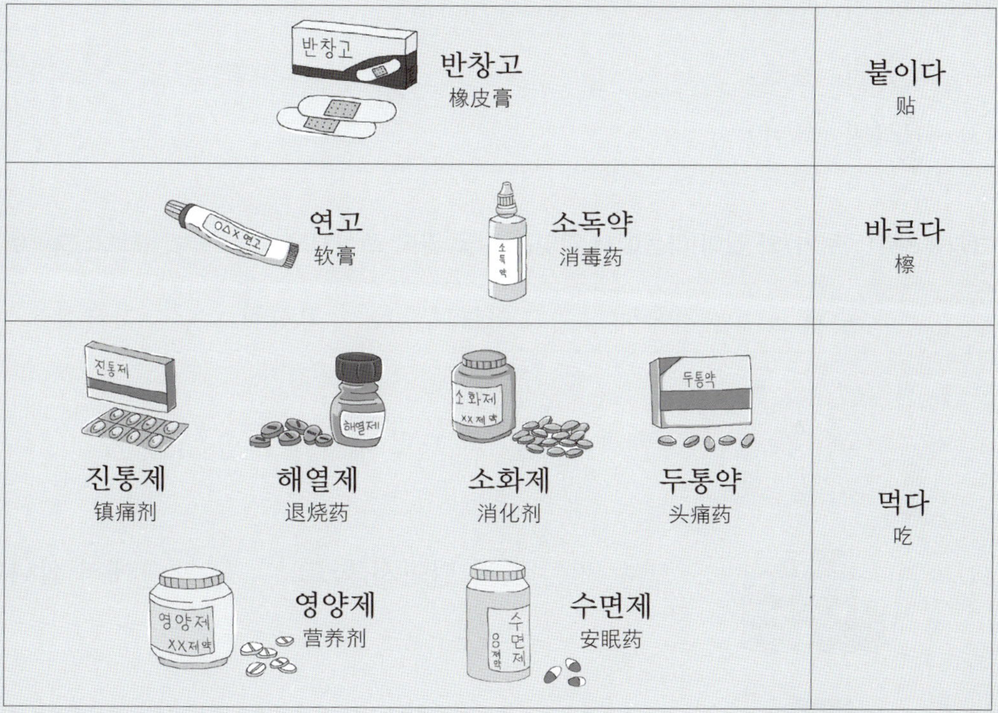

| | 붙이다<br>贴 |
| --- | --- |
| **반창고** 橡皮膏 | |
| **연고** 软膏　　**소독약** 消毒药 | 바르다<br>檫 |
| **진통제** 镇痛剂　**해열제** 退烧药　**소화제** 消化剂　**두통약** 头痛药<br>**영양제** 营养剂　**수면제** 安眠药 | 먹다<br>吃 |

## 和受伤、负伤有关的表达

발목을 **삐다** 崴脚　　　　　　　　손이 **베이다** 割手

다리가 **부러지다** 腿折了　　　　　팔을 **다치다** 伤胳膊

**나무에서 떨어지다** 从树上掉下来　**사람들과 부딪치다** 和人相撞

**계단에서 넘어지다** 从楼梯上摔下来　**깁스하다** 打石膏

# 第9课 방에서 담배를 피우면 안 돼요.

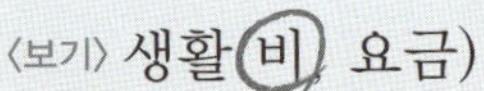

**1** <보기>와 같이 알맞은 말에 동그라미 하십시오. 仿照例句，在正确的单词后画圈。

> <보기> 생활(비) 요금)

(1) 하숙(비, 요금)

(2) 전기(비, 요금)

(3) 수도(비, 요금)

**2** 그림을 보고 <보기>와 같이 다음에서 알맞은 말을 골라 쓰십시오. 仿照例句，看图选择正确的单词填写。

| 주택 | 기숙사 | 아파트 | 고시원 | 하숙집 |

<보기>

메이 씨는 __아파트__ 에서 살고 있습니다.

(1) 민수 씨는 집이 멀어서 학교 _________에서 삽니다.

(2) 저는 _________에서 혼자 살고 있는데 침대와 책상이 있습니다.

(3) 노민 씨는 _________에서 친구와 같이 살고 있는데 아주머니께서 아침 식사와 저녁 식사를 준비해 주십니다.

**3** 〈보기〉와 같이 관계있는 것끼리 연결하여 문장을 완성하십시오.
仿照例句，连接左右相关的内容完成句子。

〈보기〉 집에 혼자 있다  •　　　•　ⓐ 여권이 필요해요.

_______________________________

(1) 심심하다  •　　　•　ⓑ 영화를 봅니다.

_______________________________

(2) 기침이 나다  •　　　•　ⓒ 음악을 들어요.

　　　　　　　집에 혼자 있을 때 음악을 들어요.

(3) 외국 여행을 하다  •　　　•　ⓓ 택시를 타요.

_______________________________

(4) 시간이 없다  •　　　•　ⓔ 이 약을 드세요.

_______________________________


**4** 그림을 보고 〈보기〉와 같이 대화를 완성하십시오. 仿照例句，看图完成下面对话。

〈보기〉

A 교실에서 담배를 피워도 돼요?

B 아니요, 교실에서 담배를 <u>피우면 안 돼요.</u>

(1) 

A 여기에서 전화를 해도 돼요?

B 아니요, _______________________________

(2) 

A 여기에 주차를 해도 돼요?

B 아니요, _______________________________

(3)    A 여기에서 자전거를 타도 돼요?

        B 아니요, ___________________________________

(4)    A 산에서 요리를 해 돼요?

        B 아니요, ___________________________________

**5** 〈보기〉와 같이 문장을 완성하십시오. 仿照例句，完成下面句子。

| 〈보기〉 | 담배를 피우다 | 담배를 피우지 마세요. | 담배를 피우지 맙시다. |
|---|---|---|---|
| (1) | 도서관에서 이야기하다 | | |
| (2) | 수업 시간에 졸다 | | |
| (3) | 사진을 찍다 | | |
| (4) | 떠들다 | | |
| (5) | 쓰레기를 버리다 | | |
| (6) | 껌을 씹다 | | |

**6** 다음 표를 완성하십시오. 完成下面表格。

| | −아/어/여도 돼요? |
|---|---|
| 가다 | 가도 돼요? |
| 보다 | |
| 마시다 | |
| 쉬다 | |
| 사진을 찍다 | |
| 요리하다 | |

**7** 다음 글을 읽고 맞으면 ○, 틀리면 ✕ 하십시오. 读下面短文，在正确的句子后画 ○，在错误的句子后画 ✕。

> 저는 기숙사에서 살고 있습니다. 한 방에 두 명씩 살고 있는데 방에서 큰 소리로 이야기하면 안 됩니다. 그리고 밤 12시까지 기숙사에 들어와야 합니다. 또 기숙사에 다른 친구를 데리고 오면 안 됩니다. 금요일부터 일요일 저녁까지는 기숙사에 들어오지 않아도 됩니다. 보통 한국친구들은 주말에 집에 가지만 저는 기숙사에서 공부를 합니다. 처음에는 혼자 있어서 많이 외로웠는데 지금은 익숙해져서 괜찮습니다. 외로울 때는 음악을 듣고, 맛있는 음식을 만들어 먹습니다.

(1) '저'는 고시원에서 살고 있습니다. （　　　）

(2) 토요일에 기숙사에 들어오지 않아도 됩니다. （　　　）

(3) 지금도 많이 외롭습니다. （　　　）

(4) 외로울 때 맛있는 음식을 만들어 먹습니다. （　　　）

**8** 여러분은 이럴 때 어떻게 하십니까? 다음 표를 채우십시오. 遇到下面情况，你会怎么做？完成下面表格。

| | |
|---|---|
| 아플 때 | |
| 외로울 때 | |
| 심심할 때 | |
| 고향에 가고 싶을 때 | |

 외롭다 孤独 ｜ 익숙하다 熟悉

**9**  잘 듣고 이어질 말을 고르십시오. 仔细听录音，选择适当的内连接。

(1)  ⓐ 저도 고향에 가야 해요.

  ⓑ 저도 고향에 가고 싶어요.

  ⓒ 저는 고향에 갔다 왔어요.

  ⓓ 저는 힘들 때 고향에 가고 싶어요.

(2)  ⓐ 그럴 때에는 정말 화가 나요.

  ⓑ 기분이 나쁠 때에는 여행을 가요.

  ⓒ 친구들과 문제가 있을 때 기분이 나빠요.

  ⓓ 집에 있을 때에는 기분이 나쁘지 않아요.

**10**  이 하숙집에서 무엇을 하면 안 됩니까? 在寄宿房里不可以做什么?

ⓐ 저녁 식사를 하면 안 됩니다.

ⓑ 인터넷을 사용하면 안 됩니다.

ⓒ 밤에 큰 소리로 이야기하면 안 됩니다.

ⓓ 라면이나 다른 음식을 먹으면 안 됩니다.

**11**  〈보기〉와 같이 다음에서 알맞은 말을 골라 쓰십시오. 仿照例句，选择正确的单词填写。

| 전세 | 월세 | 매매 | 고시원 |
|---|---|---|---|
| 〈보기〉<br>〈아파트 __매매__ 〉<br>• 1억 8천만 원<br>• 60㎡<br>• 방 2개, 욕실 1개<br>　주방, 베란다<br>• 크고 조용합니다. | (1)<br>〈 아파트 ____ 〉<br>• 1억 원<br>• 60㎡<br>• 방 2개, 욕실 1개<br>　주방, 베란다<br>• 크고 깨끗합니다. | (2)<br>〈 원룸 ____ 〉<br>• 보증금 500만 원<br>• 월세 50만 원<br>• 방 1개, 욕실 1개,<br>　주방 | (3)<br>〈 ________ 〉<br>• 1인 1실<br>• 월 25만 원<br>• 욕실, 세탁실,<br>　주방 함께 사용<br>• 방이 크고 창문<br>　이 있습니다. |

**12**  〈보기〉와 같이 그림과 맞는 단어를 연결하십시오. 仿照例句，连接与图片相符的单词。

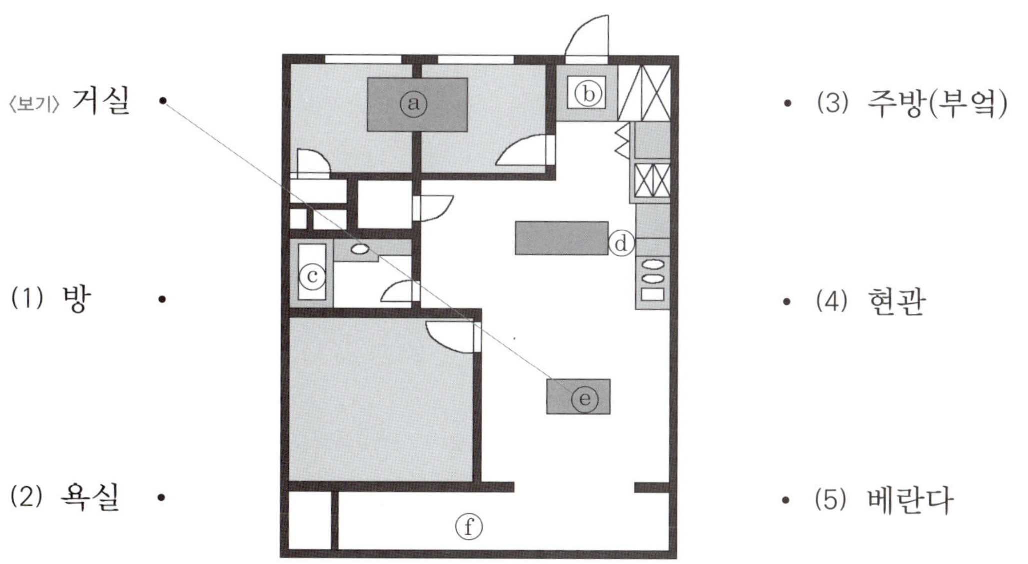


〈보기〉 거실 •　　　　　　　　　　　　　　• (3) 주방(부엌)

(1) 방 •　　　　　　　　　　　　　　• (4) 현관

(2) 욕실 •　　　　　　　　　　　　　　• (5) 베란다

## 韩国的房子

**아파트**
公寓

**주택**
住宅

**한옥**
韩屋（传统韩式住房）

**초가집**
茅草房

**기숙사**
宿舍

**고시원**
考试院（提供给准备考试
的人独居学习的地方）

**원룸**
1居室

## 1居室

'1居室'的房间里包含有厨房、浴室。虽然各地的房价有所差异，但一般以30～50万韩元居多，如果是月租的话，需要交押金。

虽然比考试院或宿舍的价格要贵，但是由于住起来十分方便，很受大学生或上班族的青睐。房价较便宜的房间里有书桌、衣柜、冰箱和煤气灶，还有洗衣机一般是共用的。房价较贵的房间里配备有床、书桌、衣柜、鞋柜、冰箱、电视、空调、门卡、煤气灶，还有单独用洗衣机，而且有专门的管理人员。

**文化卡片！**

在韩国，找房子时一般都去房地产中介公司。去中介公司的话，可以同时看到多个房间，在签合同时，得交一定的手续费。一般签约一年，可以延长租赁期限。押金在退房时房东会重新返还给租赁人。

# 第**10**课　复习 **6~9**

〔1~2〕〈보기〉와 같이 관계<u>없는</u> 말을 고르십시오. 仿照例句，选出不相符的内容。

> 〈보기〉 감기에 걸리다　ⓐ 몸살이 나다　ⓑ 열이 나다　✓ 다리가 부러지다

**1**　이비인후과　　ⓐ 콧물이 나다　ⓑ 팔을 삐다　ⓒ 목이 붓다

**2**　요금　　　　　ⓐ 하숙　　　　ⓑ 수도　　　ⓒ 전기

〔3~5〕〈보기〉와 같이 맞는 말을 고르십시오. 仿照例句，选择适当的单词。

> 〈보기〉 이 구두는 __________이/가 너무 비싸요.
> ✓ 값　　　　ⓑ 세일　　　　ⓒ 할인　　　　ⓓ 키

**3**

> 이 옷은 값이 싼데 __________이/가 아주 좋아요.

ⓐ 품질　　　　ⓑ 가격　　　　ⓒ 환불　　　　ⓓ 교환

**4**

> 작년보다 __________이/가 많이 올랐어요.

ⓐ 품질　　　　ⓑ 가격　　　　ⓒ 치수　　　　ⓓ 디자인

**5**

> __________이/가 좀 큰데 작은 것으로 좀 바꿔 주세요.

ⓐ 교환　　　　ⓑ 치수　　　　ⓒ 영수증　　　　ⓓ 디자인

〔6~7〕〈보기〉와 같이 맞는 말을 고르십시오.  仿照例句，选择适当的内容。



**6**  A 이번 시험이 어려웠지요?

B 네, ___________________

ⓐ 어려웠지요.                    ⓑ 어려울 거예요.

ⓒ 어려웠어요.                    ⓓ 어렵습니다.

**7**  A 무슨 선물을 받으셨어요?

B 친구_________ 목걸이를 받았어요.

ⓐ 께              ⓑ 께서              ⓒ 한테서              ⓓ 에서

〔8~9〕〈보기〉와 같이 빈칸에 공통으로 들어갈 말을 쓰십시오.  仿照例句，写出共同的表达。



**8**  A 남대문 시장에 _________ 몇 번 버스를 타야 돼요?

B 남대문 시장에 _________ 1004번 버스를 타면 돼요. (가다)

**9**  A 빨리 _________ 어떤 약을 먹어야 해요?

B 빨리 _________ 이 약을 먹어야 해요. (낫다)

〔10~11〕그림을 보고 〈보기〉와 같이 다음에서 알맞은 말을 골라 고쳐 쓰십시오.
仿照例句，看图完成下面句子。

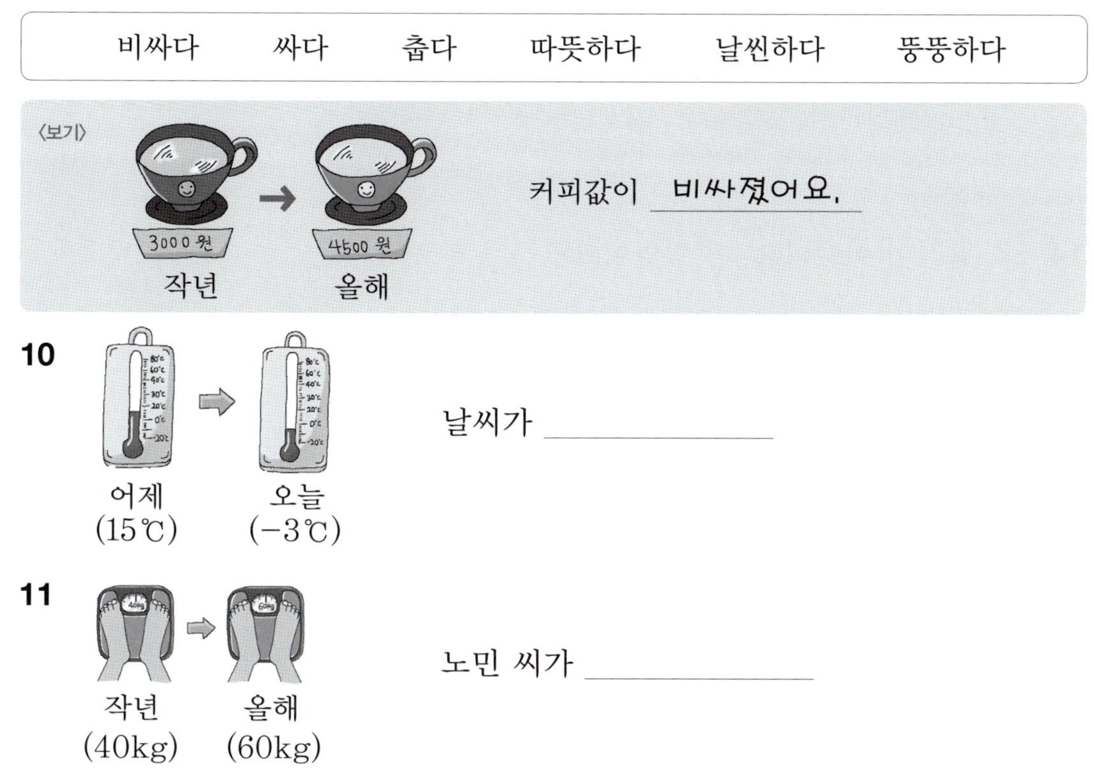


〔12~13〕 그림을 보고 〈보기〉와 같이 문장을 완성하십시오. 仿照例句，完成下面句子。

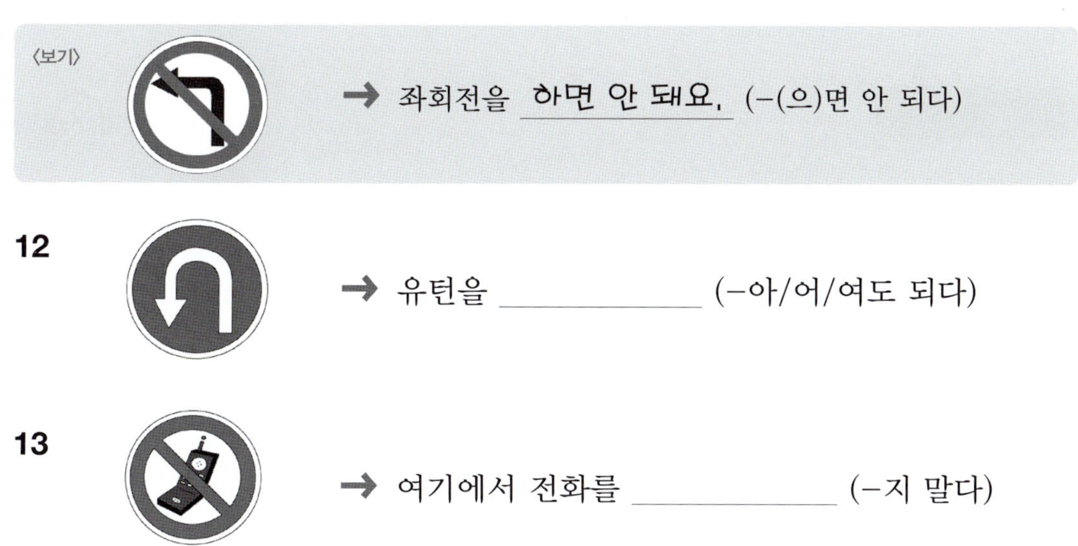

〔14~15〕〈보기〉와 같이 대화를 완성하십시오. 仿照例句，完成下面对话。



**14**  A 음식이 어땠어요? 맛있었어요?

B 정말 ____________ 먹었어요.

ⓐ 맛있게          ⓑ 맛있지만

ⓒ 맛있는데          ⓓ 맛있으니까

**15**  A 교실에서 담배를 피워도 돼요?

B 교실에서 담배를 ____________________

ⓐ 피우면 안 돼요.

ⓑ 피우니까 안 돼요.

ⓒ 피웠기 때문에 안 돼요.

ⓓ 피워서 돼요.

## 听力

CD2 音轨 **27**

〔16~18〕잘 듣고 맞는 답을 고르십시오. 仔细听录音，回答下面问题。

**16**  남자는 집에 혼자 있을 때 무엇을 합니까?

ⓐ 음악을 듣고 책을 읽어요.          ⓑ 청소를 하고 낮잠을 자요.

ⓒ 책을 읽고 청소를 해요.          ⓓ 음악을 듣고 낮잠을 자요.

**17**  다음 중 들은 내용과 <u>다른</u> 것을 고르십시오.

  ⓐ 요즘은 날씨가 춥습니다.  ⓑ 여자는 지금 미용실에 있습니다.

  ⓒ 여자는 앞머리를 자를 겁니다.  ⓓ 여자는 짧은 머리가 어울리지 않습니다.

**18**  노민 씨는 왜 환불을 했습니까?

  ⓐ 치수가 너무 작아서  ⓑ 색이 마음에 들지 않아서

  ⓒ 가격이 너무 비싸서  ⓓ 파란색 티셔츠가 마음에 들어서

〔19~20〕 잘 듣고 맞는 답을 고르십시오. 仔细听录音，回答下面问题。

**19**  누가 누구에게 소포를 보냅니까?

  ⓐ 메이 → 노민  ⓑ 사토루 → 메이

  ⓒ 메이 → 사토루  ⓓ 민수 → 메이

**20**  들은 내용과 같은 것을 고르십시오.

  ⓐ 책과 공책을 보냅니다.  ⓑ 항공편으로 보냅니다.

  ⓒ 3일 걸립니다.  ⓓ 중국으로 소포를 보냅니다.

〔21〕 잘 듣고 맞는 답을 고르십시오. 仔细听录音，回答下面问题。

**21**  약을 어떻게 먹어야 합니까?

  ⓐ 밥을 먹기 전에 하루에 두 번, 한 알씩

  ⓑ 밥을 먹기 전에 하루에 세 번, 두 알씩

  ⓒ 밥을 먹은 후에 하루에 한 번, 두 알씩

  ⓓ 밥을 먹은 후에 하루에 두 번, 두 알씩

〔22~23〕 다음 글을 읽고 질문에 답하십시오. 阅读下面短文，回答问题。

> 안녕하십니까? 명상병원 원장 이민호입니다.
>
> 요즘 감기 때문에 힘드시지요? 몸을 따뜻하게 하는 것이 가장 중요합니다. 편찮으시면 언제든지 찾아 오십시오. 저희 명상병원은 항상 여러분 곁에 있습니다.
>
> – 콧물이 자주 나거나 코가 막히는 분
> – 목이 자주 붓는 분
> – 열이 많이 나는 분
>
> 월요일부터 금요일까지는 오전 10시부터 오후 8시까지, 토요일은 오전 10시부터 오후 4시까지 진료합니다.
>
> 항상 여러분과 함께하는 〈명상병원〉<br>☎ (02) 123-9876

**22** 이 병원은 무슨 병원입니까? 다음 중에서 고르십시오.

   ⓐ 내과        ⓑ 치과        ⓒ 피부과        ⓓ 정형외과

**23** 위의 내용과 <u>다른</u> 것을 찾으십시오.

   ⓐ 코가 부러졌을 때 가야 합니다.

   ⓑ 일요일은 진료를 하지 않습니다.

   ⓒ 금요일 저녁 7시에도 진료를 합니다.

   ⓓ 감기에 걸리면 몸을 따뜻하게 해야 합니다.

 다음 글을 읽고 질문에 답하십시오. 阅读下面短文，回答问题。

> 며칠 전에 강남에서 종로로 이사를 했습니다. 전에는 고시원에서 살았는데 지금은 원룸에서 살고 있습니다. 방에는 침대와 책상, 주방과 욕실이 있고 에어컨도 있습니다. 세탁기는 다 같이 사용하는 것이어서 밖에 있습니다. 강남에서는 학교까지 40분이 걸렸는데 지금은 걸어서 5분쯤 걸립니다. 고시원에서는 전기요금과 가스요금을 내지 않아도 되었는데, 지금은 전기요금과 가스요금, 수도요금과 관리비까지 다 내야 합니다. 그렇지만 혼자 밤에 라면도 끓여 먹을 수 있고 욕실도 혼자 사용할 수 있어서 좋습니다.

**24** 위 글의 내용과 <u>다른</u> 것을 고르십시오.

ⓐ 지금은 종로에 있는 원룸에 삽니다.

ⓑ 전에는 강남에 있는 고시원에 살았습니다.

ⓒ 전에는 지금보다 집이 학교에서 멀었습니다.

ⓓ 지금 살고 있는 방에는 책상과 에어컨, 세탁기가 있습니다.

**25** 위 글을 읽고 알 수 <u>없는</u> 것을 고르십시오.

ⓐ 이사를 해서 기분이 좋습니다.

ⓑ 전에는 욕실을 혼자 쓸 수 없었습니다.

ⓒ 요즘 학교에 다니는 것이 많이 불편해졌습니다.

ⓓ 지금 살고 있는 원룸이 고시원보다 좀 더 비쌉니다.

# 第11课 시간이 있으면 우리 집에 놀러 올래요?



**1** 다음에서 알맞은 말을 골라 쓰십시오. 选择正确的单词填写

| 집들이 | 초대장 | 청첩장 | 방문 | 초대 |
| --- | --- | --- | --- | --- |

(1) 새로운 집으로 이사를 해서 _________을/를 하려고 합니다.

(2) 내일은 제 생일이어서 친구들을 우리 집에 _______하려고 __________을/를 썼습니다.

(3) 친구가 다음 달에 결혼을 합니다. 그래서 친구가 나에게 _______을/를 보냈습니다.

**2** 언제 다른 사람을 초대합니까? 〈보기〉와 같이 그림과 맞는 표현을 연결하십시오.
什么情况招待客人? 仿照例句, 连接左右两边相关的内容。

(1) 결혼식 •　　　　　• ⓐ 새 집으로 이사를 했습니다.

(2) 돌잔치 •　　　　　• ⓑ 결혼을 합니다.

(3) 집들이 •　　　　　• ⓒ 아기의 첫 번째 생일입니다.

(4) 환갑잔치 •　　　　• ⓓ 60세의 생일을 축하합니다.

生词　　돌잔치 周岁宴　|　환갑잔치 花甲宴

**3** 〈보기〉와 같이 다음에서 알맞은 말을 골라 고쳐 쓰십시오. 仿照例句，选择正确的单词改写后填写。

| 타다 | 하다 | 가다 | 먹다 | 만들다 |

〈보기〉 A 영화 보러 __갈래요?__

B 네, __갈게요.__

(1) A 밥을 ____________

B 네, ____________

(2) A 숙제를 ____________

B 네, ____________

(3) A 음식을 ____________

B 네, ____________

(4) A 스키를 ____________

B 네, ____________

**4** 〈보기〉와 같이 문장을 완성하십시오. 仿照例句，完成下面句子。

〈보기〉 전, 안 바쁘다, 요즘, 일, 많다, 바쁘다

→ __전에는 안 바빴는데 요즘은 일이 많아서 바빠졌어요.__

(1) 전, 뚱뚱하다, 요즘, 운동, 많이 하다, 날씬하다

→ ____________________________________________

(2) 어제, 따뜻하다, 오늘, 비, 오다, 춥다

→ ____________________________________________

(3) 작년, 싸다, 올해, 물가, 오르다, 비싸다

→ ____________________________________________

**5** 그림을 보고 〈보기〉와 같이 문장을 완성하십시오. 仿照例句，看图完成下面句子。

**6** 〈보기〉와 같이 문장을 완성하십시오. 仿照例句，完成下面句子。

〈보기〉 한국말을 <u>잘 못하는데 잘하면 좋겠어요.</u> (잘 못하다, 잘하다)

(1) 음식을 _______________________ (잘 못 만들다, 잘 만들다)

(2) 노래를 _______________________ (못 부르다, 잘 부르다)

(3) 남이섬에 가 본 일이 _______________________ (없다, 가 보다)

(4) 하숙집 친구들이 너무 _______________________ (시끄럽다, 조용하다)

**7** 다음 글을 읽고 질문에 답하십시오. 阅读下面短文，回答问题。

♡ 여러분을 초대합니다 ♡

추운 겨울, 좋은 사람들과 따뜻한 이야기를 하시겠습니까?
독서를 사랑하는 사람들이 만든 '독서사랑'에 오십시오.
같이 책을 읽고 책에 대해서 이야기를 하려고 합니다.
책을 읽으면서 여러분의 생각도 말씀해 주십시오.
책을 읽은 후에는 맛있는 과자도 먹고, 차도 마실 겁니다.
책 읽기를 좋아하시는 분들은 누구든지 오십시오.

때: 2009년 12월 1일 저녁 7시
곳: 종로 커피숍

※ 길을 모르시면 전화해 주십시오.
김 준 (010-4321-1234)

(1) 무엇을 하는 모임입니까?

ⓐ 같이 책을 읽고 이야기를 하는 모임

ⓑ 같이 좋은 책을 사는 모임

ⓒ 책을 다른 사람에게 파는 모임

ⓓ 과자를 만들어서 먹는 모임

(2) 위의 내용과 같은 것을 찾으십시오.

ⓐ 12월 2일 저녁 7시에 만납니다.

ⓑ 모임 시간을 모르면 김 준 씨에게 전화를 하십시오.

ⓒ 책을 좋아하면 누구든지 갈 수 있습니다.

ⓓ 식당에서 만날 겁니다.

**8** 다음 글을 읽고 질문에 답하십시오. 阅读下面短文，回答问题。

(1) 위 글의 내용과 <u>다른</u> 것을 고르십시오.

　ⓐ 신부는 언니가 있습니다.

　ⓑ 신부의 이름은 최정은입니다.

　ⓒ 신랑의 이름은 최지훈입니다.

　ⓓ 두 사람은 예식장에서 주말에 결혼을 합니다.

(2) 위 글의 내용과 같은 것을 고르십시오.

　ⓐ 노민 씨의 생일 파티는 주말에 합니다.

　ⓑ 노민 씨의 생일 파티는 노민 씨의 집에서 합니다.

　ⓒ 노민 씨가 자기 생일에 친구들을 초대하는 초대장을 썼습니다.

　ⓓ 노민 씨의 생일 파티에 가기 전에 왕핑 씨에게 전화를 해야 합니다.

(3) 여러분 나라에서는 언제 사람을 초대합니까? 그리고 초대 받았을 때의
　　예절로는 어떤 것이 있습니까?

_______________________________________________

_______________________________________________

_______________________________________________

生词　　　미리 事先

**9**　잘 듣고 이어질 말을 고르십시오.　仔细听录音，选择适当的内容连接。

ⓐ 아니요, 안 갈게요.

ⓑ 네, 갈래요.

ⓒ 네, 쇼핑하지 맙시다.

ⓓ 아니요, 같이 갈까요?

**10**　메이 씨는 무엇을 하고 있습니까?　美伊在做什么?

ⓐ 요리를 하면서 이야기하고 있어요.

ⓑ 음악을 들으면서 이야기하고 있어요.

ⓒ 음악을 들으면서 청소를 하고 있어요.

ⓓ 음악을 들으면서 요리를 하고 있어요.

**11**　잘 듣고 이어질 말을 고르십시오.　仔细听录音，选择适当的内容连接。

ⓐ 한 개 샀어요.

ⓑ 저도 선물을 받을 거예요.

ⓒ 휴지와 가루비누를 사면 좋겠어요.

ⓓ 내일 노민 씨 집들이에 못 갈 것 같아요.

**12** 〈보기〉와 같이 다음에서 알맞은 말을 골라 쓰십시오. 仿照例句，选择正确的单词填空。

| 신랑 | 신부 | 약도 | 예식장 | 청첩장 |

〈보기〉 ( 청첩장 )

(1) (          ) •

(2) (          ) •

(3) (          ) •

• (4) (          )

## 补充内容

### 邀请和拜访

| | | | |
|---|---|---|---|
| | 우리 집<br>我(们)家 | | |
| | 결혼식<br>结婚典礼 | | 초대를 하다<br>邀请 |
| | 모임<br>聚会 | 에 | |
| | 잔치<br>宴会 | | |
| | 생일 파티<br>生日宴会 | | 초대를 받다<br>受邀请 |
| | 집들이<br>乔迁宴 | | |

### 乔迁宴

　　韩国人搬家后就会举行乔迁宴，邀请同事或朋友到家里来一起吃饭和喝酒。去拜访的人一般用卷纸、洗衣粉作为礼物，就像洗衣粉的很多泡沫一样，客人希望主人在新的地方欣欣向荣。现在也有送主人需要的东西或是直接给主人现金。

　　另外刚结婚的夫妇为向来参加自己婚礼的同事或朋友表示感谢，也举行乔迁宴。虽然客人一般都以卷纸或洗衣粉作为礼物，但也经常送一些新婚生活的必需品。

## 单词

**1**　〈보기〉와 같이 그림과 맞는 말을 쓰십시오. 仿照例句，写出与图片相符的单词。

〈보기〉　　　(1)　　　(2)　　　(3)

숟가락　　　__________　　　__________　　　__________

**2**　그림을 보고 〈보기〉와 같이 알맞은 말을 골라 쓰십시오. 看图选择正确的句子填写。

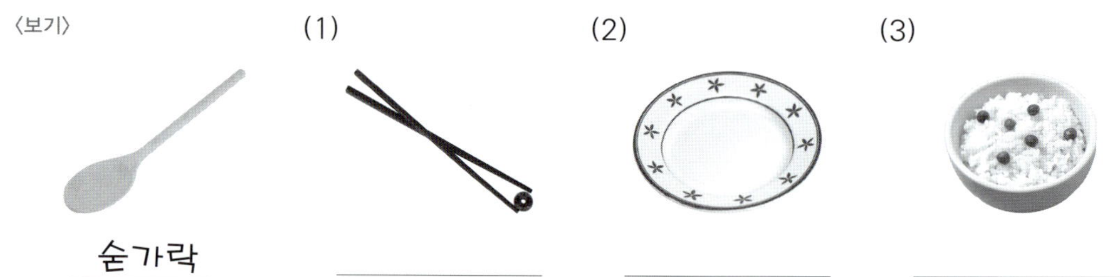

〈보기〉　이거 받으십시오.

(1)　__________

(2)　__________

(3)　__________

**3** 〈보기〉와 같이 대화를 완성하십시오. 仿照例句，完成下面对话。

> 〈보기〉 A 오늘 시험을 잘 봤어요.
>
> B _기분이 좋겠군요._ (기분이 좋다)

(1) A 어머니께서 토요일에 한국에 오실 거예요.

　　B _______________ (기쁘다)

(2) A 여자 친구와 헤어졌어요.

　　B _______________ (슬프다)

(3) A 어제 잠을 잘 못 잤어요.

　　B _______________ (피곤하다)

(4) A 밖에 비가 오고 바람도 많이 불어요.

　　B _______________ (춥다)

**4** 그림을 보고 〈보기〉와 같이 대화를 완성하십시오. 仿照例句，看图完成下面对话。

> 〈보기〉
>
> 메이　　　저
>
> A 죄송한데 지금 숙제를 해야 해요.
> B 그럼, 숙제를 하세요.
> 메이 씨가 _숙제를 하는 동안_
> 저는 _텔레비전을 보겠어요._

(1)  

메이　　　저

A 죄송한데 조금만 기다려 주세요.
　준비를 좀 더 해야 해요.
B 그럼, 준비를 하세요.
메이 씨가 _______________
저는 _______________

(2)

메이　　　　　저

A 죄송한데 조금만 기다려 주세요.

화장을 좀 더 해야 해요.

B 그럼, 천천히 화장하세요.

메이 씨가 ________________

저는 ________________

**5** 그림을 보고 〈보기〉와 같이 문장을 완성하십시오. 仿照例句，看图完成下面句子。

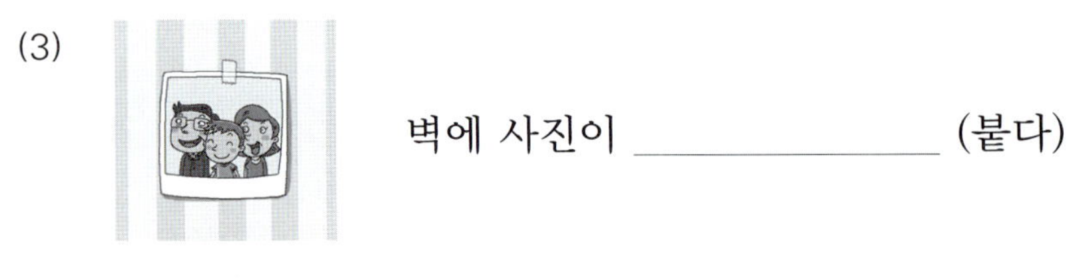

〈보기〉

벽에 시계가 <u>걸려 있어요.</u> (걸리다)

(1) 메이 씨가 의자에 ______________ (앉다)

(2) 창문이 ______________ (열리다)

(3) 벽에 사진이 ______________ (붙다)

(4) 선생님께서 ______________ (서다)

(5) 아기가 침대에 ______________ (눕다)

82

**6** 다음 표를 완성하십시오. 完成下面表格。

| | -(으)ㄴ 것 같아요 | | -(으)ㄴ 것 같아요 |
|---|---|---|---|
| 예쁘다 | 예쁜 것 같아요 | 어렵다 | |
| 아프다 | | 멀다 | |
| 바쁘다 | | 슬프다 | |
| | -는 것 같아요 | | -는 것 같아요 |
| 맛없다 | | 재미있다 | |

| | -는 것 같아요 | -(으)ㄴ 것 같아요 |
|---|---|---|
| 하다 | 하는 것 같아요 | 한 것 같아요 |
| 듣다 | | |
| 살다 | | |
| 읽다 | | |
| 웃다 | | |
| 쓰다 | | |
| 먹다 | | |
| 놀다 | | |

**7** 밑줄 친 부분을 고쳐 〈보기〉와 같이 문장을 완성하십시오. 仿照例句, 改写画线的句子。

〈보기〉 저 사람은 한국 사람이에요. 한국말을 잘 해요.

→ 저 사람은 한국 사람인 것 같아요.

(1) 저 곳은 학교예요. 학생들이 많아요.

→ _______________________________

(2) 메이 씨가 어제 늦게 잤어요. 수업 시간에 하품을 해요.

→ _______________________________

(3) 승희 씨가 영어를 잘 해요. 미국 사람과 이야기를 해요.

→ _______________________________

(4) 민수 씨는 집이 멀어요. 매일 늦게 와요.

→ _______________________________

生词  하품 哈欠

## 读和写

**8** 다음 글을 읽고 맞으면 ○, 틀리면 × 하십시오.
阅读下面短文，在正确的内容后画 ○，在错误的内容后画 ×。

> 오늘 노민 씨가 아파서 학교에 못 왔습니다. 그래서 우리 반 학생들은 노민 씨 집에 병문안을 갔습니다. 노민 씨는 감기에 걸려서 침대에 누워 있었습니다. 노민 씨 방에는 많은 사진들이 걸려 있었습니다. 모두 노민 씨가 여행가서 찍은 사진이었습니다. 노민 씨는 그냥 웃으면서 말은 많이 하지 않았습니다. 많이 아픈 것 같았습니다. 빨리 노민 씨가 나아서 학교에 오면 좋겠습니다.

(1) 노민 씨는 감기에 걸렸습니다.　　　　　　（　　　）

(2) 우리는 병문안을 가서 사진을 찍었습니다.　（　　　）

(3) 노민 씨가 다 나은 것 같았습니다.　　　　（　　　）

**9** 다음 글을 읽고 방문할 때 주의해야 하는 일 네 가지를 간단하게 쓰십시오.
阅读下面短文，写出拜访时要注意的四个事项。

> 다른 사람 집을 방문할 때에는 너무 이른 시간이나 늦은 시간에는 방문하면 안 됩니다. 그리고 출발하기 전에 전화를 하는 것이 좋습니다.
> 다른 사람 집에 방문할 때 식사 시간에는 가지 않는 것이 좋습니다. 식사를 하고 있는데 갑자기 손님이 오면 불편할 수 있기 때문입니다.
> 초대를 받아서 갈 때에는 작은 선물을 준비하는 것 좋습니다. 한국 사람들은 생일 파티에 초대를 받고 갈 때에는 케이크나 꽃을 준비합니다.

① _______________________________

② _______________________________

③ _______________________________________________

④ _______________________________________________



## 听力

CD2 音轨 29

〔10~11〕 잘 듣고 이어질 말을 고르십시오. 仔细听录音，选择适当的内容连接。

**10**  ⓐ 기분이 아주 좋아요.

ⓑ 기분이 정말 좋겠군요.

ⓒ 시험이 쉽지 않았어요.

ⓓ 공부가 어려워서 힘들어요.

**11**  ⓐ 숙제가 많으니까 내일 합시다.

ⓑ 숙제를 하면서 이 음악을 들었어요.

ⓒ 숙제를 다 한 것 같아요. 어때요? 기분 좋지요?

ⓓ 알았어요, 그럼, 승희 씨가 숙제하는 동안 여기서 책 좀 보고 있겠어요.

## 词汇应用

**12**  관계있는 말끼리 연결하십시오. 连接左右两边相关的句子。

(1) 잘 먹겠습니다.　　　　　•　　　　　• ⓐ 다른 사람과 헤어질 때

(2) 어서 오십시오.　　　　　•　　　　　• ⓑ 손님이 왔을 때

(3) 잘 먹었습니다.　　　　　•　　　　　• ⓒ 밥을 먹기 전에

(4) 다음에 또 뵙겠습니다. •　　　　　• ⓓ 밥을 먹은 후에

韩国人是十分重视礼节，自古以来就被称做'东方礼仪之国'。当然最近的年轻人中也有很多不懂礼仪的人，但是大家都基本上懂得关照他人，不和别人吵架。

## 饮食礼仪

| 인사말<br>问候语 | 밥을 먹기 전<br>吃饭前 | – "잘 먹겠습니다." 我会好好吃的。<br>– "맛있게 먹겠습니다." 我会好好吃的。 |
|---|---|---|
| | 밥을 먹은 후<br>吃饭后 | – "잘 먹었습니다." 吃得很好。<br>– "맛있게 잘 먹었습니다." 吃得很香。 |
| | 음식에 대해<br>칭찬하는 말<br>受到邀请时 | – "음식 솜씨가 참 좋으시네요." 您的手艺真好。<br>– "음식이 참 맛있습니다." 您做的菜真好吃。<br>– "뭘 이렇게 많이 준비하셨어요." 您准备的菜真多。 |
| 조심해야 할 행동<br>需要注意的行为 | | – 어른보다 먼저 수저를 들지 않습니다.<br>不要比长辈先拿筷子。<br>– 너무 급하게 먹거나 너무 천천히 먹지 않습니다.<br>不要吃得太快或吃得太慢。<br>– 다 먹어도 먼저 자리에서 일어나지 않습니다.<br>即使自己先吃完，也不要首先离开坐位。<br>– 기침과 재채기, 트림은 손으로 입을 막고 고개를 옆으로 돌려서 합니다.<br>咳嗽、打喷嚏、打嗝时，用手遮住嘴，并把头朝向一边。<br>– 바른 자세로 앉아서 먹습니다. 坐的姿势要端正。<br>– 국이나 찌개를 손에 들고 마시지 않습니다.<br>不要把汤或浓汤端在手里喝。<br>– 국그릇이나 밥그릇을 들고 먹지 않습니다.<br>不要把汤碗或饭碗端在手里吃。<br>– 좋은 음식만을 골라 먹으면 안 됩니다.<br>不要只吃自己喜欢的菜。<br>– 크게 소리 내어서 먹지 않습니다. 吃饭不要大声。<br>– 식사를 하면서 코를 풀면 안 됩니다.<br>不要一边吃饭一边掏鼻子。 |

生词　　재채기 喷嚏　│　트림 嗝儿　│　바른 자세 端正的姿势　│　코를 풀다 掏鼻子

**1** 다음에서 알맞은 말을 골라 고쳐 쓰십시오. 选择适当的单词改写后填写。

| 정하다 | 어기다 | 지키다 | 취소하다 | 연기하다 |

(1) 민수 씨는 항상 약속 시간에 늦습니다. 약속 시간을 잘 _______________
　　(-(스)ㅂ니다)

　　그렇지만 메이 씨는 약속 시간에 늦지 않습니다. 약속을 잘 _______________
　　(-(스)ㅂ니다)

(2) 어제 3시에 종로에서 승희 씨를 만나기로 했는데 일 때문에 어제 못 만났
　　습니다. 그래서 내일 만나기로 약속을 _______________ (-(스)ㅂ니다)

(3) 내일 친구들을 만나기로 했는데 갑자기 고향에 일이 생겨서 가야 합니다.
　　약속을 _______________ (-(스)ㅂ니다)

**2** 다음에서 알맞은 말을 골라 고쳐 쓰십시오. 选择适当的单词改写后填写。

| 계획을 세우다 | 계획이 있다 | 방문하다 | 가도 돼요? | 가기로 해요 |

A 방학 때 무슨 _______________(-아/어/여요?)

B 아니요, 아직 계획이 없어요. 쉬는 동안 _______________(-(으)려고) 해요.

A 저는 방학 때 울산에 있는 친구 집을 _______________(-(으)려고) 하는
　데요. 같이 갈래요?

B 정말 _______________

A 그럼요. 그럼 다음 주 토요일에 _______________

**3**  〈보기〉와 같이 문장을 완성하십시오. 仿照例句，完成下面句子。

> 〈보기〉 A 새해 계획이 뭐예요?
>
> B 새해에는 <u>공부를 열심히 하기로 했어요.</u> (공부를 열심히 하다)

(1) A 방학에 무엇을 할 거예요?

　　 B 방학에 ________________________ (중국어를 배우다)

(2) A 한국어를 배운 후에 뭘 하실 거예요?

　　 B 한국어를 배운 후에 ________________________ (대학교에 가다)

 계획 计划

**4**  〈보기〉와 같이 문장을 완성하십시오. 仿照例句，完成下面句子。

> 〈보기〉 메이 씨, 민수 씨, 저녁, 만나다
>
> → <u>메이 씨와 민수 씨는 저녁에 만나기로 했어요.</u>

(1) 승희 씨, 왕핑 씨, 주말, 영화를 보다

　　 → ________________________

(2) 노민 씨, 학교 앞 식당, 친구와 점심을 먹다

　　 → ________________________

**5** 그림을 보고 〈보기〉와 같이 대화를 완성하십시오. 仿照例句，看图完成下面对话。

〈보기〉

A 내일 날씨가 어떨까요?

B 내일은 <u>흐릴 것 같아요</u>. (흐리다)

(1) A 내일 시간이 있어요?

B 내일은 일 때문에 _________________ (바쁘다)

(2) A 제가 만든 요리인데, 한번 드셔 보세요.

B 정말 _________________ 잘 먹겠습니다. (맛있다)

(3) A 저한테 영화표가 있는데 주말에 영화 볼래요?

B 주말이어서 극장에 사람이 _________________

(-(으)ㄴ/는데) 다음에 보기로 해요. (많다)


**6** 〈보기〉와 같이 문장을 완성하십시오. 仿照例句，完成下面句子。

〈보기〉 광화문에 가려면 <u>402번이나 408번</u> 버스를 타야 해요.

(402번, 408번)

(1) 저는 _________________에 시간이 되는데, 메이 씨는요?

(월요일, 화요일)

(2) 저는 매운 음식을 좋아하니까 _________________(으)로 주세요.

(비빔밥, 김치찌개)

**7** 〈보기〉와 같이 문장을 바꾸십시오. 仿照例句，改写下面句子。

> 〈보기〉 A 내일 민수 씨 집들이에 갈 수 있어요?
>
> B 글쎄요. 중요한 약속이 있어서 갈 수 있어요.
>
> (→ <u>갈 수 있을지 모르겠어요.</u> )

(1) A 설날에 고향에 가세요?

　　 B 가고 싶은데 예매를 안 해서 표가 <u>있어요</u>. → ＿＿＿＿＿＿＿＿＿＿

(2) A 주말에 만나기로 한 약속 잊지 마세요.

　　 B 죄송한데 너무 바빠서 <u>약속을 지킬 수 있어요</u>.

　　　　 → ＿＿＿＿＿＿＿＿＿＿

(3) A 노민 씨, 내일 메이 씨 생일인데 선물을 샀어요?

　　 B 네, 샀는데 이 선물을 <u>좋아해요</u>. → ＿＿＿＿＿＿＿＿＿＿

(4) A 왜 이렇게 빨리 가세요?

　　 B 2시에 회의가 있는데 제 시간에 <u>도착할 수 있어요</u>.

　　　　 → ＿＿＿＿＿＿＿＿＿＿

## 读和写

**8** 다음 글을 읽고 맞으면 ○, 틀리면 × 하십시오. 阅读下面短文，在正确的内容后画 ○，在错误的内容后画 ×。

> 　　저는 노민 씨와 수업이 끝난 후에 혜화역 2번 출구 앞에서 만나기로 했어요. 오늘 같이 점심을 먹고 영화나 연극을 보기로 계획을 세웠어요. 그런데 2시가 되었는데도 노민 씨가 오지 않았어요. 그때 노민 씨가 전화를 해서 갑자기 약속을 취소했어요. 저는 날씨가 추운데 1시간 동안 기다렸어요. 너무 화가 났어요. 갑자기 중요한 일이 생겼으면 약속 시간 전에 미리 연락을 해주면 좋겠어요.

(1) 나는 노민과 오늘 만나서 영화를 볼 겁니다. 　　　　　( 　　　 )

(2) 2시에 혜화역 2번 출구에서 만날 거예요. 　　　　　( 　　　 )

**9** 여러분은 주말에 무엇을 할 계획입니까? 写出你周末的日程安排。

| | |
|---|---|
| 오전 | 〈보기〉 방 청소를 하기로 했어요.<br>① <br>② <br>③ |
| 오후 | ① <br>② <br>③ |
| 저녁 | ① <br>② <br>③ |
| 밤 | ① <br>② <br>③ |

## 听力

CD2 音轨 30

**10** 잘 듣고 이어질 말을 고르십시오. 仔细听录音，选择适当的内容连接。

ⓐ 그럼, 백화점에 갈까요?

ⓑ 네, 박물관에 가는 게 좋겠지요?

ⓒ 좋아요, 그럼 공원에 가기로 해요.

ⓓ 네, 도서관에 가서 커피를 마시면서 이야기를 합시다.

**11**  잘 듣고 이어질 말을 고르십시오. 仔细听录音，选择适当的内容连接。

ⓐ 그럼, 금요일 6시쯤에 올래요? 같이 저녁도 먹고요.

ⓑ 네, 하지만 목요일에는 학교에 일찍 오세요.

ⓒ 좋아요. 금요일에 바쁘면 목요일에 갈게요.

ⓓ 이번 주에는 계속 바쁘군요. 그럼, 다음 주에는 어때요?

## 词汇应用

**12**  다음에서 알맞은 말을 골라 쓰십시오. 选择正确的单词填写。

| 결혼식 | 축의금 | 신랑 | 신부 | 청첩장 | 예식장 |
|---|---|---|---|---|---|

　　민수 씨한테서 (　　　　　)을/를 받았습니다. (　　　　　)을/를 이번 주 토요일 오후 2시에 합니다. 시내에 있는 (　　　　　)에서 결혼을 하는데 메이 씨, 왕핑 씨와 같이 가기로 했습니다. 친구들과 같이 (　　　　　)을/를 내기로 했습니다.

## 约会场所

◎ 영화를 보고 싶고 쇼핑도 하고 싶어요. → 명동에서 만나기로 해요.
既想看电影也想购物。→ 约定在明洞见面。

◎ 한국의 민속 공예품들을 보고 싶어요. → 인사동에서 만나기로 해요.
想看韩国民俗工艺品。→ 约定在仁侍洞见面。

◎ 신나게 놀이기구를 타고 싶어요. → 놀이공원에서 만나기로 해요.
想坐坐刺激的游乐船。→ 约定在游乐场见面。

◎ 축구를 보고 싶어요. → 상암 월드컵 경기장에서 만나기로 해요.
想看足球赛。→ 约定在上岩世界杯竞赛场见面。

◎ 저는 야구를 좋아해요. → 잠실 야구장에서 만나기로 해요.
我喜欢棒球。→ 约定在蚕室棒球场见面。

◎ 연극이나 뮤지컬을 좋아해요. → 대학로에서 만나기로 해요.
喜欢喜剧和音乐剧。→ 约定在大学路见面。

# 第14课 한국에 온 지 5개월이 되었어요.

**1** 다음에서 알맞은 말을 골라 쓰십시오. 选择正确的单词填写。

| 복습하다 | 예습하다 | 알아듣다 | 장학금 | 유학생 |
|---|---|---|---|---|

(1) 공부를 잘 하는 사람에게 주는 돈입니다. (　　　　)

(2) 다른 나라로 공부를 하러 가는 학생입니다. (　　　　)

(3) 학교에서 배운 것을 집에 와서 다시 공부합니다. (　　　　)

(4) 내일 학교에서 배우기 전에 집에서 미리 공부합니다. (　　　　)

**2** 빈칸에 공통으로 들어갈 단어를 쓰십시오. 写出能共同填入括号中的单词。

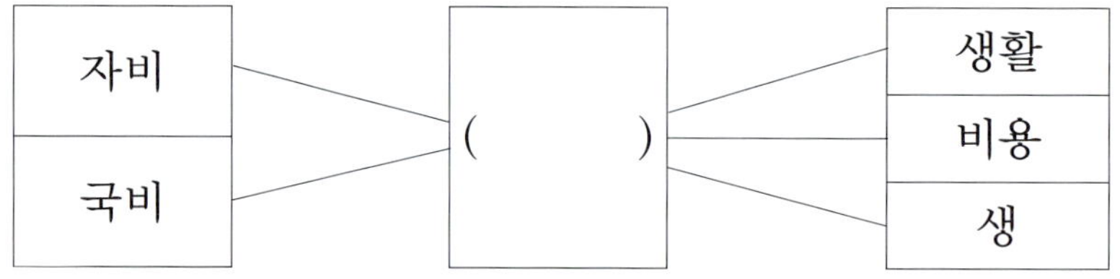

**3** 〈보기〉와 같이 문장을 완성하십시오. 仿照例句，完成下面句子。

| 5년 전<br>(졸업하다) | 3년 전<br>(여자 친구<br>사귀다) | 1년 전<br>(한국말<br>배우다) | 6개월 전<br>(회사에서<br>일하다) | 2개월 전<br>(한국에서<br>살다) | 현재 |

〈보기〉 A 언제부터 한국말을 배웠어요?

B 한국말을 <u>배운 지 1년이 되었어요.</u>

(1) A 졸업한 지 얼마나 되었어요?

B _______________________________

(2) A 이 회사에서 일한 지 얼마나 되었어요?

B _______________________________

(3) A 한국에서 산 지 얼마나 되었어요?

B _______________________________

(4) A 여자 친구를 사귄 지 얼마나 되었어요?

B _______________________________

**4** 〈보기〉와 같이 문장을 완성하십시오. 仿照例句，完成下面句子。

〈보기〉 삼계탕 / 먹어 보다 (○) → 삼계탕을 먹어 본 적이 있어요.

삼계탕 / 먹어 보다 (✕) → 삼계탕을 먹어 본 적이 없어요.

(1) 인사동 / 가 보다 (○) → 인사동에 _______________________________

(2) 태권도 / 배우다 (✕) → 태권도를 _______________________________

(3) 외국 여행 / 해 보다 (○) → 외국 여행을 _______________________________

(4) 중국 음식 / 먹어 보다 (✕) → 중국 음식을 _______________________________

**5** 〈보기〉와 같이 대화를 완성하십시오. 仿照例句，完成下面对话。

> 〈보기〉 A 시간이 있으면 뭘 하세요?
>
> B <u>집에서 책을 읽거나 음악을 들어요.</u> (책을 읽다, 음악을 듣다)

(1) A 아플 때 어떻게 하세요?

　　B _______________________________ (약을 먹다, 주사를 맞다)

(2) A 부모님이 보고 싶을 때 어떻게 하세요?

　　B _______________________________ (사진을 보다, 전화를 하다)

(3) A 기분이 안 좋을 때 뭘 하세요?

　　B _______________________________ (노래를 부르다, 여행을 가다)

(4) A 눈이 오면 뭘 하세요?

　　B _______________________________ (눈싸움을 하다, 눈사람을 만들다)


**6** 〈보기〉와 같이 문장을 바꾸십시오. 仿照例句，改写下面句子。

> 〈보기〉 한국 친구들을 많이 만나 보다
>
> → 한국 친구들을 많이 <u>만나 보면 어때요?</u>

(1) 한국 전통 민속 공예품을 사러 인사동에 가다

　　→ 한국 전통 민속 공예품을 사러 _______________________

(2) 부모님과 같이 경복궁을 구경하다

　　→ 부모님과 같이 _______________________

(3) 한국어 단어를 공부하기 위해 전자사전을 찾아보다

　　→ 한국어 단어를 공부하기 위해 _______________________

 전통 민속 공예품 传统民俗工艺品

**7** 다음 표를 완성하십시오. 完成下面表格。

|  | -(으)ㄴ 적이 있다 | -(으)면 어때요? |
|---|---|---|
| 하다 | 한 적이 있다 |  |
| 듣다 |  | 들으면 어때요? |
| 읽다 | 읽은 적이 있다 |  |
| 웃다 |  | 웃으면 어때요? |
| 먹다 | 먹은 적이 있다 |  |

## 读和写

**8** 다음 글을 읽고 질문에 답하십시오. 阅读下面短文，回答问题。

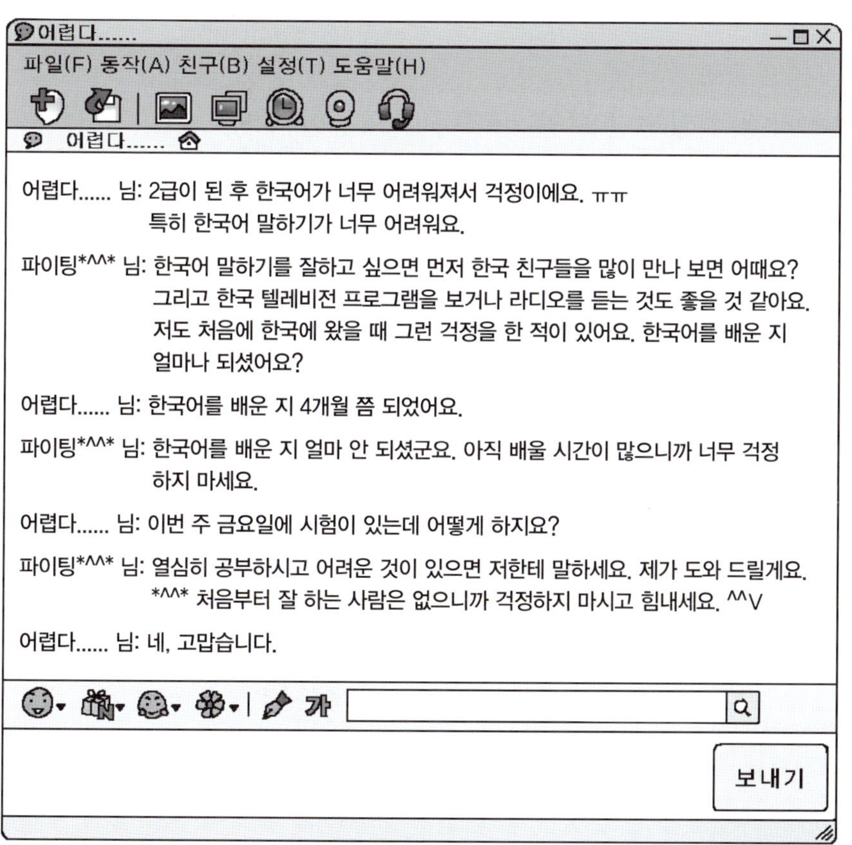

(1) '어렵다…… 님'은 무엇 때문에 걱정입니까?

 ⓐ 한국어 쓰기가 어렵습니다.

 ⓑ 한국어 말하기를 잘 못 합니다.

 ⓒ 다음 주 금요일에 시험이 있는데 공부를 안 했습니다.

 ⓓ 이번 주 금요일에 시험을 보는데 준비할 시간이 없습니다.

(2) 한국말을 잘 하려면 어떻게 해야 합니까?

 ⓐ 시험을 봐야 합니다.

 ⓑ 한국 친구를 많이 만나야 합니다.

 ⓒ 집에서 혼자 열심히 한국어 책을 읽어야 합니다.

 ⓓ 일본 드라마를 보거나 중국 노래를 들어야 합니다.

**9** **다음 질문을 읽고 친구들과 이야기한 후 쓰십시오.** 阅读下面问题，和你的朋友聊天后写出有关内容。

(1) 요즘 무슨 고민이 있습니까?

______________________________________________

(2) 고민이나 걱정이 있으면 보통 누구하고 의논합니까?

______________________________________________

(3) 친구의 고민을 듣고 다음 표를 채우십시오.

| 이름 | 친구 1(          ) | 친구 2(          ) |
|---|---|---|
| 무엇 때문에? |  |  |
| 제 생각에는~<br>(조언하기) |  |  |

CD2 音轨 **31**

**10** 다음 대화를 듣고 맞으면 ○, 틀리면 ✕ 하십시오. 听对话，在正确的内容后画 ○，在错误的内容后画 ✕。

(1) 남자는 한국어를 배운 지 8개월이 되었습니다. (        )

(2) 여자는 한국에서 여행을 한 적이 있습니다. (        )

(3) 여자는 한국에 온 지 6개월 쯤 되었습니다. (        )

**11** 다음 대화를 듣고 맞으면 ○, 틀리면 ✕ 하십시오. 听对话，在正确的内容后画 ○，在错误的内容后画 ✕。

(1) 승희 씨 취미는 낚시입니다. (        )

(2) 민수 씨는 요리하기를 싫어합니다. (        )

(3) 승희 씨는 동호회에 가입했습니다. (        )



**12** 단어와 맞는 의미를 연결하십시오. 连接与单词的意思相同的内容。

(1) 동호회　•　　　　　　　•　ⓐ 취미가 같은 사람들의 모임

(2) 동아리　•　　　　　　　•　ⓑ 같은 학교를 다닌 사람들의 모임

(3) 동창회　•　　　　　　　•　ⓒ 대학교에서 좋아하는 것이 같은 사람들의
　　　　　　　　　　　　　　　모임

生词　　동호회 同好会, 俱乐部 　|　 동아리 社团, 兴趣小组 　|　 동창회 校友会, 同学会

## 韩国的网络文化

　　最近，人们也通过网络结识新朋友。如果你和谁有相同的爱好，或是有共同喜欢的歌手或饮食的话，就可以一起组织一个兴趣小组开展活动。我加入了'喜欢韩国电视剧的人的聚会'，即'韩剧人'。

　　所以，我每个月要去参加一次定期性的聚会。在那里，结识一些新的朋友，一起谈论电视剧，也一起聚餐。如果你们也有爱好或兴趣的话，可以在网上加入一个兴趣小组，结识更多的朋友，这个建议怎么样呢？

**文化卡片！**

　　我们经常利用网络。既用MSN和在老家的父母聊天，也在网上制作的自己的小空间和个人网页里和朋友见面。最近，很流行博客，就是在网上记录自己日常生活的日志。

　　但是网络生活也需要礼仪。在别人的文章后发表留言时，不能因为互不相识就写一些不好的话。还有在网上聊天时，不能告诉别人你的外国人身份证号码和电话号码。

〔1~2〕〈보기〉와 같이 의미가 비슷한 말을 고르십시오. 仿照例句，选择和画线部分意思相近的选项。

> 〈보기〉 저는 어제 친구 집에 <u>갔어요.</u>
>
> ✔ⓐ 방문했어요　　ⓑ 초대했어요　　ⓒ 집들이했어요　　ⓓ 약속했어요

**1**　저는 새로운 한국 친구들을 <u>사귀었어요.</u>

　　ⓐ 헤어졌어요　　　　ⓑ 만났어요　　　ⓒ 봤어요　　　　ⓓ 싸웠어요

**2**　저는 이번 주에 결혼을 해요. 그래서 친구들에게 <u>초대장</u> 을/를 보냈어요.

　　ⓐ 엽서　　　　　　ⓑ 소포　　　　　ⓒ 청첩장　　　　ⓓ 축의금

〔3~4〕〈보기〉와 같이 반대말을 고르십시오. 仿照例句，选择和画线部分意思相反的选项。

> 〈보기〉 이 사람은 <u>친절해요.</u>
>
> ⓐ 재미있어요　　ⓑ 예뻐요　　ⓒ 아파요　　✔ⓓ 불친절해요

**3**　제 친구는 항상 약속을 잘 <u>지켜요.</u>

　　ⓐ 세워요　　　　　ⓑ 연기해요　　　ⓒ 해요　　　　ⓓ 어겨요

**4**　노민 씨는 항상 수업 시간 전에 <u>예습을 해요.</u>

　　ⓐ 이해를 해요　　　ⓑ 복습을 해요　　ⓒ 알아들어요　　ⓓ 숙제를 해요

〔5~6〕 〈보기〉와 같이 맞는 말을 고르십시오. 仿照例句，选择正确表达填空。

〈보기〉 A 내일 같이 영화 볼래요?
B 네, (                    )

ⓐ 보세요.　　　　ⓑ 봅니다.　　　　ⓒ 봤어요.　　　✔ 볼래요.

**5** A (                    )

B 5개월쯤 되었어요.

ⓐ 한국어를 얼마 동안 배워요?　　　ⓑ 한국어를 언제부터 배웠어요?
ⓒ 한국어를 배운지 얼마나 됐어요?　　ⓓ 한국어를 몇 월쯤부터 배웠어요?

**6** A 내일 몇 시에 만날까요?

B (                    )

ⓐ 1시나 2시에 만나기로 했어요.　　　ⓑ 3시나 4시였어요.
ⓒ 2시나 3시에 만나기로 해요.　　　　ⓓ 4시나 5시에 만나기로 했을까요?

〔7~8〕 다음 글을 읽고 질문에 답하십시오. 阅读下面短文，回答问题。

A 시간이 있으면 우리 집에 올래요?
B 네, 좋아요. 그런데 무슨 일이 있으세요?
A 제가 새로 이사를 했어요. 그래서 ( ㉮ )를 하려고 해요.
B 그래요? 꼭 가겠어요. ( ㉯ )해 주셔서 감사합니다.

**7** ㉮에 알맞은 말을 고르십시오.

ⓐ 결혼식　　　　ⓑ 집들이　　　　ⓒ 돌잔치　　　　ⓓ 생일 파티

**8** ㉯에 알맞은 말을 고르십시오.

ⓐ 방문　　　　ⓑ 약속　　　　ⓒ 초대　　　　ⓓ 파티

〔9~10〕 다음 글을 읽고 질문에 답하십시오. 阅读下面短文，回答问题。

> A 볼펜이 어디에 있어요?
>
> B 책상 위에 (        ㉮        )
>
> A 이 볼펜을 여자 친구한테서 선물 받았어요.
>
> B (        ㉯        )

**9** ㉮에 알맞은 말을 고르십시오.

ⓐ 누워 있어요.　　　　　　ⓑ 앉아 있어요.

ⓒ 서 있어요.　　　　　　　ⓓ 놓여 있어요.

**10** ㉯에 알맞은 말을 고르십시오.

ⓐ 슬프겠군요.　　　　　　ⓑ 싸겠군요.

ⓒ 좋겠군요.　　　　　　　ⓓ 바쁘겠군요.

〔11~12〕 〈보기〉와 같이 대화를 완성하십시오. 仿照例句，完成下面对话。

> 〈보기〉 A 언제 만날까요?
>
> B <u>1시나 2시</u> 에 서울역에서 만납니다. (1시, 2시)

**11** A 오늘 점심엔 무엇을 먹을까요?

B ＿＿＿＿＿＿＿＿＿＿을 먹는 게 어때요? (자장면, 비빔밥)

**12** A 내일 날씨가 어떨까요?

B 아마 ＿＿＿＿＿＿＿＿＿＿거예요. (흐리다, 맑다)

〔13~14〕〈보기〉와 같이 맞게 연결한 문장을 고르십시오. 仿照例句，选择符合情景的句子。



**13** A 선물 받았어요?

B 네, 친구, 선물 받다.

ⓐ 친구한테서 선물 받았어요.　　ⓑ 친구께서 선물 받았어요.

ⓒ 친구니까 선물 받았어요.　　ⓓ 친구도 선물 받았어요.

**14** A 메이 씨, 영화관에 갈래요?

B 죄송해요. 가고 싶다, 아르바이트가 있다

ⓐ 가고 싶으니까 아르바이트가 있어요.

ⓑ 가고 싶은데 아르바이트가 있어요.

ⓒ 가고 싶었는데 아르바이트가 있을 거예요.

ⓓ 가고 싶어서 아르바이트가 있어요.

〔15~17〕잘 듣고 맞는 답을 고르십시오. 仔细听录音，回答下面问题。

**15**　여자는 내일 무엇을 할 겁니까?

　　ⓐ 결혼식에 갈 겁니다.　　　　ⓑ 환갑잔치에 갈 겁니다.

　　ⓒ 장례식에 갈 겁니다.　　　　ⓓ 돌잔치에 갈 겁니다.

**16**　두 사람은 몇 시에 만납니까?

　　ⓐ 2시　　　　ⓑ 3시　　　　ⓒ 3시 30분　　　　ⓓ 4시

**17**　집들이 선물로 무엇을 살까요?

　　ⓐ 휴지와 가루비누　　　　ⓑ 휴지와 치약

　　ⓒ 가루비누와 맥주　　　　ⓓ 가루비누와 옷

〔18~19〕잘 듣고 맞는 답을 고르십시오. 仔细听录音，回答下面问题。

**18**　여자의 취미는 무엇입니까?

　　ⓐ 운동하기　　　　ⓑ 낚시　　　　ⓒ 그림 그리기　　　　ⓓ 음악 감상

**19**　여자의 방에 <u>없는</u> 것이 무엇입니까?

　　ⓐ 미술관　　　　ⓑ 그림　　　　ⓒ 사진　　　　ⓓ 피아노

〔20〕잘 듣고 맞는 답을 고르십시오. 仔细听录音，回答下面问题。

**20**　승희 씨는 지금 어떤 것 같습니까?

　　ⓐ 슬픈 것 같아요.　　　　ⓑ 속이 쓰린 것 같아요.

　　ⓒ 아픈 것 같아요.　　　　ⓓ 기쁜 것 같아요.

〔21〕다음 글을 읽고 질문에 답하세요. 阅读下面短文，回答问题。

> 　　식사 예절은 나라마다 다른데 한국에서도 주의해야 할 것들이 있습니다. 식사를 할 때 아이가 어른보다 먼저 밥을 먹으면 안 됩니다. 그리고 식사를 하기 전에 "잘 먹겠습니다."라고 인사를 해야 합니다. 다른 사람들보다 너무 빨리, 너무 천천히 먹으면 안 됩니다. 다른 사람과 비슷한 속도로 먹어야 합니다. 다 먹은 후에는 "잘 먹었습니다."라고 인사를 하는 것이 좋습니다.

**21**　무엇에 대한 글입니까?

　　ⓐ 한국의 식사 예절　　　　　　　ⓑ 밥을 빨리 먹는 한국 사람

　　ⓑ 식사와 세계 여러 나라 인사　　　ⓓ 한국에 갈 때 주의해야 할 것

〔22~23〕다음 글을 읽고 질문에 답하십시오. 阅读下面短文，回答问题。

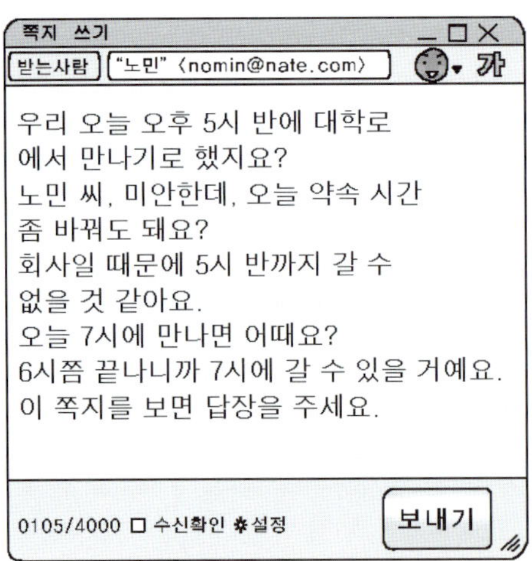


**22**　이 사람은 노민 씨를 몇 시에 만나고 싶어 합니까?

　　ⓐ 5시 30분　　　　ⓑ 6시　　　　ⓒ 7시　　　　ⓓ 7시 반

**23**　왜 약속을 연기했습니까?

　　ⓐ 시간이 없어서　　　　　　　ⓑ 회사에 일이 있어서

　　ⓒ 몸이 아파서　　　　　　　　ⓓ 너무 멀어서

〔24~25〕 다음 글을 읽고 질문에 답하십시오. 阅读下面短文，回答问题。

> 저는 외국에서 온 유학생입니다. 저는 요즘 걱정이 하나 있습니다. 한국어를 배운 지 6개월이 되었는데 한국어 말하기 실력이 좋아지지 않습니다. 문법과 읽기는 잘합니다. 그래서 학교에서 보는 시험은 잘 보는데 한국 사람과 이야기를 할 때 못 알아듣겠습니다. 이제 대학교에 가야 하는데 어떻게 공부를 해야 하지요? 좀 도와주세요.

**24**  이 학생은 무엇 때문에 걱정을 합니까?

ⓐ 성적                          ⓑ 유학생활

ⓒ 대학 입학                     ⓓ 한국어 말하기 실력

**25**  위 글의 내용과 같은 것을 고르십시오.

ⓐ 이 학생은 대학에 갈 수 없습니다.

ⓑ 한국어 문법 공부 때문에 걱정입니다.

ⓒ 이 학생은 한국말을 배운 적이 없습니다.

ⓓ 성적이 좋지만 다른 사람과 이야기를 할 때 잘 알아듣지 못합니다.

生词    말하기 口语  |  문법 语法  |  읽기 阅读

答案

## 第 **1** 课



**1** (1) 고기　　 (2) 채소　　 (3) 생선

**2** (1) ⓑ　　　 (2) ⓐ　　　 (3) ⓒ



**3** (1) 배낭여행을 해 봤어요.
　 (2) 이 책을 못 읽어 봤어요.
　 (3) 이 노래를 들어 봤어요.

**4** (1) 본　　　 (2) 배운　　　 (3) 말하는

**5** (1) 음식을 만들어서 먹습니다.
　 (2) 친구를 만나서 이야기를 합니다.
　 (3) 집에 가서 쉬고 싶습니다.

**6** (1) 사는　　 (2) 아세요?　 (3) 엽시다.

**7**

|  | –아/어/여서 | –니까 | –ㅂ니다 |
|---|---|---|---|
| 놀다 | 놀아서 | 노니까 | 놉니다 |
| 멀다 | 멀어서 | 머니까 | 멉니다 |
| 만들다 | 만들어서 | 만드니까 | 만듭니다 |
| 살다 | 살아서 | 사니까 | 삽니다 |
| 팔다 | 팔아서 | 파니까 | 팝니다 |



**8** (1) ⓓ　　　 (2) ⓓ

**9** 먼저 고추장을 넣어서 국물을 끓입니다. 고추장 국물이 끓으면 떡을 넣습니다. 그 다음에 떡이 익으면 어묵을 넣습니다. 어묵이 익으면 떡볶이가 완성됩니다.



**10**
여자　 한국 음식을 좋아하세요?
남자　 네, 아주 좋아해요. 한국 음식은 맵지만 맛있어요.
여자　 그럼 비빔밥을 드셔 보셨어요?

**10** ⓑ

**11**
메이　 왕핑 씨, 주말 잘 보내셨어요?
왕핑　 네, 부산에 사는 친구가 서울에 와서 같이 명동에 갔어요.
메이　 명동에 가서 뭘 하셨어요?
왕핑　 삼계탕을 먹었어요. 메이 씨도 삼계탕을 드셔 보셨어요?
메이　 아니요, 저는 아직 못 먹어 봤어요.

---

**11** (1) ✕　　　 (2) ○　　　 (3) ✕



**12** (1) 양파를 썹니다., 양파를 썰어서 된장찌개에 넣습니다.
　 (2) 만두를 찝니다., 만두를 쪄서 팝니다.
　 (3) 김치전을 부칩니다., 김치전을 부쳐서 먹습니다.

---

## 第 **2** 课



**1** (1) ⓐ　　　 (2) ⓓ　　　 (3) ⓒ

**2** (1) 수영을 가끔 해요.
　 (2) 술을 거의 안 마셔요.
　 (3) 담배를 전혀 안 피워요.



**3** (1) ⓓ 저는 키가 큰데 동생은 키가 작습니다.
　 (2) ⓑ 민수 씨는 한국 사람인데 영어를 잘합니다.
　 (3) ⓐ 비빔밥은 매운데 삼계탕은 맵지 않습니다.

**4** (1) 영화 보기　　　　　 (2) 듣기, 말하기
　 (3) 사진 찍기

**5** (1) 만난　　 (2) 찍은, 찍은　　 (3) 파는

**6** (1) 스키인데 요즘은 아르바이트 때문에 가끔 탑니다.
　 (2) 축구인데 요즘은 날씨 때문에 거의 못 합니다.
　 (3) 여행인데 요즘은 공부 때문에 자주 못 합니다.

**7** (1) 사토루 씨는 여자 친구가 있는데 왕핑 씨는 여자 친구가 없습니다.
　 (2) 시골은 공기가 맑은데 도시는 맑지 않습니다.
　 (3) 저는 클래식 음악을 좋아하는데 동생은 가요를 좋아합니다.



**8** (1) ○　　　 (2) ✕　　　 (3) ○



**10**
남자　 메이 씨, 저는 수영을 좋아하는데, 메이 씨는 무슨 운동을 좋아하세요?
여자　 저는 탁구를 좋아해서 자주 탁구장에 가요. 민수 씨는요?
남자　 전에는 수영장에 자주 갔는데 요즘은 일 때문에 바빠서 거의 못 가요.
여자　 할 일이 많으세요?
남자　 네, 외국에 보내야 할 서류가 많아서 항상 밤 11시에 퇴근해요.

**10** (1) 탁구　　 (2) 일 때문에 바빠서

> **11**
> 여자 취미가 무엇입니까?
> 남자 등산입니다. 저는 산을 좋아합니다.
> 여자 등산이 재미있습니까?
> 남자 네, 그리고 맑은 공기도 마실 수 있어서 좋습니다.
> 여자 자주 가십니까?
> 남자 아니요, 전에는 자주 갔는데 요즘은 일 때문에 바빠서 가끔 갑니다. 내일 친구들과 도봉산에 가는데, 같이 갈까요?
> 여자 네, 좋아요. 저도 가 보고 싶어요.

**11** (1) ○　　　　(2) ○　　　　(3) ○



**12** (1) 사토루 씨 취미는 탁구 치기예요.
　　(2) 민수 씨 취미는 태권도 하기예요.
　　(3) 메이 씨 취미는 등산 하기예요.

---

# 第**3**课



**1** (1) 외국 여행　　　　(2) 표　　　　(3) 호텔

**2** (1) ⓒ 기차표를 예매합니다.
　　(2) ⓐ 호텔을 예약합니다.
　　(3) ⓓ 기차를 탑니다.



**3** (1) 교통카드를 충전해야 해요.
　　(2) 케이크를 사야 해요.
　　(3) 호텔을 예약해야 해요.

**4** (1) 일이 많기 때문에 못 갑니다.
　　(2) 아프기 때문에 가지 않습니다.
　　(3) 명절이기 때문에 미리 예매해야 합니다.
　　(4) 한국에서 오래 살았기 때문에 잘합니다.

**5** (1) 친구를 만나기 전에 한국어를 공부합니다.
　　(2) 서점에 가기 전에 친구를 만납니다.
　　(3) 영화를 보기 전에 서점에 갑니다.

**6** (1) 청소를 해야겠어요.
　　(2) 다이어트를 해야겠어요.
　　(3) 두꺼운 옷을 입어야겠어요.

**7** (1) 시험이 있기 때문에, 공부해야겠어요.
　　(2) 친구가 오기 때문에, 가야겠어요.
　　(3) 어머니 생신이기 때문에, 사야겠어요.
　　(4) 사람들이 많기 때문에, 예매해야겠어요.



**8** (1) 이번 주 토요일, 부산
　　(2) ⓒ　　　　(3) ⓐ



> **9**
> 남자 노민 씨, 주말에 뭘 하실 거예요?
> 여자 친구들과 고속버스를 타고 바다로 여행을 갈 거예요.
> 남자 버스표를 예매하셨어요?
> 여자 아니요, 아직 안 했는데 내일 할 거예요.
> 남자 주말에는 사람들이 많을 거예요. 그래서 예매를 빨리 해야 해요.
> 여자 그래요? 그럼 오늘 오후에 터미널에 가서 예매해야겠어요.
> 남자 숙소는 예약하셨어요?
> 여자 네, 콘도를 예약을 했어요.

**9** (1) ×　　　　(2) ○　　　　(3) ×

> **10**
> 　이번 방학에 비행기로 제주도에 갈 겁니다. 이번 주 금요일에 출발해서 다음 주 화요일에 돌아올 겁니다. 요즘은 여름 휴가철이기 때문에 표를 미리 예매했습니다.
> 　제주도에 가면 한라산에 갈 겁니다. 한라산은 한국에서 제일 높은 산입니다. 이번에 산꼭대기까지 올라가려고 합니다. 한라산에 올라가면 사진을 찍어서 부모님께 보내 드리려고 합니다.

**10** (1) 요즘이 휴가철이기 때문에　　　　(2) ⓒ



**11** ⓐ 관광객　　　ⓑ 기차표　　　ⓒ 외국 여행
　　ⓓ 예약　　　ⓔ 주말여행　　　ⓕ 콘도

**12** (1) ⓑ　　　(2) ⓑ　　　(3) ⓐ　　　(4) ⓑ

---

# 第**4**课



**1** (1) 육교　　　(2) 횡단보도　　　(3) 버스 정류장

**2** (1) 직진, 똑바로 가다
　　(2) 우회전, 오른쪽으로 가다
　　(3) 사거리



**3** (1) 냉면을 먹으려고 해요.
　　(2) 친구를 만나려고 해요.
　　(3) 중국 음식을 만들려고 해요.
　　(4) 음악을 들으려고 해요.

**4** (1) ⓓ 머리가 아파서 병원에 가려고 합니다.
　　(2) ⓑ 늦어서 지금 택시를 타려고 합니다.
　　(3) ⓔ 친구 생일이어서 선물을 사려고 합니다.
　　(4) ⓐ 시험이 있어서 도서관에 가서 공부를 하려고 합니다.

**5** (1) 값이 싸면 가방을 사겠습니다.

　(2) 많이 피곤하면 집에 가서 쉬세요.

　(3) 고향에 도착하면 전화할게요.

　(4) 추우면 창문을 닫아 드릴까요?

**6** (1) 시험공부를 한 후에　(2) 친구를 만난 후에

　(3) 영화를 본 후에

**7**

|  | −(으)세요 | −아/어/여요 | −(으)ㄹ까요? | −았/었/였어요 | −(으)니까 |
|---|---|---|---|---|---|
| 듣다 | 들으세요 | 들어요 | 들을까요? | 들었어요 | 들으니까 |
| 걷다 | 걸으세요 | 걸어요 | 걸을까요? | 걸었어요 | 걸으니까 |
| 묻다 | 물으세요 | 물어요 | 물을까요? | 물었어요 | 물으니까 |
| 닫다 | 닫으세요 | 닫아요 | 닫을까요? | 닫았어요 | 닫으니까 |
| 받다 | 받으세요 | 받아요 | 받을까요? | 받았어요 | 받으니까 |



**8** (1) ① 402　② 강남역　③ 종합운동장역　④ 5　⑤ 6

　(2) ① ○　② ×



**9**

〈안내방송〉 이번 정차할 역은 서울역, 서울역입니다. 4호선으로 갈아타실 분은 이번 역에서 하차해 주십시오.

여자 왕핑 씨, 혜화역으로 가려고 하는데 어디에서 내려야 해요?

남자 혜화역이면 4호선이니까 여기에서 내려서 4호선으로 갈아타야 해요.

여자 네, 고맙습니다. 안내방송이 너무 빨라서 들을 수 없었어요.

남자 저도 처음에는 잘 들을 수 없었는데, 지금은 좋아졌어요. 메이 씨도 나중에 더 잘 들을 수 있을 거예요.

여자 네, 더 열심히 공부해야겠어요. 그럼 먼저 내릴게요. 내일 학교에서 만나요.

남자 네, 안녕히 가세요.

**9** (1) ×　　(2) ○　　(3) ×

**10**

남자 죄송합니다만 길 좀 묻겠습니다. 기차를 타려고 하는데 어떻게 가야 합니까?

여자 여기에는 기차역이 없습니다. 지하철을 타고 가야 합니다.

남자 그럼 지하철역이 어디에 있습니까?

여자 여기에서 쭉 가면 사거리가 있습니다. 사거리에서 오른쪽으로 가십시오. 조금 걸어가면 횡단보도가 있는데 바로 옆에 지하철역이 있습니다.

남자 네, 고맙습니다.

**10** ⓒ



**11** (1) 대중교통　　　　　(2) 중고자동차

　(3) 속도위반　　　　　(4) 운전면허증

**12** (1) ⓐ　　　(2) ⓑ　　　(3) ⓓ

　(4) ⓔ　　　(5) ⓒ　　　(6) ⓖ

# 第**5**课



**1** ⓒ　　　　　　　　　　**2** ⓓ

**3** ⓑ　　　　　　　　　　**4** ⓓ

**5** 쉬는 날

**6** 먹은 음식

**7** 이 노래를 들어 봤어요?, 못 들어 봤어요.

**8** 한복을 입어 봤어요?, 못 입어 봤어요.

**9** 찍은

**10** 산

**11** 피곤해서 집에서 쉬려고 해요.

**12** 한국에서 살려고 해요.

**13** 죄송한데 대학로에 어떻게 가나요?

**14** 요즘 공부를 열심히 하는데 성적이 안 좋아요.



**15** 여자 어제 수업이 끝난 후에 뭐 했어요?

**15** ⓓ

**16** 여자 마이클 씨는 정말 한국말을 잘 해요.

**16** ⓓ

**17** 남자 감기에 걸리셨어요?

**17** ⓑ

**18** 남자 이번 주 토요일에 뭘 하실 거예요?

**18** ⓑ

**19**

여자　왕핑 씨 조금 전에 저 사람이 무슨 말을 했어요?

남자　왜요? 노민 씨도 못 들었어요?

여자　네, 소리가 너무 작아서 못 들었어요. 왕핑 씨도 못 들으셨어요?

남자　네, 저는 한국말이 너무 빨라서 이해 못 했어요.

**19** ⓑ

---

**20**

남자　거기 여행사지요? 도쿄로 가는 비행기 표를 예약하고 싶어요.

여자　언제 출발하실 거예요?

남자　이번 주 토요일에 출발해서 다음 주 화요일에 돌아오려고 해요.

여자　죄송한데 토요일에는 표가 없습니다.

남자　그럼 일요일에는 표가 있어요?

여자　네, 있는데 예매해 드릴까요?

남자　네, 예매해 주세요.

**20** ⓒ

**读和写**

**21** ⓒ

**22** ⓓ

**23** ① 종로　② 파란색 목걸이

**24** 어머니께 생신 선물로 드리려고

**25** ⓓ

---

# 第**6**课

**单词**

**1** (1) 교환　　(2) 환불　　(3) 세일

**2** (1) ⓓ　　　(2) ⓑ　　　(3) ⓐ

**表达·语法**

**3** (1) 어렵지요?, 어려워요.
   (2) 한국대학교지요?, 한국대학교예요.
   (3) 살지요?, 살아요.
   (4) 세일을 하지요?, 세일을 해요.

**4**

|  | (이)군요 |  | –는군요 |
|---|---|---|---|
| 승희 씨 친구 | 승희 씨 친구군요 | 가다 | 가는군요 |
| 학생 | 학생이군요 | 읽다 | 읽는군요 |
| 중국 사람 | 중국 사람이군요 | 공부하다 | 공부하는군요 |

|  | –군요 |  | 이었/였군요 |
|---|---|---|---|
| 좋다 | 좋군요 | 새 컴퓨터 | 새 컴퓨터였군요 |
| 나쁘다 | 나쁘군요 | 휴일 | 휴일이었군요 |
| 따뜻하다 | 따뜻하군요 | 선생님 | 선생님이었군요 |

|  | –았/었/였군요 |  | –았/었/였군요 |
|---|---|---|---|
| 가다 | 갔군요 | 좋다 | 좋았군요 |
| 읽다 | 읽었군요 | 나쁘다 | 나빴군요 |
| 공부하다 | 공부했군요 | 따뜻하다 | 따뜻했군요 |

**5** (1) 치수가 큰 것과 작은 것이 있는데, 치수가 큰 것으로 주세요.
   (2) 굽이 높은 것과 낮은 것이 있는데, 굽이 낮은 것으로 주세요.
   (3) 일반석과 일등석이 있는데, 일반석으로 주세요.
   (4) 된장찌개와 김치찌개가 있는데, 김치찌개로 주세요.

**6** (1) 예쁘게　　　　(2) 깨끗하게
   (3) 맵게　　　　　(4) 싸게

**读和写**

**7** (1) ⓑ　　　(2) ⓑ　　　(3) ⓐ ○　　ⓑ ×

**听力**

**9**

　여러분, 새로운 패션을 알고 싶으십니까? 그럼 저희 한국백화점으로 오십시오.

　저희 한국백화점에 오시면 더 멋있게, 더 예쁘게 옷을 입을 수 있습니다.

　이번 주 화요일부터 일요일까지 세일을 합니다. 많이 오셔서 새로운 패션을 구경하십시오.

　여러분의 패션 친구, 한국백화점

**9** ⓒ

---

**10**

남자　어서 오세요.

여자　빨간색 치마를 좀 보고 싶은데요.

남자　여기 있습니다. 디자인도 예쁘지요? 여기 하얀색도 한번 보세요.

여자　하얀색이 빨간색보다 더 예뻐요. 하얀색으로 주세요.

남자　이거 한번 입어 보세요.

여자　작은데 좀 큰 것으로 주세요.

남자　여기 있습니다.

여자　이거 주세요. 얼마예요?

남자　2만원입니다.

여자　조금 싸게 해 주세요. 다음에 또 올게요.

남자　네, 그럼 만 8천원으로 해 드릴게요. 다음에 또 오세요.

**10** (1) 하얀색 치마　　　　(2) 18,000원

**11** (1) ⓐ  (2) ⓓ  (3) ⓒ

**12** (1) 교환하다  (2) 환불하다
 (3) 수리하다

---

# 第7课

**单词**

**1** (1) 우표  (2) 편지 봉투  (3) 카드

**2** (1) 이틀  (2) 사흘  (3) 나흘

**表达 · 语法**

**3** (1) 안 계시는데요.  (2) 잘 못 부르는데요.
 (3) 모르는데요.

**4** (1) 혜화역에서 사당역까지 지하철로 25분쯤 걸려
 요.
 (2) 강남에서 종로까지 버스로 30분쯤 걸려요.
 (3) 인천에서 중국 청도까지 비행기로 1시간 20분
 쯤 걸려요.
 (4) 서울에서 부산까지 고속버스로 5시간쯤 걸려요.

**5** (1) 비행기로  (2) 지하철로
 (3) 자가용으로  (4) 택배로

**6** (1) 메이 씨한테  (2) 민수 씨한테서
 (3) 메이 씨한테서

**7** (1) 한테  (2) 한테서  (3) 한테  (4) 한테서

**读和写**

**8** ⓒ-ⓔ-ⓐ-ⓑ

**听力**

**10**
여자 어서 오세요. 뭘 도와 드릴까요?
남자 부산으로 소포를 보내고 싶은데요.
여자 내용물이 뭐지요?
남자 책인데요. 보통 소포로 보내고 싶어요.
여자 보통으로 보내면 이틀쯤 걸리는데 등기 소포로
 보내면 다음날 도착합니다.
남자 그래요? 그럼 등기 소포로 보내겠어요.
여자 네, 알겠습니다.

**10** ⓓ

**11**
메이 여보세요? 거기 노민 씨 댁이지요?
아주머니 네, 그런데요. 실례지만 누구세요?
메이 저는 노민 씨 친구인데요. 노민 씨 계세요?
아주머니 네, 잠깐만 기다리세요. 바꿔 드릴게요.
노민 여보세요? 전화 바꿨습니다.

메이 노민 씨, 안녕하세요? 메이인데요. 오늘 명동
 에 몇 시까지 가야 해요?
노민 5시까지 오세요.
메이 어떻게 가야 해요?
노민 지하철로 오시는 게 더 빨라요. 메이 씨 집에
 서 명동까지 지하철로 20분쯤 걸릴 거예요.
메이 네, 알겠어요. 그럼 이따가 봐요.

**11** (1) ×  (2) ○  (3) ×  (4) ×

**词汇应用**

**12** (1) ⓒ  (2) ⓓ  (3) ⓐ

---

# 第8课

**单词**

**1** (1) ⓒ  (2) ⓑ  (3) ⓐ

**2** (1) ⓓ 눈이 아프면 안약을 넣으세요.
 (2) ⓑ 과식을 했으면 소화제를 드세요.
 (3) ⓐ 손을 다쳤으면 연고를 바르세요.

**3** ① 나다 ② 걸리다

**表达 · 语法**

**4** (1) 많아졌어요.  (2) 짧아졌어요.
 (3) 건강해졌어요.  (4) 추워졌어요.

**5**

|  | -아/어/여요 | -(으)세요 |
|---|---|---|
| 낫다 | 나아요 | 나으세요 |
| 짓다 | 지어요 | 지으세요 |
| 붓다 | 부어요 | 부으세요 |
| 젓다 | 저어요 | 저으세요 |
| 웃다 | 웃어요 | 웃으세요 |
| 씻다 | 씻어요 | 씻으세요 |
| 벗다 | 벗어요 | 벗으세요 |

**6** (1) 세 번씩  (2) 1시간씩
 (3) 두 번씩  (4) 한 잔씩
 (5) 한 번씩

**7** (1) 김 선생님을 만나려면 사무실로 가세요.
 (2) 컴퓨터를 싸게 사려면 용산으로 가세요.
 (3) 강남역에 가려면 2호선을 타세요.

**8** (1) 알면  (2) 예매하려면
 (3) 보내려면  (4) 지으려면
 (5) 걸리면

**读和写**

**9** (1) ×  (2) ×  (3) ○  (4) ○

听力

**11**
(1) 남자 이 약은 어떻게 먹어야 해요?
(2) 남자 감기에 걸려서 약을 짓고 싶은데요. 약국
　　　에서 약을 지을 수 있어요?

**11** (1) ⓓ　　　　(2) ⓓ

词汇应用

**12** (1) 치과　　　　　　(2) 이비인후과
　　 (3) 내과　　　　　　(4) 피부과
　　 (5) 정형외과　　　　(6) 안과

---

# 第**9**课

单词

**1** (1) 비　　(2) 요금　　(3) 요금

**2** (1) 기숙사　(2) 고시원　(3) 하숙집

表达·语法

**3** (1) ⓑ 심심할 때 영화를 봅니다.
　　 (2) ⓔ 기침이 날 때 이 약을 드세요.
　　 (3) ⓐ 외국 여행을 할 때 여권이 필요해요.
　　 (4) ⓓ 시간이 없을 때 택시를 타요.

**4** (1) 여기에서 전화를 하면 안 돼요.
　　 (2) 여기에 주차를 하면 안 돼요.
　　 (3) 여기에서 자전거를 타면 안 돼요.
　　 (4) 산에서 요리를 하면 안 돼요.

**5** (1) 도서관에서 이야기하지 마세요., 도서관에서
　　　 이야기하지 맙시다.
　　 (2) 수업 시간에 졸지 마세요., 수업 시간에 졸지
　　　 맙시다.
　　 (3) 사진을 찍지 마세요., 사진을 찍지 맙시다.
　　 (4) 떠들지 마세요., 떠들지 맙시다.
　　 (5) 쓰레기를 버리지 마세요., 쓰레기를 버리지
　　　 맙시다.
　　 (6) 껌을 씹지 마세요., 껌을 씹지 맙시다.

**6**

|  | -아/어/여도 돼요? |
|---|---|
| 가다 | 가도 돼요? |
| 보다 | 봐도 돼요? |
| 마시다 | 마셔도 돼요? |
| 쉬다 | 쉬어도 돼요? |
| 사진을 찍다 | 사진을 찍어도 돼요? |
| 요리하다 | 요리해도 돼요? |

读和写

**7** (1) ×　　　(2) ○　　　(3) ×　　　(4) ○

听力

**9**
(1)남자 메이 씨는 언제 고향에 가고 싶으세요?
　　 여자 아플 때 고향에 가고 싶어요. 왕핑 씨는요?
(2)여자 어떨 때 기분이 좋으세요?
　　 남자 일요일에 집에서 푹 쉴 때 기분이 좋아요.
　　 여자 기분이 나쁠 때에는 무엇을 하세요?

**9** (1) ⓓ　　　　(2) ⓑ

**10**
　　저는 고시원에서 살다가 하숙집으로 이사를 했습니
다. 하숙집은 아침과 저녁 식사를 준비해 줍니다. 그
래서 밥을 먹을 수 있습니다. 인터넷을 사용할 수 있고
라면이나 간단한 음식을 요리해서 먹을 수도 있습니다.
그렇지만 공부하는 학생들이 많기 때문에 밤에 크게
이야기하면 안 됩니다.

**10** ⓒ

词汇应用

**11** (1) 전세　　　(2) 월세　　　(3) 고시원

**12** (1) ⓐ　　　　(2) ⓒ　　　　(3) ⓓ
　　 (4) ⓑ　　　　(5) ⓕ

---

# 第**10**课

单词·语法

**1** ⓑ　　　　　　　　　**2** ⓐ

**3** ⓐ　　　　　　　　　**4** ⓑ

**5** ⓑ　　　　　　　　　**6** ⓒ

**7** ⓒ

**8** 가려면

**9** 나으려면

**10** 추워졌어요.

**11** 뚱뚱해졌어요.

**12** 해도 돼요.

**13** 하지 마세요.

**14** ⓐ

**15** ⓐ

**16**
남자 노민 씨는 집에 혼자 있을 때 무엇을 합니까?
여자 음악을 듣고 책을 읽어요. 민수 씨는요?
남자 저는 청소를 하고 낮잠을 자요.

**16** ⓑ

**17**
남자 어서 오세요. 머리를 어떻게 해 드릴까요?
여자 좀 자르려고 하는데요. 짧게 잘라 주세요.
남자 겨울이어서 짧게 자르면 추울 거예요.
여자 그럼 앞머리만 귀엽게 잘라 주세요.

**17** ⓓ

**18**
직원 어서 오세요. 뭘 찾으세요?
노민 며칠 전에 여기에서 노란색 티셔츠를 샀는데
치수가 너무 작아서 바꾸려고 왔어요.
직원 네, 잠깐만요. 손님, 죄송한데 노란색 티셔츠
가 지금 없는데요. 파란색 티셔츠로 바꿔 드려
도 될까요?
노민 파란색은 마음에 들지 않아요. 노란색 티셔츠
는 언제 다시 들어옵니까?
직원 물건이 없어서 이제 들어오지 않습니다.
노민 그럼 할 수 없군요. 환불해 주세요.
직원 네, 알겠습니다.

**18** ⓑ

**19~20**
메이 일본으로 소포를 보내려고 하는데요.
직원 저울 위에 올려놓으세요. 내용물이 뭐예요?
메이 책이에요.
직원 배편과 항공편이 있는데 어떻게 보내실 거예요?
메이 항공편으로 보내 주세요.
직원 보내는 사람이 메이 씨, 받는 사람이 사토루 씨
맞지요?
메이 네, 맞아요. 얼마나 걸려요?
직원 이틀쯤 걸려요.

**19** ⓒ

**20** ⓑ

**21**
노민 감기약을 짓고 싶은데요.
약사 처방전이 없으면 약을 지을 수 없습니다. 그렇지
만 간단한 종합감기약은 살 수 있어요.
노민 그럼 종합감기약 하나 주세요.
약사 여기 있습니다. 하루에 두 번, 식후에 두 알씩 드
세요. 따뜻한 물도 많이 드세요.

**21** ⓓ



**22** ⓐ

**23** ⓐ

**24** ⓓ

**25** ⓒ

## 第 **11** 课



**1** (1) 집들이　　(2) 초대, 초대장　　　　(3) 청첩장

**2** (1) ⓒ　　　　(2) ⓐ　　　　(3) ⓓ



**3** (1) 먹을래요?, 먹을게요.
(2) 할래요?, 할게요.
(3) 만들래요?, 만들게요.
(4) 탈래요?, 탈게요.

**4** (1) 전에는 뚱뚱했는데 요즘은 운동을 많이 해서 날
씬해졌어요.
(2) 어제는 따뜻했는데 오늘은 비가 와서 추워졌어요.
(3) 작년에는 쌌는데 올해에는 물가가 올라서 비싸
졌어요.

**5** (1) 커피를 마시면서 이야기를 합니다.
(2) 텔레비전을 보면서 밥을 먹습니다.
(3) 음악을 들으면서 공부를 합니다.

**6** (1) 잘 못 만드는데 잘 만들면 좋겠어요.
(2) 잘 못 부르는데 잘 부르면 좋겠어요.
(3) 없는데 가보면 좋겠어요.
(4) 시끄러운데 조용하면 좋겠어요.



**7** (1) ⓐ　　　　(2) ⓒ
**8** (1) ⓑ　　　　(2) ⓓ



**9**
남자 노민 씨, 우리 같이 백화점에 쇼핑하러 갈래요?

**9** ⓑ

**10**
남자 노민 씨, 지금 메이 씨는 무엇을 하고 있어요?
여자 메이 씨는 음악을 들으면서 청소를 하고 있어요.

남자 그럼 승희 씨도 청소를 하고 있어요?

여자 아니요. 승희 씨는 요리를 하면서 이야기하고 있
어요.

**10** ⓒ

**11**

남자 메이 씨, 내일 시간이 있으면 노민 씨 집들이에
같이 갈래요?

여자 네, 갈래요. 그런데 무슨 선물을 가지고 가지요?

**11** ⓒ

词汇应用

12 (1) 신랑　　(2) 신부　　(3) 예식장　　(4) 약도

# 第 **12** 课

单词

1 (1) 젓가락　(2) 접시　(3) 밥그릇

2 (1) 이쪽으로 앉으세요.
　(2) 어서 들어오세요.
　(3) 음식이 참 맛있네요.

表达·语法

3 (1) 기쁘겠군요.　　　　(2) 슬프겠군요.
　(3) 피곤하겠군요.　　　(4) 춥겠군요.

4 (1) 준비를 하는 동안, 신문을 보겠어요.
　(2) 화장하는 동안, 차를 마시겠어요.

5 (1) 앉아 있어요.　　　(2) 열려 있어요.
　(3) 붙어 있어요.　　　(4) 서 계세요.
　(5) 누워 있어요.

6

| | −(으)ㄴ 것 같아요 | | −(으)ㄴ 것 같아요 |
|---|---|---|---|
| 예쁘다 | 예쁜 것 같아요 | 어렵다 | 어려운 것 같아요 |
| 아프다 | 아픈 것 같아요 | 멀다 | 먼 것 같아요 |
| 바쁘다 | 바쁜 것 같아요 | 슬프다 | 슬픈 것 같아요 |
| | −는 것 같아요 | | −는 것 같아요 |
| 맛없다 | 맛없는 것 같아요 | 재미있다 | 재미있는 것 같아요 |

| | −는 것 같아요 | −(으)ㄴ 것 같아요 |
|---|---|---|
| 하다 | 하는 것 같아요 | 한 것 같아요 |
| 듣다 | 듣는 것 같아요 | 들은 것 같아요 |
| 살다 | 사는 것 같아요 | 산 것 같아요 |

| 읽다 | 읽는 것 같아요 | 읽은 것 같아요 |
|---|---|---|
| 웃다 | 웃는 것 같아요 | 웃은 것 같아요 |
| 쓰다 | 쓰는 것 같아요 | 쓴 것 같아요 |
| 먹다 | 먹는 것 같아요 | 먹은 것 같아요 |
| 놀다 | 노는 것 같아요 | 논 것 같아요 |

7 (1) 저 곳은 학교인 것 같아요.
　(2) 메이 씨가 어제 늦게 잔 것 같아요.
　(3) 승희 씨가 영어를 잘 하는 것 같아요.
　(4) 민수 씨는 집이 먼 것 같아요.

读和写

8 (1) ○　　　　(2) ×　　　　(3) ×

9 ① 너무 이른 시간이나 늦은 시간에는 방문하면 안
　　됩니다.
　② 출발하기 전에 전화를 하는 것이 좋습니다.
　③ 식사 시간에는 가지 않는 것이 좋습니다.
　④ 초대를 받아서 갈 때에는 작은 선물을 준비하는
　　것이 좋습니다.

听力

**10**

남자 노민 씨, 좋은 일이 있으세요? 기분이 좋은 것 같
아요.

여자 네, 오늘 시험을 봤는데 100점을 받았어요.

**10** ⓑ

**11**

남자 숙제가 아직 안 끝났어요?

여자 네, 미안해요. 조금만 더 기다려 줄래요? 조금만
더 하면 끝나요.

**11** ⓓ

词汇应用

12 (1) ⓒ　　　　(2) ⓑ　　　(3) ⓓ　　　(4) ⓐ

# 第 **13** 课

单词

1 (1) 어깁니다, 지킵니다.　(2) 연기했습니다.
　(3) 취소했습니다.

2 계획이 있어요?, 계획을 세우려고, 방문하려고, 가
도 돼요?, 가기로 해요.

表达·语法

3 (1) 중국어를 배우기로 했어요.
　(2) 대학교에 가기로 했어요.

**4** (1) 승희 씨와 왕핑 씨는 주말에 영화를 보기로 했어요.
　　(2) 노민 씨는 학교 앞 식당에서 친구와 점심을 먹기로 했어요.

**5** (1) 바쁠 것 같아요.　　(2) 맛있을 것 같아요.
　　(3) 많을 것 같은데

**6** (1) 월요일이나 화요일　　(2) 비빔밥이나 김치찌개

**7** (1) 있을지 모르겠어요.
　　(2) 약속을 지킬 수 있을지 모르겠어요.
　　(3) 좋아할지 모르겠어요.
　　(4) 도착할 수 있을지 모르겠어요.



**8** (1) ×　　　　(2) ×



> **10**
> 여자 민수 씨, 날씨도 좋은데 공원이나 박물관에 갈래요?
> 남자 산책을 하면서 이야기를 하려면 공원이 더 좋을 것 같아요.

**10** ⓒ

> **11**
> 여자 민수 씨, 이번 주에 사무실로 지난번에 부탁한 물건을 가지러 가려고 하는데 언제 갈까요?
> 남자 내일은 일이 있고, 목요일이나 금요일이 좋겠어요.
> 여자 네, 알겠어요. 그럼 목요일에는 제가 학교에 가야 하니까 금요일에 갈게요.

**11** ⓐ



**12** 청첩장, 결혼식, 예식장, 축의금

---

# 第**14**课



**1** (1) 장학금　　　　(2) 유학생
　　(3) 복습하다　　　(4) 예습하다

**2** 유학



**3** (1) 졸업한 지 5년이 되었어요.
　　(2) 이 회사에서 일한 지 6개월이 되었어요.
　　(3) 한국에서 산 지 2개월이 되었어요.
　　(4) 여자 친구를 사귄 지 3년이 되었어요.

**4** (1) 가 본 적이 있어요.　　(2) 배운 적이 없어요.
　　(3) 해 본 적이 있어요.　　(4) 먹어 본 적이 없어요.

**5** (1) 약을 먹거나 주사를 맞아요.
　　(2) 사진을 보거나 전화를 해요.
　　(3) 노래를 부르거나 여행을 가요.
　　(4) 눈싸움을 하거나 눈사람을 만들어요.

**6** (1) 인사동에 가면 어때요?
　　(2) 경복궁을 구경하면 어때요?
　　(3) 전자사전을 찾아보면 어때요?

**7**

|  | −(으)ㄴ 적이 있다 | −(으)면 어때요? |
|---|---|---|
| 하다 | 한 적이 있다 | 하면 어때요? |
| 듣다 | 들은 적이 있다 | 들으면 어때요? |
| 읽다 | 읽은 적이 있다 | 읽으면 어때요? |
| 웃다 | 웃은 적이 있다 | 웃으면 어때요? |
| 먹다 | 먹은 적이 있다 | 먹으면 어때요? |



**8** (1) ⓑ　　　　(2) ⓑ



> **10**
> 남자 메이 씨, 한국에 온 지 얼마나 되었어요?
> 여자 6개월쯤 되었어요. 마이클 씨는 한국어를 배운 지 얼마나 되었어요?
> 남자 저는 8개월쯤 되었어요.
> 여자 마이클 씨는 한국에서 여행을 한 적이 있으세요?
> 남자 네, 지난 여름에 친구들하고 같이 제주도에 갔다 왔어요.

**10** (1) ○　　　(2) ×　　　(3) ○

> **11**
> 승희 민수 씨는 취미가 뭐예요?
> 민수 저는 낚시예요. 승희 씨는요?
> 승희 저는 요리하는 것을 좋아해요. 그래서 요즘 요리를 좋아하는 사람들이 만든 인터넷 동호회에 가입했어요.
> 민수 그래요? 정말 재미있겠군요. 가입한 지 얼마나 되었어요?
> 승희 이제 한 달 되었어요.

**11** (1) ×　　　(2) ×　　　(3) ○



**12** (1) ⓐ　　　(2) ⓒ　　　(3) ⓑ

**单词·语法**

1 ⓑ

2 ⓒ

3 ⓓ

4 ⓑ

5 ⓒ

6 ⓒ

7 ⓑ

8 ⓒ

9 ⓓ

10 ⓒ

11 자장면이나 비빔밥

12 흐리거나 맑을

13 ⓐ

14 ⓑ

**听力**

**15**
남자 노민 씨 내일 시간이 있으면 우리 집에 올래요?
여자 네, 좋아요. 그런데 무슨 일이 있어요?
남자 아들 첫 번째 생일 파티를 하려고요.
여자 벌써 돌이군요! 돌반지를 사야겠어요.

15 ⓓ

**16**
남자 메이 씨, 오늘 몇 시에 영화를 볼까요?
여자 2시에 보면 어때요?
남자 2시에는 제가 수업이 있어요.
여자 그럼 4시에 보기로 해요.
남자 좋아요. 그럼 극장 앞에서 3시 반에 만나기로 해요.

16 ⓒ

**17**
남자 노민 씨 집들이 선물로 무엇을 살까요?
여자 가루비누하고 휴지를 사는 게 어때요?

17 ⓐ

**18~19**
여자 어서 오세요.
남자 와~ 메이 씨 방은 미술관 같아요. 벽에 그림이 정말 많이 걸려 있군요.
여자 제 취미가 그림 그리기예요.
남자 아, 그러세요? 정말 솜씨가 대단하십니다. 저는 낚시가 취미였는데 오늘부터 그림을 한번 배워 보고 싶군요. 그런데 저건 뭐예요?
여자 피아노예요. 어릴 때부터 배웠어요. 참, 이건 제 고등학교 때 사진인데 한번 보실래요?

18 ⓒ

19 ⓐ

**20**
남자 오늘 승희 씨가 학교에 안 왔어요.
여자 그래요? 무슨 일이 있어요?
남자 감기에 걸려서 어제부터 기침을 많이 했어요.

20 ⓒ

**读**

21 ⓐ

22 ⓒ

23 ⓑ

24 ⓓ

25 ⓓ

# Practical Korean 2  Workbook
## 实用生活韩国语 2 练习册 **Basic**

| | |
|---|---|
| 著作人 | 赵恒錄, 李志荣 |
| 翻译 | 朴文子 |
| 初版发行 | 2009年 11月 |
| 发行人 | 郑圭道 |
| 编辑 | 李淑姬, 吴周泳, 吴净旻, 蔡晶媛 |
| 设计 | 尹池银 |
| 插图 | Wishingstar |
| 配音员 | 辛昭玧, 金来焕, 于海峰 |

**DARAKWON** 多乐园独家授权出版。
地址：韩国京畿道坡州市交河邑文發里 509–1, 邮编: 413–756
电话：02–736–2031, 传真: 02–732–2037
(销售部 分机: 113, 114, 编辑部 分机: 410–412)



定价　21,000 元
(组成：实用生活韩国语 2 主教材＋练习册＋音频CD2张)

ISBN : 978-89-5995-855-9 18710
　　　　978-89-5995-783-5 (set)

**http://www.darakwon.co.kr**
可登录Darakwon网站查阅其它出版物及书籍介绍, 附上的CD光盘可下载MP3。